# 中俄关系 历久弥坚

Китайско-российские отношения:
укрепление и развитие день ото дня

李 辉 著

人 民 出 版 社

◆ 2009 年 8 月 28 日，李辉出任中国驻俄罗斯大使。这是他上任第二天在大使办公室拍摄的照片

◆ 2014 年 9 月 29 日，俄联邦委员会（议会上院）主席马特维延科出席我驻俄使馆举办的庆祝中华人民共和国成立 65 周年暨中俄（苏）建交 65 周年招待会

◆ 2017年5月25日，李辉大使陪同中国外交部长王毅对俄罗斯进行正式访问，在莫斯科克里姆林宫受到普京总统的亲切会见

◆ 2017年11月22日，李辉大使就上海合作组织总理会议、中俄总理第二十二次定期会晤接受《俄罗斯报》记者沃尔科夫采访

◆ 2018 年 4 月 9 日，李辉大使在俄罗斯中国友好协会主办的"纪念周恩来同志诞辰 120 周年研讨会"上发表主旨演讲

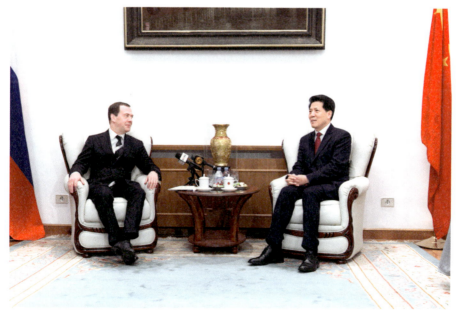

◆ 2019 年 2 月 7 日，时任俄罗斯总理梅德韦杰夫到中国驻俄使馆做客，共庆 2019 年中国农历新年

◆ 2019 年 5 月 23 日，俄罗斯总统普京在莫斯科克里姆林宫授予李辉大使"友谊勋章"

◆ 2019 年 6 月 3 日，李辉大使和俄罗斯总统办公厅第一副主任格罗莫夫共同出席大型系列纪录片《这里是中国》第二季开播仪式

# 目 录

*Contents*

1

## 秉持互利合作　实现共同发展

## 中俄携手并肩 共同应对挑战

## 捍卫国家利益　讲好中国故事

# 前　言

我于 2009 年 8 月至 2019 年 8 月担任中国驻俄罗斯大使。在这 10 年的时间里，我经历了中俄关系中的"黄金时期"，也度过了我个人外交生涯的"黄金时期"。我为自己能为巩固和加强中俄睦邻友好合作关系尽一点微薄之力而感到骄傲和自豪。

中国和俄罗斯是两个伟大的国家，都有着悠久的历史和灿烂的文化。在各自发展的历史长河中，都曾经历过千百次命运的洗礼和考验。两国既有相近的传统、文化、价值观，也有不同的国情和思维方式。大自然让中俄两国毗邻而居，并给中俄两国赋予了神圣的使命，那就是这两个比邻大国，必须要以礼相待、和睦相处、携手并进，为维护本地区和全人类的和平与安全做出自己的贡献。

我很高兴地看到，2009 年以来，在两国元首的战略引领下，中俄全面战略协作伙伴关系始终保持着高水平运行。双方都把发展与对方的关系作为自己外交的优先方向，积极开展全方位、多层次的务实合作，在涉及彼此核心利益问题上相互坚定支持，在国际和地区事务中保持密切协调配合。可以说，中俄关系现在是国际舞台和国家关系中最重要的一组双边关系，是非常成熟的一组新型大国关系。

作为大使，我深切感受到习近平主席和普京总统从国际战略高度和各自国家长远发展的角度，十分重视发展中俄关系，以国际大战略家和政治家的视野和魄力不断推动两国关系深入发展。习近平主席在2013年3月刚就任国家主席，出访的第一个国家就是俄罗斯。时至今日，习近平主席与普京总统见面已达30多次。每次见面会谈，都能就一系列重大问题深入交流，达成重要共识。正是在他们的顶层设计和战略引领下，中俄关系进入历史上最好时期，双方的政治优势源源不断地转化为造福两国和两国人民实实在在的利益。我作为工作在两国关系第一线的外交人员，必须忠实地、认真负责地完成好国家赋予的使命，落实好两国元首就发展两国关系达成的各项共识。

回首这10年，难忘瞬间太多。能够生逢其时，有幸见证中俄关系10年来的巨大变化和提质升级，并在其中做出自己的一份努力，何其幸福！我要感谢这个伟大的变革时代，感恩各位支持我的同事与朋友，是你们让我完成了自己的使命。

征途漫漫，唯有奋斗。走过70多年的中俄关系，在历史前进的逻辑中前进，在时代发展的潮流中发展，并且历久弥坚，形成了"背靠背"的新时代全面战略协作伙伴关系。中俄友好故事每天都在续写，中俄人民友谊日益枝繁叶茂。我期待和祝愿，在新中国成立100周年和中俄建交100周年之际，中俄关系必将乘风破浪，更多地造福两国和两国人民，更好地促进世界和平与发展。

本书所收选的是我在任驻俄大使10年间围绕一些重要活动、重大事件在中俄两国报刊发表的文章、对两国记者发表的谈话和在一些重要活动中做的讲演和发言，内容包括两国政治关系、务实合作、国际协作、涉华核心利益、讲好中国故事等方面。今年恰逢中俄签署睦邻友好合作条约 20 周年，希望这些材料有所裨益。

李辉

2021 年 3 月

历经岁月沉淀　友谊枝繁叶茂

# 走过 60 年征程的新中国和中俄关系

——在俄中友协和远东研究所庆祝新中国成立暨
中俄建交 60 周年会议上的演讲

2009 年 9 月 21 日

60 年，于人而言，是人生成熟的重要转折；于国而言，是国运昌盛的难得契机；于两国关系而言，则是继往开来、开创崭新局面的重要历史时期。

亲爱的朋友们：

今天，俄中友协和俄罗斯科学院远东研究所举行隆重集会，庆祝中华人民共和国成立和中俄建交 60 周年，我谨代表中国驻俄大使馆表示衷心感谢，并向各位致以热烈祝贺和良好祝愿！

新中国 60 年，是中国人民励精图治、奋发图强，建设富强、民主、文明、和谐社会主义现代化国家的 60 年。在这一个甲子的历程里，中国各项事业取得了举世公认的大发展和大跨越。数字和事实最能雄辩地说明中国经济社会发展取得的巨大成就。60 年来，中国国内生产总值实际增长 77 倍，2008 年达到 4.33 万亿美元，占全球比重 5% 以上，跃居世界第三位，人均超过 3000 美元。外汇储备增长 1 万多倍，截至今年 6 月已达 21316 亿美元，位居世界第一。进出口贸易总额 2008 年达 2.56 万亿美元，位居世界第三，占世界贸易比重 8.86%。粮食产量从 1949 年的 1.13 亿吨增长到 2008 年的 5.29 亿吨，自给率高达 95%，以占世界 7% 的耕地养活了占世界 22% 的人口。中国已拥有联合国产业分类中所列的全部工业部门，成为名副其实的"全球制造业工厂"。城镇人口比重从 1949 年的一成提升到现在的近五成，城市数量增长 6 倍。城乡居民生活水平实现了从贫困到温饱再到总体小康的历史性跨越。

应当强调指出的是，改革开放政策是决定当代中国命运的关键抉择。改革开放的伟大成就，是在中国共产党的领导下全国各族人民团结奋斗的结果。

正是归功于改革开放政策，中国结束闭关锁国状态，从沿海到沿江沿边，从东部到中西部，逐步形成全方位、宽领域、多层次对外开放的局面。1950 年的中国进出口总额刚刚超过 10 亿美元，现在这个数字增长了 2000 多倍。截至 2009 年 6 月底，中国累计批准设立外商投资企业 67 万家。

正是归功于改革开放政策，中国不断创新经济体制，逐步确立了以公有制为主体、多种所有制为重要组成部分的中国特色社会主义基本经济制度，实现了从计划经济向社会主义市场经济的历史性转变。各类市场主体充分发育，国有经济控制力显著提升，民营经济蓬勃发展，形成多种所有制经济齐头并进、共同推动中国经济快速增长的良好局面。

中国的改革是全面的改革，从经济扩展到政治、社会、文化等各领域。我们坚持走中国特色的社会主义民主政治发展道路，建设和谐社会。60 年来，中国不断加强和完善人民代表大会制度、中国共产党领导的多党合作和政治协商制度、基层群众自治制度等多种社会主义民主的实践形式。同时，我们大力加强法制建设、社会建设、社会保障体系和文化建设。

60 年，弹指一挥间。但正是在这 60 年间，中国演绎了一场波澜壮阔的巨大变迁。

在为取得的成就感到欢欣鼓舞的同时，我们始终保持着清醒头脑和忧患意识。我们曾经走过弯路，现在依然是世界上最大的发展中国家，人均国民总收入还排在世界 100 名之后。我们的很多位居世界前列的统计数字用 13 亿人一除后就低得很多，这就是中国的基本国情。中国正处于并将长期处于社会主义初级阶段，经济社会还存在许多不容忽视的问题和困难，归根结底要靠深化改革开放来解决，要靠发展这一法宝来克服。我们将继续深入贯彻科学发展观，坚持可持续发展战略，坚定不移地沿着改革开放和中国特色社会主义道路走下去。

朋友们！

过去的一年里，百年罕见的国际金融危机对中国经济造成巨大冲击。但我们坚定信心，迎难而上，从容应对，已经取得初步成效。今年上半年，在世界经济深陷衰退的形势下，中国遏制住了经济增速下滑的趋势，国内生产总值增长 7.1%，全年有望实现 8% 左右的增长目标。这一成绩来之不易，是中国坚持积极的财政政策和适度宽松的货币政策，实施应对危机一揽子计划的结果。中国政府大规模增加公共投资和实行结构性减税；制定和实施产业调整振兴规划，把科技创新作为重要支撑，着力调整经济结构和促进产业升级；大力拓展国内消费市场尤其是农村市场，下大决心扩大国内需求特别是消费需求，促进经济发展方式转变；开展重点民生工程建设和铁路、电信、水利等基础设施建设；大幅度提高社会保障水平，着力改善低收入家庭生活。总的看，我们应对危机采取的宏观经济政策和一揽子计划是及时、有力和有效的。今后一个时期，我们将继续坚定不移地实施积极的财政政策和适度宽松的货币政策，全面落实并不断丰富和完善一揽子计划，推动中国经济平稳较快发展和社会和谐稳定。

朋友们！

新中国60年取得的成就离不开其他国家的支持和帮助。中国的发展进步离不开世界，世界的繁荣稳定也离不开中国。中国将始终不渝地走和平发展道路，坚持互利共赢的开放战略，促进不同文明之间的对话与交流，共同实现世界的和谐与可持续发展。这是中国根据时代发展潮流和自身根本利益作出的战略选择，绝不是权宜之计。

我们永远不会忘记，苏联是第一个承认新中国并与之建交的国家。我们也永远不会忘记，苏联援建的156个重点项目奠定了新中国的工业基础。苏联专家组组长阿尔希波夫、设计建造第一座跨长江大桥的西林等俄友人的名字至今被中国人民所铭记。我们也知道，今天在座的齐赫文斯基名誉主席不仅是新中国成立的见证者，也是中苏建交的亲历者和操办者。60年来，中俄关系走过了不平凡的发展道路，日益走向成熟。特别是1996年4月两国领导人决定建立战略协作伙伴关系，开辟了中俄关系的历史新篇章。当前，中俄均视与对方国家关系为各自外交政策的优先方向，将对方作为本国的主要战略伙伴。中俄关系处于历史最好时期，成为国与国之间关系的典范。

第一，双方建立起高水平的政治互信，这成为中俄这两个世界大国和两大邻国发展关系和开展合作的最重要基石。我们彻底解决了历史遗留的边界问题，签署了《睦邻友好合作条约》，在涉及彼此核心利益的问题上相互坚定支持。我们建立了元首、总理、议长定期会晤等高层交往与合作机制，两国领导人的频繁互访和会晤在当今世界独一无二。

第二，两国经贸、能源、科技等领域务实合作不断取得成果，中俄关系物质基础显著巩固，利益纽带进一步加强。1999—2008 年，双边贸易额连续 10 年高速增长，平均增速近 30%，去年达到创纪录的 568 亿美元。贸易结构不断改善，相互投资、合作生产加工等方面合作呈现新的良好发展态势，边境和地方合作成为新的增长点。

第三，两国人民传统友好关系不断深化，中俄世代友好大业的社会基础日益巩固。中俄人文交流快速发展，民间交往与合作空前活跃。互办"国家年"和正在开展的"语言年"活动极大地增进了两国民众之间的相互兴趣与好感。现每年中俄分别约有 80 万和 300 万民众访问对方国家。双方教育、文化和卫生等社会领域交流如火如荼。特别是越来越多的年轻人加入中俄友好大军中来，两国世代友好大业更加充满生机和希望。

第四，两国对重大国际和地区事务的立场相同或相近，在国际舞台上的战略协作日益密切，为推动世界多极化和国际关系民主化作出不懈努力，中俄关系已成为引导国际形势走向、塑造国际格局、维护世界与地区和平稳定的重要因素。

今年以来，中俄关系继续稳步向前迈进，并取得了新的喜人成果。

首先，两国领导人继续保持密切接触。胡锦涛主席6月对俄进行国事访问，并参加上海合作组织和"金砖四国"元首会晤。双方回顾和总结中俄关系60年的发展历程和经验启示，就进一步发展双方关系的指导原则和具体方向达成重要共识。两国元首还在伦敦G20峰会期间举行了双边会晤，今年还将分别在纽约联大峰会以及新加坡APEC会议期间举行双边会晤。10月中旬，两国总理将在华共同举行中俄总理第十四次定期会晤，并将出席中俄建交60周年庆祝大会和中国"俄语年"闭幕式。

其次，双方继续在涉及各自核心利益和重大关切问题上相互坚定支持和开展密切战略协作。俄在台湾、涉藏和涉疆等问题上旗帜鲜明地支持中国维护国家主权、安全和领土完整，中国完全支持俄在北高加索地区打击恐怖分裂势力的行动。双方就上海合作组织发展、联合国改革、国际金融体系改革、应对气候变化、朝核、伊朗核等重大国际和地区问题相互呼应，密切配合。

第三，双方锲而不舍地推动务实合作，共同应对国际金融经济危机。中俄就开展石油领域全面合作达成协议，原油管道、原油贸易和贷款项目顺利启动，能源合作取得重大突破。双方批准《中俄投资合作规划纲要》，《中国东北地区与俄远东及东西伯利亚地区合作规划纲要》的协商工作即将完成，两国产业政策和地区发展战略对接迈出实质性步骤。双方成立海关合作分委会，努力规范贸易秩序。尽管今年1—7月中俄贸易额在危机影响下仅为205.5亿美元，同比下降36.51%，但双方正在努力拓宽合作领域，创新合作模式，提高合作质量，改善合作实效，以尽快遏制和扭转这一下滑势头，实现两国经贸合作的可持续发展。

第四，"语言年"作为"国家年"的有机延续，保持了中俄人文交流和民间交往的高热度。中国"俄语年"顺利举行。现双方正在积极商讨明年中国在俄举办"汉语年"的计划。为表达中国人民对梅德韦杰夫总统邀请中国地震灾区 1500 多名儿童来俄休假的感激之情，中国国家主席邀请俄 1000 名青少年明年赴华参加夏令营。中方将精心设计，认真筹划，确保搞好上述重要活动。

实践证明，中俄发展战略协作伙伴关系是两国共同作出的伟大、英明和正确决定，符合双方的根本利益，符合毗邻而居的两国人民渴望和平友好合作的强烈愿望，符合中俄振兴图强的现实需求，符合建立公正合理国际新秩序的时代呼声。

当前，国际政治经济格局正在发生深刻复杂变化，国际金融经济危机仍在持续，新情况新挑战层出不穷。中俄既面临国内发展的首要任务，又肩负着促进世界和平与发展的历史使命。新形势下，中俄战略协作伙伴关系的战略意义和全球影响日益突出，正在迎来前所未有的新的发展前景和机遇。为推动两国关系又好又快发展，一是要始终坚持从战略高度和长远眼光审视和促进中俄关系，坦诚相待，加强政治互信和战略协作；二是要本着互利共赢、相互照顾彼此利益和关切的原则深化务实合作，实现共同发展；三是要始终坚持以发展的眼光增进相互了解和创造有利于两国关系发展的"软环境"；四是要始终坚持以平常的心态解决双方合作中出现的问题，求同存异，友好协商。只要切实坚持上述原则,中俄睦邻友好合作就一定能够不断向更高水平发展。

朋友们!

60 年,于人而言,是人生成熟的重要转折;于国而言,是国运昌盛的难得契机;于两国关系而言,则是继往开来、开创崭新局面的重要历史时期。回顾中俄关系 60 年来取得的丰硕成果和成功经验,展望中俄友谊发展的美好前景,我们对新形势下继续深化中俄睦邻友好合作充满信心。让我们秉承传统友谊,增进政治互信,深化务实合作,加强战略协作,坚持世代友好,促进共同发展,携手共创中俄战略协作伙伴关系更加美好的明天。

我在中国外交部从事俄罗斯方向的工作 30 多年,特别是近 10 年来先后作为司长和部领导,有幸亲身参与了两国关系大发展的全过程,对这份光荣的事业和对俄罗斯这个伟大的国家一直怀有特殊感情。今天是我担任中国驻俄大使以来首次正式与俄中友协和远东所的朋友们见面。在座各位当中许多人是我多年的老朋友,同时也有不少新面孔。俄中友协和远东所是中国人民的好朋友,长期以来为推动中俄关系发展发挥了不可替代的独特作用。借此机会,我谨向你们并通过你们向广大的俄罗斯友好人士表示崇高敬意和真诚感谢。我愿在今后的工作中与你们保持密切联系和沟通,希望继续得到你们的大力协助。在俄罗斯政府和人民的支持下,我将竭尽全力,不辱使命,为推动中俄战略协作伙伴关系迈向新高度贡献我的绵薄之力!

谢谢大家!

# 中俄关系的现状与发展前景

## ——在莫斯科国立语言大学的演讲

### 2010 年 4 月 22 日

　　中俄不以意识形态划线，牢牢抓住共同战略利益这个龙头；准确定位双边关系，在全面合作的同时保持自己的灵活性；真心为对方着想，相互照顾对方的利益和关切。

尊敬的哈列耶娃校长，

各位老师和同学们：

　　大家好。

　　感谢哈列耶娃校长邀请我来莫斯科国立语言大学，就当前中俄关系发表演讲。贵校在全俄大学排名中位列前十名，在全俄语言教学中占有领军地位，培养了大批语言方面的高素质人才，我对贵校取得的成绩表示祝贺。贵校已与中方有关部门和院校建立联系，开展合作，希望这种合作能得到进一步加强。

　　作为中俄关系领域的一个实际工作者，我愿利用这个机会，向大家介绍一下当前中俄关系的发展情况，并结合我的工作感受谈一点个人看法和意见。之后，我愿回答大家的提问。

我大体讲四个部分，一是当前中俄关系的发展情况，二是发展中俄关系的意义和经验，三是中俄关系目前面临的形势和发展前景，四是发展中俄关系需要努力的方向。

## 一、中俄关系目前处于历史发展最好时期

1991 年苏联解体后 10 年时间里，中俄关系在政治和法律定位上连续上了四个台阶：一是 1992 年 12 月，两国元首在北京签署关于两国相互关系基础的联合声明，决定把双边关系提升到"相互视为友好国家"的新阶段；二是 1994 年 9 月，两国元首在莫斯科签署联合声明，宣布两国建立"睦邻友好、互利合作的建设性伙伴关系"；三是 1996 年 4 月，两国元首在北京签署联合声明，确定两国建立"平等信任、面向 21 世纪的战略协作伙伴关系"；四是 2001 年 7 月，两国元首签署《中俄睦邻友好合作条约》，将中俄"世代友好、永不为敌"的和平思想用法律形式固定下来。这步步升高的政治和法律定位，不仅使中俄关系高潮迭起，也为中俄关系指明了发展方向。

自中俄建立战略协作伙伴关系以来，两国形成全方位、多层次、高质量的合作格局，成果丰硕，势头喜人。可以说，我们两国关系步入全面、快速、深入发展轨道，其重要性、特殊性和成熟性更加凸显。

## （一）两国建立起完善的高层定期会晤及其他各级别交流与会晤机制

1996 年 4 月，双方决定建立国家元首和政府首脑定期会晤机制。随着各领域合作的展开，两国还建立了议会领导人会晤机制、总理定期会晤机制委员会、战略安全磋商等高层次的合作机制。在总理定期会晤机制框架下设立了总理定期会晤委员会、人文合作委员会和能源谈判代表会晤三大机制，机制下设的分委会和工作小组数量不断增加，基本覆盖中俄合作的所有领域，是中国对外合作中规格最高、组织结构最全、涉及领域最广的磋商机制。如此完备的大国合作机制，对中国来说是唯一的，在世界范围内也是少见的，它为中俄双方开展合作提供了一个稳定、高效的制度框架。

## （二）两国彻底解决了历史遗留的边界问题

为解决两国历史遗留的边界问题，从 1987 年至 2004 年，中苏(俄)根据国际法准则，本着平等协商的精神，进行了长期认真的谈判。随着 2004 年 10 月《中俄国界东段补充协定》的最后签署，两国最终全部确定了长达 4300 公里的边界走向。随后，两国又在 2008 年结束全部勘界工作，历史遗留的边界问题全面彻底解决。《中俄睦邻友好合作条约》明确规定两国相互没有也不会有领土要求。中俄边界成为两国人民和平、友好、合作的纽带。考虑到中俄关系史中边界问题的极端复杂性和敏感性，两国最终能够本着和平友好、互谅互让的精神完全彻底地解决边界问题确实是来之不易。这为中俄关系发展扫除了一个最大的障碍。

### （三）两国在涉及对方核心利益的问题上相互支持

中国坚定地支持俄打击恐怖主义及分裂势力，支持俄维护国家安全和统一。俄在台湾、涉藏、"东突"等问题上也坚定地支持中方立场。在去年乌鲁木齐"7·5"事件等问题上，俄始终旗帜鲜明地支持中国。中方坚决谴责恐怖势力在俄制造爆炸袭击等犯罪活动。中方还在俄维护二战历史荣誉、反对改写二战史观等问题上坚决地站在俄一边。中俄两国在对方最关切的问题上相互支持，与一些西方国家对两国的做法形成鲜明对比，充分证明在关键时刻两国彼此是靠得住的朋友和伙伴。

### （四）两国开展了广泛深入的军事合作

根据中俄两国双边和上海合作组织的有关协定，两国在边境地区建立军事信任措施，相互裁减军事力量。回想中苏两国即使在 50 年代同盟时期，也从未举行过任何联合军演。但 2005 年 8 月，中俄两国在中国境内举行首次大规模陆海空三军联合军事演习。2007 年 8 月，中国首次派出成建制部队、携带重装备赴俄参加上海合作组织成员国联合反恐军事演习。这两次演习在中国对外关系史和军事史上都是第一次。2008 年 3 月，两国开通了国防部长直通热线电话。2009 年 7 月，两国举行了"和平使命"中俄联合反恐演习。中俄军事合作的发展，很大程度上说明，双方已不再相互视为潜在的军事对手或军事威胁，两国间的互信程度已发展到很高水平。

（五）两国经济合作稳步上升，经济合作长期滞后的局面逐渐有所改观，中俄关系的物质基础开始增强

自 2000 年至 2008 年，中俄双边贸易额从 80 亿美元增加到 560 多亿美元。去年由于受国际金融危机冲击，两国经贸额在保持 10 年连续增长后首次下降，但两国经贸合作基本面保持良好，相互投资有所增长。随着两国经济逐步好转，今年第一季度两国经贸额同比增加 60%。

近年来，两国相互投资也逐步扩大。2009 年，中国对俄直接投资超过 2008 年的 3 倍，俄对华投资新增项目超过 2008 年一倍以上。双方签署了政府间投资保护协定。至今为止，共举行了五届中俄投资促进会议。达成的一系列投资项目已开始运作，涉及资源开发、木材深加工、基础设施建设、生产组装、农业综合开发、商贸、物流等多个领域。

中俄能源合作稳步发展。2009 年中国自俄进口原油约 1500 万吨。由俄承建的田湾核电站一期 1、2 号机组已投产，二期正在积极推进。去年，中俄能源合作取得重大突破，双方签署了关于原油管道建设、原油长期贸易、长期贷款等一揽子协议。两国天然气、核电等领域合作迈出实质性步伐。

（六）边境和地方合作日益成为两国合作的新增长点

1983 年中苏恢复边境贸易，当年边境贸易额仅为 1000 万美元。2009 年，中俄边境贸易额增加到 57.3 亿美元，在双边贸易总额中的比重从 1983 年的 1.5% 提高到 2009 年的 14.8%。边境贸易成为双边贸易

越来越重要的组成部分。为适应边境贸易发展的需要，两国边境地区口岸、铁路、公路等基础设施建设步伐加快，卢布和人民币已成为边境贸易中重要的结算货币。两国地方合作已从毗邻地区扩展到全国范围，广东、山东、浙江、江苏等省区已位列中国对俄贸易的前列。目前双方已建立友好城市和省州 71 对。同时，边境地方合作已不仅局限于经贸合作，逐步向文化、教育等领域扩展。

为加强两国边境和地区合作，两国领导人就协调两国地方发展战略达成一致，批准了《中国东北地区同俄罗斯远东及东西伯利亚地区合作规划纲要》。两国主管部门在中俄总理定期会晤机制下建立了边境地方贸易合作常设工作组和边境地方贸易协调委员会，启动了边境地区经贸合作政府间文件的商签工作。

### （七）两国民间交往和合作空前活跃

两国在 1997 年 4 月建立了由社会各界代表组成的中俄友好、和平与发展委员会，成为中俄民间交流与合作的主渠道。两国人民往来频繁，留学生人员数量逐步扩大，据不完全统计，在俄的中国留学生约有 18000 人，在中国的俄留学生有 9000 人。在国家关系中，人同样也是最活跃的因素，某种程度上也是最有决定性作用的因素。中俄两国越来越密切的民间交流与合作，不断增进了人民的相互了解和好感，加强了两国关系的社会和民意基础。

### （八）两国在国际和地区问题上的合作卓有成效

作为对世界和平与发展负有重要责任的两个大国，中俄两国始终把加强在国际和地区问题上的协作作为一个主要的合作领域。1997 年 4 月、2005 年 7 月和 2008 年 5 月，两国元首分别签署了关于世界多极化和建立国际新秩序的声明、关于 21 世纪国际秩序的声明和关于重大国际问题的联合声明，特别强调要促进世界多极化趋势，推动国际关系民主化，维护全球战略稳定，维护联合国在国际事务中的主导作用。两国在联合国安理会改革、气候变化、朝核、伊核等当前重大的国际和地区问题上进行了良好的协调与合作。上海合作组织的建立和发展更是中俄两国在地区问题上开展建设性合作的典范。可以说，中俄两国在当前几乎所有重大国际和地区问题上都有相同或相近的立场，彼此成为在国际事务中相互支持的主要伙伴和重要的战略依托。

中俄两国在文化、教育、科技等其他领域的合作也都可圈可点。这里就不一一列举了。

非常值得一提的 2006 年在中国和 2007 年在俄罗斯分别举行了"俄罗斯年"和"中国年"，向两国人民和全世界集中、全面展示了中俄两国关系发展的成果。互办"国家年"是中俄两国关系史上的创举，是中国第一次与其他国家举办这样的活动。根据"世代友好、携手共进"的宗旨，两年时间里，双方共举办了 500 多项活动，包括两国政治、经贸、人文、科技、教育、军事、地方等双边合作的方方面面，活动内容之丰、涵盖领域之广、民众参与程度之高、社会反响之强烈，都创下了中俄交往史的新纪录。双方已确定将 14 个活动项目长效化、机制化，今后长期在两国轮流举办。互办"国家年"使两国民众深切体会到了中俄友好的浓烈气氛，充分领略到了中俄两国文化的博大精深，近距离感受到了两国的快速发展和深刻变化，全面提升了两国战略协作伙伴关系，既为两国关系的持续稳定健康发展营造了强大的声势，也实实在在地注入了强劲的动力。

语言是人类心灵沟通的桥梁。通晓对方的语言，是读懂对方心灵，相互理解信任的基础。为了进一步推动中俄友好合作，提升两国战略协作伙伴关系水平，继成功举办"国家年"活动后，两国元首宣布在2009年和2010年启动两国"语言年"活动，在两国掀起学习对方语言、文化的新高潮。去年，"俄语年"在中国成功举办，今年的俄罗斯"汉语年"也已拉开帷幕。

## 二、中俄发展友好合作关系，特别是建立和发展战略协作伙伴关系，不仅对中俄两国，而且对本地区和整个世界都具有多方面的重要意义

### （一）中俄开展战略协作给两国和两国人民带来难以估量的现实和长远利益，可以概括为四个方面

第一，最主要的利益是，中俄两国由冷战时期的对手变成了朋友和伙伴，两国不用再拿出巨大的资源防备对方，而是可以集中力量搞建设、发展自己。

中苏对抗时期，两国人民间的往来几乎完全断绝。而中俄建立战略协作伙伴关系以来的短短十几年时间里，双方目前每年人员往来数量已以百万计。金融危机前的2008年，中国已成为俄第三大贸易伙伴，俄也是中国前十大贸易伙伴之一。去年中国一度跃至俄第一大贸易伙

伴的位置。中俄互为最大邻国，双方友好合作所产生的利益和好处之大，已经是无法用金钱衡量的。

第二，两国在国际舞台彼此多了一个有力的支持者。

中俄不仅直接相互支持，而且还利用自身影响，带动其他国家支持对方，经常在其他国家面前替对方说话，做工作。这使两国增强了自己的国际行动能力，提高了自己的国际影响，扩大了自己的空间，也减少了面临的国际压力。双方已经彼此把对方视为营造良好国际环境的一个关键因素。

第三，两国在一些重要的具体领域实现了优势互补，两全其美。

军技合作和能源合作是两个有说服力的例子。军技合作使中国得到了先进的技术和装备，改善了军队的装备水平。同时，俄罗斯也通过对华军售获得了巨额资金，从而不仅帮助本国一些曾经非常困难的军工企业摆脱困境，而且增强了研发更先进技术的能力。中国通过从俄罗斯进口石油，满足了国内一部分需要，俄罗斯也获得了大量石油收入，打开了中国石油进口市场，进入了中国石油加工和成品油销售领域，同时实现了俄能源出口多元化的战略。

第四，中俄战略协作产生了良好的辐射效应，带动了两国各自与有关国家关系的发展。

这在中国与中亚国家关系方面表现得较为明显。在中俄解决边界问题的示范效应下，中国与哈萨克斯坦、吉尔吉斯斯坦和塔吉克斯坦相继签署了边界协定，全部、彻底解决了边界问题，使长达 7000 多公里的原中苏边界变成和平、友好和合作的纽带。2001 年中俄签署睦邻友好合作条约后，中国以此为模本，先后与哈萨克斯坦、吉尔吉斯斯坦、塔吉克斯坦签署睦邻友好条约，与乌兹别克斯坦签署友好合作伙伴关系条约。

### （二）中俄战略协作促进了本地区和平、稳定与发展

这在中亚地区表现得最为突出。1992 年，中俄签署了关于在边境地区相互裁减军事力量和加强军事领域信任问题的谅解备忘录。这直接推动了中国、俄罗斯、哈萨克斯坦、吉尔吉斯斯坦、塔吉克斯坦分别于 1996 年和 1997 年签署了关于在边境地区加强军事领域信任措施的协定和关于在边境地区相互裁减军事力量的协定。而后两个协定直接促成了"上海五国"和上海合作组织的建立。中俄通过双边途径和在上海合作组织框架内，为促进中亚地区的和平、稳定和发展进行了密切的合作，取得了良好成效。

### （三）中俄战略协作成为当今世界重要的和平与稳定因素

作为两个具有世界影响的大国，中俄战略协作的意义和影响远远超出了双边和地区框架。首先，中俄战略协作为世界大国，特别是相邻大国如何发展关系提供了一个有益的示范。其次，在冷战后国际战略力量对比一度严重失衡的情况下，中俄战略协作发挥出了"1+1 大于 2"的作用，使国际格局更趋均衡，使国际关系维持了一个较稳定的框架。第三，中俄开展战略协作促进了世界多极化的发展趋势，推动了国际秩序和国际体系的调整与变革，价值观和发展模式的多样化。正如俄领导人曾说过，"俄中高度互信的关系是促进世界稳定的最重要因素，也是两国开展战略协作的最重要原因。"这非常准确地说明了中俄战略协作的国际意义。

2004 年 10 月, 中俄两家权威民意调查机构用一份问卷分别在两国完成的一次调查结果显示, 中俄两国民众对两国关系给予积极评价的比例分别高达 74.4% 和 73.2%。2007 年 8 月, 俄罗斯"全俄社会舆论研究中心"进行的一次调查显示, 中国已跃居俄"友好国家排行榜"首位, 有 21% 的俄民众认为今后 10 至 15 年内中国是俄最友好的国家。排名第二的白俄罗斯, 民众支持率为 12%。通过举办中俄"国家年"和"语言年"活动, 两国人民的相互理解、相互欣赏和信任进一步加深, 彼此亲切感加深, 相互把对方看成最友好国家。俄政府和社会高度评价中国的和平发展。中俄相互看重和倚重进一步增强。

中俄两国能够建立和发展战略协作伙伴关系, 并使其达到今天这样的水平, 有许多成功的经验和做法可以总结, 主要的可以概括为三点:

第一, 不以意识形态划线, 牢牢抓住共同战略利益这个龙头。

中苏之所以从同盟走向破裂和对抗, 意识形态争斗是个重要原因。苏联解体后, 中俄两国走上了不同的发展道路。但两国以史为鉴, 超越意识形态和价值观的差别, 相互尊重各自选择的社会制度和发展道路, 在真正平等互利的基础上, 以寻求和扩大共同战略利益为中心来发展双边关系。这使中俄关系有了正确和牢固的基础。

第二, 准确定位双边关系, 在全面合作的同时保持自己的灵活性。

中苏关系的历史教训说明, 结盟和集团政治的做法不适合中俄两国。基于此, 中俄两国确定发展战略协作伙伴关系要遵守不结盟、不针对第三方的原则。这种非结盟战略协作伙伴关系, 既最大限度地适应了两国共同利益的需要, 又使两国各自在对外政策的选择上保持了足够的灵活性，为两国处理国际事务和发展与其他国家的关系提供了广阔空间。

第三，真心为对方着想，相互照顾对方的利益和关切。

这不仅表现在两国在涉及对方主权和领土完整等问题上相互支持，也表现在许多具体领域。一段时间以来，俄十分关心和担忧其对华出口中机电产品比重持续下降的情况。中国十分认真、积极地对待这一问题，倡议建立了中俄机电商会，采取各种措施自俄扩大进口机电产品。这些努力已开始收到效果。当全球贸易因金融危机普遍大幅下挫、中俄贸易下降达30%之时，2009年，俄机电产品出口中国逆势增长1%，达到4.3亿美元。俄罗斯希望中俄不仅进行原木贸易，而且重点在俄罗斯开展木材深加工合作。中国对此也予以认真对待和积极配合。中俄林业合作常设小组确定了多个在俄罗斯木材深加工合作项目。这种彼此照顾对方利益和关切的做法，使双方能及时解决两国关系中出现的问题，为两国发展注入持久的动力。

### 三、中俄战略协作伙伴关系现进入了一个关键的发展阶段，也面临着一些问题，但总体上中俄战略协作伙伴关系潜力巨大，前景光明

#### （一）中俄战略协作伙伴关系进入了深化、细化合作的关键阶段

中俄发展战略协作已有十多年时间，成绩斐然。但相对来说，这

些年的主要任务总体上是建立和完善双边关系的政治和法律基础，搭建各领域合作的机制框架，确定有关合作的方向和规划，更多需要的是双方的政治决断。这一阶段任务完成后，中俄战略协作需要进一步向纵深发展，追求更多具体的合作成果。在这一新阶段，中俄关系的发展更多地要体现在各具体领域的合作水平高低、成果多寡及相互满意度方面，需要着力落实有关文件和共识。完成这些任务，不仅同样需要及时和正确的政治决断，而且需要更多深入细致的工作。西方谚语说"细节出魔鬼"，随着中俄双方合作越来越具体，越来越触及两国的切身利益，利益协调难度无疑会有所增大，出现利益分歧的情况在所难免。

## （二）中俄两国同时快速发展使两国战略协作面临新的形势

中俄两国目前都在快速发展，综合国力迅速增强，国际影响力不断提高。这是当前国际形势中的一个突出现象，在中俄两国 300 多年的关系史上也是第一次。随着中俄两国国力的同步增强，有的人提出，两国关系中的竞争性会不会扩大？两国会不会调整对对方的政策？会不会提高甚至改变与对方合作的条件？这些问题都值得认真研究，但我相信，答案会是明确和合乎逻辑的。

## （三）中俄战略协作伙伴关系的发展仍然是不均衡的，突出表现在经济合作仍然远远滞后于政治合作

中俄双边贸易额在快速增长，但无论是绝对额、还是在对外贸易总额中的比重，都不符合中俄作为两大邻国的身份和潜力。2009 年，

中俄贸易额为 383 亿美元，在中、俄两国各自对外贸易总额中的比例不算大。双方相互投资所占的比重也较小。中俄双边贸易和投资的现状，说明中俄两国经济合作还有很大的潜力未能挖掘出来。

尽管面临着上述问题和新形势，中俄战略协作伙伴关系发展的动力仍然强劲，前景远大。原因是多方面的，包括中俄战略协作伙伴关系已经有了牢固的政治和法律基础，这一关系已经产生巨大利益，得到两国民众的广泛认同和支持，但根本性的原因在于以下两点：

第一，历史的经验教训和各自的经济社会发展的需要，要求两国必须友好合作。

第二，国际政治的现实要求两国必须友好合作。

## 四、关于今年中俄发展战略协作伙伴关系的几点思考，我想谈几条宏观和原则性思路

### （一）始终把增进政治互信放在发展中俄关系的首要位置，采取一切必要的措施增进双方的政治互信

就国家关系而言，政治互信是一切合作的基础和前提。以建立和发展战略协作伙伴关系为标志，中俄政治互信达到了历史最高水平。但增进政治互信是个没有止境的进程，而且与两国发展合作的需要相比，与世界范围内一些国家的政治互信程度相比，中俄两国的政治互信也仍有很大的提升空间。进一步增进中俄两国的政治互信，需要解决一个核心思想认识问题，就是中俄两国彼此如何看待对方的强大。

中俄两国都在走向强大。中国如何看待俄的强大？俄如何看待中国的强大？是否认为一方的强大将会对另一方构成威胁？这个问题解决不好，中俄政治互信的基础就难说牢固。解决的办法是，双方真诚地欢迎对方的强大，为对方的发展高兴，把它当作对自己、对整个世界有利的事情。中国一直是这样做的，不担心俄的强大。在 20 世纪 90 年代初俄十分困难的时候，中国没有对俄做任何落井下石的事情，而是以极大的诚意同俄解决了历史遗留的边界问题。将来中国更不会做对不起邻居和朋友的事情。对这一点俄完全可以放心。中俄两国解决了这个思想认识，就可以确保两国关系不可逆转，就可以破解历史上和国际关系学界的一个魔咒，即两个相邻的强国不能长期和平共处、友好合作，两国的同时发展和强大就可以为两国的战略协作提供更广阔的空间，创造更有利的条件。

## （二）正确看待和妥善处理两国关系发展过程中出现的具体问题

目前两国具体合作中有一些问题，今后还可能出现。我认为，看待和处理这些问题时应把握好以下两点。第一，随着两国合作越来越具体和务实，出现一些问题是正常的，要以平常心来对待，无须紧张，也不要情绪化，更不能政治化。第二，要本着互利共赢的原则加以协调和解决。要就事论事，不能搞挂钩，不能把解决出现的问题作为开展其他领域合作的前提，以致影响其他领域的合作。

我愿举一个例子说明这一看法。中俄双边贸易中，中国过去一直处于逆差地位。2007 年这一形势出现转折，俄在对华贸易中首次出现逆差，全年为88亿美元。我注意到俄舆论非常关心这一问题。我认为，在市场经济条件下，国际贸易是动态的，出现逆差和顺差都很正常。前些年俄对华出口机电产品比重下降也属同样的情况。中国没有刻意追求对俄贸易顺差，没有故意减少自俄进口机电产品，更没有任何政治目的。解决问题的途径还是要遵守市场经济规律，提高产品自身的竞争力，同时再从两国友好合作的大局出发，辅以政府引导和鼓励等其他措施。单纯以政治和行政的手段解决不了问题。

## （三）下大力气把经济合作尽快搞上去

政治合作与经济合作是中俄战略协作伙伴关系的鸟之双翼，车之两轮，要尽快改变经济合作短腿的情况。

这首先需要中俄两国增强开放意识，彼此扩大市场开放，只有打开国门参与国际合作与竞争，才能不断提高国家和企业的竞争力。中国的做法就充分说明了这一点。中国经过30多年的改革开放，已成为一个高度开放的市场，但中国并没有被外来产品冲垮，反而成为世界贸易大国和机电产品出口大国。

其次，努力创造便利的贸易和投资条件。中俄两国贸易和相互投资情况不尽如人意，有两国经济发展水平、经济结构、企业经营等方面的原因，也存在不少人为的贸易、投资方面的壁垒。两国政府都要努力为两国的企业和公民开展贸易和投资合作创造良好的法律、政策、住所环境，特别是要在消除投资壁垒、扩大投资合作方面下功夫。

第三，边境地区的经济合作在两国总体经济合作中的地位越来越重要，但基础设施的不足成为阻碍两国边境经济合作的瓶颈。两国中央和地方政府要努力推动跨境公路、铁路、桥梁、口岸等基础设施的建设，为边境经济合作创造更好的条件。

## （四）全面加强在国际和地区问题上的协作

中俄两国对世界和平与发展负有重要责任，两国发展战略协作伙伴关系要有更宏大和更宽广的世界性视野和思维，更有意识地以自己的合作去影响、推动国际和地区形势的发展。

需要注意的是，国际和地区问题形形色色，中俄两国在每个问题上的处境不完全一样，由此两国在国际和地区问题上的立场不可能时时处处完全相同，或立场相同、但具体策略和做法有所区别。因此中俄两国在国际和地区问题上开展战略协作，既在某些问题上步调一致，用同一声音说话，也包括一方支持另一方在一些问题上承担更多工作，而一方给予另一方配合和协助，还包括一方理解和支持另一方在个别问题上的行动。以前中俄两国在国际问题上的战略协作更多地集中在政治和安全领域。随着两国经济的迅速发展，经济实力的迅速增强，两国对世界经济形势的影响和受世界经济形势的制约都在增大。国际金融危机充分说明当前国际经济秩序需要改革，两国应该研究如何推动其向更加公正合理的方向发展。两国可在国际货币基金组织、世界银行、世界贸易组织（俄罗斯加入后）等多边机构中开展协调与合作，维护两国的共同利益，促进世界经济的持续发展。

最后我想说的是，中国对目前中俄关系的发展感到满意，对进一步发展中俄关系的意愿十分真诚，没有任何保留。我国领导人曾提出，中俄要做真诚互信的政治合作伙伴、互利共赢的经贸合作伙伴、共同创新的科技合作伙伴、和谐友好的人文合作伙伴、团结互助的安全合作伙伴。这获得俄领导人的积极响应，为中俄战略协作关系发展确定了原则和方向。中俄双方沿着这个方向走下去、做下去，中俄战略协作伙伴关系就会结出更加丰硕的成果。

　　谢谢大家！

# 不断深化中俄全面战略协作伙伴关系

## ——在俄科学院远东研究所名誉博士学位
## 颁授仪式上的讲话

### 2012 年 2 月 17 日

中俄关系的健康发展不仅促进了两国各自的发展、进步与稳定，也为地区与世界的和平、安全与发展做出了重要贡献。

尊敬的季塔连科院士，

女士们、先生们、朋友们：

每次到俄罗斯科学院远东研究所来，我都感到十分高兴。远东研究所是一座充满促进中俄和平友好合作智慧的宝库，同远东研究所的朋友在一起总是让我感到受益匪浅。今天，我十分感谢远东研究所授予我名誉博士学位，这份荣誉不仅是对我个人和中国驻俄大使馆工作的肯定，也是对所有致力于中俄友好事业人士的褒奖，我为能获此殊荣感到自豪，愿同所有致力于传承与发展中俄友好合作事业的各界朋友共同分享这份荣誉，并愿为推进中俄全面战略协作伙伴关系加倍努力。

女士们、先生们、朋友们!

近年来,在中俄两国领导人和社会各界的共同努力下,中俄关系持续全面快速健康发展,在诸多领域取得令人振奋的成果。

一是中俄政治互信进一步强化。中俄在涉及对方主权、安全、发展等核心利益的问题上相互坚定支持,有力维护了两国根本利益,巩固了彼此间的战略互信。两国元首去年在双边和多边场合会晤达 6 次之多,就双边关系及重大国际和地区问题及时交换意见,协调立场。去年,中俄隆重庆祝《中俄睦邻友好合作条约》签署 10 周年,双方共同总结了条约签署 10 年来的经验与成果,规划了两国关系下一个 10 年的发展方向。

二是中俄互利务实合作成效显著。尽管国际金融危机仍未完全结束,但 2010 年中俄贸易额已接近 600 亿美元,恢复到金融危机前的水平。中俄贸易结构不断改善,相互投资、合作生产加工等方面呈现新的良好发展态势,边境和地方合作成为新的增长点。中国成为俄最大贸易伙伴。双方商定,将争取在 2015 年前把中俄贸易额提高到 1000 亿美元,到 2020 年前后把两国贸易额提高到 2000 亿美元。这一目标令人振奋。2011 年,据俄海关统计,中俄贸易额已达 835 亿美元。

三是中俄在国际事务中的战略协作卓有成效。作为联合国安理会常任理事国,中俄对国际和平与安全负有特殊责任。中俄同有关国家一道,以上海合作组织为平台,全面增进政治互信,推动务实合作,为维护中亚地区稳定和促进地区经济繁荣发挥了重要作用。在叙利亚、伊核等国际热点问题上,中俄坚持联合国宪章和国际法基本准则,采取公平和负责任的立场,赢得国际社会广泛赞誉。在亚太安全问题上,中俄共同提出亚太安全合作新倡议，倡导互信、互利、平等、协作的"新安全观"，成为维护地区安全与稳定的重要力量。

四是中俄人文合作持续深化。继 2006 年和 2007 年中俄互办"国家年"活动之后，两国在 2009 年和 2010 年又成功互办"语言年"。这些活动涉及政治、经贸、科技、文化、教育、军事、卫生等各个领域，在内容丰富程度、民众参与度、社会反响的热烈程度方面均创下中俄交往的新纪录。今明两年，中俄还将互办"旅游年"，相信这将是增进两国人民相互了解与感情的新机遇，将促进两国各领域合作再上新台阶。

女士们、先生们、朋友们!

当前，国际金融危机阴影仍未散去，一些大的经济体仍处境艰难，全球经济复苏与发展仍任重道远。同时，伊核、叙利亚等国际热点问题急剧升温，对现行国际关系体系构成严峻考验。中俄两国都面临调整经济结构、提高人民生活水平、实现现代化的历史重任，我们比以往任何时候都更需要和平稳定的国际环境。同时，世界的和平与繁荣同样需要中俄两国的稳定和发展，需要不断深化的中俄战略协作伙伴关系。正如不久前两国元首在新年贺词中所说，"中俄关系的健康发展不仅促进了两国各自的发展、进步与稳定，也为地区与世界的和平、安全与发展做出了重要贡献"。

女士们、先生们、朋友们!

中国始终把俄罗斯看作可以信赖的好邻居、好朋友、好伙伴。中俄全面战略协作伙伴关系堪称国与国关系的典范。在新的一年里，中方愿继续与俄方携手努力，按照双方共同确定的未来 10 年两国关系发展目标与方向，深化各领域交流与合作，深入推进两国平等信任、相互支持、共同繁荣、世代友好的全面战略协作伙伴关系，更好地造福两国和两国人民。

一是要继续在涉及对方核心利益的重大问题上相互支持。中俄需要继续本着《中俄睦邻友好合作条约》精神，坚持平等互信、坦诚相待，坚定支持对方走根据本国国情选择的发展道路，坚定支持对方维护本国核心利益的努力。

二是要继续在克服金融危机的过程中寻求合作的新机遇。中国一贯支持俄早日加入世界贸易组织，希望中俄经贸合作在俄加入世界贸易组织后取得更大飞跃。我们要制定可行的计划，落实好《中俄经济现代化领域合作备忘录》，努力完成 2015 年和 2020 年前后双边贸易额分别达到 1000 亿美元和 2000 亿美元的战略目标。继续加强和完善能源合作，特别是早日完成天然气合作领域的谈判。加强两国在金融和投资领域的合作，落实好《中俄投资合作规划纲要》。积极探索新的科技和创新合作模式。把中俄地方合作落到实处。

三是中俄在国际事务中要继续进行密切的战略协作。在国际关系正经历前所未有的复杂严峻考验的历史时刻，中俄在国际事务中进一步深化战略协作，不仅符合两国的根本利益，也是建立公正合理国际新秩序的需要。

四是要进一步加强人文交流。办好"旅游年"将为增进两国民众相互了解创造独特机遇，但这仅仅是这一伟大工程的一小部分，媒体与学界在这方面还有广阔的活动空间。远东研究所多年来为推进中俄友好合作事业付出了许多努力，收到显著效果。中国国家主席向季塔连科院士颁发"中俄关系六十周年杰出贡献奖"是对季塔连科院士本人及远东研究所做出贡献的高度肯定。我们期待也支持远东研究所的新老朋友为中俄友好事业作出更大贡献，也期待中俄两国有更多民间团体加入推进中俄友好合作的伟大事业中来。

女士们、先生们、朋友们！

最后，我想再一次向远东所、向季塔连科院士表示感谢，感谢你们对我的支持和协助，感谢你们对中俄友好合作做出的贡献。

谢谢大家！

# 中俄携手发展谱新篇

## 2012 年 6 月 8 日

> 中俄关系长期以来一直保持积极发展的良好势头，目前处于历史最好水平，已形成中俄友好合作的深厚基础。

在中俄认真落实两国关系未来 10 年发展规划之际，上海合作组织迎来第二个 10 年发展的新契机。值此重要时期，俄罗斯总统普京于 6 月 5 日至 7 日对中国进行国事访问，并出席在北京举行的上海合作组织成员国元首理事会第十二次会议。中俄领导人将就双边关系、共同关心的国际和地区问题以及上海合作组织发展问题深入交换意见，并签署发表联合声明和一系列重要的双边、区域合作文件，这必将对推动双边关系和上海合作组织发展产生广泛深入的积极影响。

中俄关系长期以来一直保持积极发展的良好势头，目前处于历史最好水平，已形成中俄友好合作的深厚基础。中俄互为最大邻国和最重要的战略协作伙伴。中俄关系是当今世界上最重要的双边关系之一。中俄携手并进，不仅关系到两国的发展繁荣，也关系到地区及世界的和平、安全与稳定，关系到国际关系未来和国际格局走向。中俄继续大力发展平等信任、相互支持、共同繁荣、世代友好的全面战略协作伙伴关系符合两国人民的根本利益和时代潮流，具有无限广阔的前景。

两国政府在积极发展中俄关系上形成高度共识，双方政治互信日益深化。两国高层保持密切交往，定期高层会晤及其他各层级交流机制不断完善发展，为双方及时就双边和重大国际地区问题交换意见提供了保障。两国政府都对中俄关系的战略性、长期性和全面性有深刻认识，都视对方的发展为重要机遇，坚定不移地将发展相互关系作为本国外交的主要优先方向之一。双方一致决定将保持中俄关系发展的连续性，共同致力于推动两国关系不断迈上新台阶。

中俄各领域务实合作快速推进，为两国和两国人民带来了实实在在的利益。双边贸易额 2011 年达到 800 亿美元，同比增长 42.7%，今年继续保持高速发展的良好势头。中俄在能源、高科技、金融等领域的合作不断向纵深发展，贸易结构日趋完善，相互投资稳定增长，边境和地方合作成为新的增长点，有力地促进了两国的发展和繁荣。

中俄人文交流全面发展，两国人民友好情感不断加深。中俄已成功举办"国家年""语言年"，今年又启动中国"俄罗斯旅游年"。双方文化、教育、卫生、体育等各领域的合作不断加强，民间交流和地方往来日益频繁，两国人民的相互理解和相互信任进一步加深，世代友好的理念深入人心。

中俄对重大国际及地区问题保持着相近或一致的看法和立场，共同致力于推动世界多极化、国际关系民主化和建设持久和平、共同繁荣的和谐世界。中俄同为世界大国、联合国安理会常任理事国和主要新兴经济体，对国际和平与安全肩负特殊责任，中俄又是"上海合作组织""金砖国家""二十国集团"的重要成员，是推进世界多极化和国际关系民主化的重要力量。中俄顺应世界发展大势，深化国际事务中的战略协作，不仅符合两国共同利益，也是建立公正合理国际新秩序的需要。

下一个10年是中俄发展振兴和中俄关系发展非常重要的时期。双方将进一步落实中俄关系未来10年发展规划，推动中俄关系实现更大发展，为推动两国发展振兴，维护地区与世界和平、安全、稳定与繁荣做出更大贡献。

未来10年又是上海合作组织及其成员国发展的关键时期。各成员国对上海合作组织的作用期待更高，秉持"上海精神"、加强团结协作、推动上海合作组织大发展的愿望更加迫切、决心更加坚定。

目前，国际形势正在经历复杂深刻变化，各种不稳定、不确定因素增多。中俄关系和上海合作组织发展既面临重要机遇，也面临不少挑战。相信普京总统此次访华期间，中俄在进一步发展双边战略协作伙伴关系的同时，将与上合组织其他成员国一道携手努力，促使上合组织北京峰会在规划组织未来发展和务实合作等方面取得更多新成果，更好地把上海合作组织推进蓬勃发展的新时期。

本文2012年6月8日刊登在《人民日报》

# 承前启后、继往开来，谱写中俄关系新篇章

## ——谈习近平主席访俄成果、中俄关系现状及前景

### 2013 年 5 月 26 日

　　无论世界风云如何变幻，中俄坚持两国发展的大方向不会动摇，中俄世代友好、永不为敌的理念不会动摇，中俄互利共赢、共同发展的合作目标不会动摇。

　　应俄罗斯总统普京邀请，中国国家主席习近平于 3 月 22 日至 25 日对俄进行国事访问，并取得圆满成功。这是习近平主席就任国家最高领导人后的外交开局之旅，也是中俄关系中具有里程碑意义的大事。两国领导人规划了未来中俄全方位合作的宏伟蓝图，为中俄全面战略协作伙伴关系深入发展指明了方向，明确了重点，注入了强劲动力。

　　习近平主席选择俄罗斯作为就任后首访国家，充分体现了中俄全面战略协作伙伴关系的高水平和特殊性。习近平主席与俄国家领导人举行了一系列会谈会见活动，签署了多个双边重要合作文件，发表了热情洋溢的演讲，与俄汉学家、学习汉语的学生和媒体代表举行了别开生面的座谈等活动，进一步彰显了我国"元首外交"的独特魅力。

普京总统高度重视习近平主席此访，为习近平主席举行了隆重欢迎仪式，还破例动用了马队仪仗队，令现场气氛更加庄严和亲切，也一下子拉近了两国元首的个人距离。两国元首出席欢迎仪式、大小范围会谈、签字仪式和共见记者、欢迎宴会、俄罗斯"中国旅游年"开幕式等活动打破礼宾常规，场场活动时间一延再延，所涉内容非常广泛，涉及两国关系的方方面面。事实证明，领导人间良好的个人关系和友谊为访问增分加彩，锦上添花。

## 亮点纷呈　成果丰硕

中俄政治互信和战略协作达到新高度。两国元首就加强中俄全方位战略协作达成重要共识，签署了《中俄关于合作共赢、深化全面战略协作伙伴关系的联合声明》，系统阐述了两国全面战略协作伙伴关系的内涵和发展方向。双方还批准了《〈中俄睦邻友好合作条约〉实施纲要（2013年至2016年）》，明确了今后合作的重点和着力点。此外，习近平主席参观了俄国防部和武装力量指挥控制中心，成为第一位到访并参观俄国防部和指挥控制中心的外国元首，无疑，这对进一步密切两国在防务领域的合作具有重要意义。

中俄务实合作迈上新台阶。访问期间，双方签署了30多个政府和企业间合作文件，涉及便利人员往来、打击非法移民、能源、生态环保、人文、地方合作、金融投资、基础设施建设等领域。通过签署这些重要文件，两国充分将战略协作的高水平转化为更多、更广泛的务实合作成果，给两国人民带来实实在在的利益。

中俄人文交流结出新成果。两国元首共同出席俄罗斯"中国旅游年"开幕式并致辞，习近平主席在莫斯科国际关系学院演讲并与学生互动，同俄汉学家、学汉语的学生和媒体代表座谈，谈古论今，纵论中俄传统友谊，加深了两国友好的社会基础。中俄商定明后年互办"青年友好交流年"，将大大增加两国青年的相互交往，寄望青年一代传承世代友好，接过中俄友谊的接力棒，积极投身两国人民友好事业。

中俄在国际事务中的协调配合进入新阶段。两国元首在联合声明中一致表示，中俄将坚定支持对方发展复兴、维护核心利益、自主选择发展道路和社会政治制度。坚决维护联合国宪章宗旨和原则，共同推进国际关系民主化。习近平主席在莫斯科国际关系学院发表重要演讲，宣示中国对当前世界形势的看法和对国际关系的立场主张，对中俄关系未来发展和在国际事务中加强协作提出了建设性建议，赢得了俄方高度赞同和国际社会的高度评价。

中俄治国理念意气相投。习近平主席提出的实现国家富强、民族振兴、人民幸福的"中国梦"，得到了俄各界广泛赞誉。俄媒体形象地把普京总统提出的"到 2020 年俄人均国内生产总值将达到或接近发达国家水平的目标"称为"俄罗斯梦"，中俄两国都在强国富民的道路上加快前进，梦想和目标如此接近、如此具体，使两国人民对各自国家未来发展更加期待。

习近平主席在此访期间论述的中俄关系、阐述的国际关系、讲述的"中国梦"，在俄各界引起广泛反响，掀起一场"中国风"。从访问前夕的微风，到访问期间的强风，再到访问结束后的旋风，层层递进，级级升温。俄高层和精英界开始研究"中国梦"，俄青年和学生开始追寻"汉语潮"，俄各大媒体开始聚焦"中国热"。习近平主席在俄演讲和致辞中引用的"一年之计在于春""顺之则昌，逆之则亡""鞋子合不合脚，自己穿了才知道""一加一大于二的效应""大船必能远航"等箴言佳句成为俄各大媒体报道的焦点，或直接引用为标题。此访增进了互信，深化了合作，巩固了友谊，全方位、多角度、深层次、宽领域地诠释了中俄全面战略协作关系务实的特点，堪称经典。

我们有理由地说，经过双方 20 多年的不懈努力，中俄关系正处于历史上最好时期。我们可自豪地说，中俄关系为邻国间、大国间、新兴经济体间和谐共处、互利共赢树立了典范，在当今国际关系中为促进地区乃至世界和平与安全发挥着重要的稳定作用。我们有信心地说，进一步发展中俄全面战略协作伙伴关系符合两国和两国人民的根本利益，也有利于维护世界和地区的和平、稳定与发展、繁荣。

## 互利共赢　前景广阔

中俄互为最大邻国，同为世界大国和快速发展的新兴经济体。两国在各领域的契合点很多，合作共赢机会很多，深化两国关系、推动务实合作具有无可比拟的条件和优势。

在地缘上，中俄互为山水相连的友好邻邦，4300 公里的共同陆地边界线把两国和两国人民紧紧地连接在一起。经过两国几代领导人的共同努力、决心和智慧，两国彻底解决了历史遗留的边界问题。共同边界成为两国人民友好往来、和平共处的纽带，也为扩大两国地方务实合作和边境合作提供了有力保障。

俄的东风，以落实习近平主席访俄成果为目标，抓住机遇，开拓进取，务实前行，同俄方一道努力，推动中俄全面战略协作伙伴关系继续向前发展，并把这种高水平的政治关系转化为务实合作的实际成果，以造福两国人民，惠及世界各国人民。

着眼大局，继续深化两国战略和政治互信。双方秉承《中俄睦邻友好合作条约》的原则和精神，把平等信任、相互支持、共同繁荣、世代友好的全面战略协作伙伴关系不断提升至更高水平，将此作为本国外交的优先方向。支持对方自主选择发展道路和社会政治制度的权利，在涉及对方主权、领土完整、安全等核心利益问题上相互坚定支持。在双方保持密切、互信的高层交往背景下，把两国前所未有的高水平政治关系优势转化为经济、人文等领域务实合作成果。

深挖潜力，全面推进和扩大两国务实合作。两国更好、更快、更深入地开展务实合作面临着大好时机。要充分发挥两国政府间及各部门各领域合作机制作用，积极开展战略性大项目合作，联合研发、联合生产，共同提高各自经济实力和国际竞争力。以更加开放的理念和便利规范的环境，发挥好两国互有优势和潜力，推动双边贸易规模在现有基础上再翻一番、翻两番，同时提高合作质量。统筹好两国地方合作，加快跨境铁路、公路桥等建设，加强在生态环境、跨境水资源保护等方面合作。

抓住机遇，日益丰富两国人文领域合作的内涵。双方要共同搞好互办"旅游年"活动，增进两国人员往来和相互了解。根据两国领导人达成的最新共识，规划和设计好 2014 年和 2015 年中俄"青年友好交流年"，鼓励两国高校交往，增加互派留学生名额，带动两国青年交流向纵向推进，让两国世代友好的理念扎根两国人民心中。发挥两国文化大国的优势，促进两国高水平的文艺团组交流，引起两国民众心灵和情感上的共鸣，夯实两国民意基础。

立足长远，不断密切两国在国际和地区事务中的协调和配合。面对复杂多变的国际形势和依然严峻的国际经济环境，双方有必要继续加强在联合国、上海合作组织、金砖国家等框架内的战略协作，就亚太事务、朝鲜半岛和西亚北非局势保持沟通协调，坚决维护两国共同战略安全和国家利益，坚决维护联合国宪章宗旨和原则及公认的国际关系基本准则，维护二战成果和战后国际秩序，维护国际社会的公平正义，促进世界的和平、稳定、繁荣。

总之，我们对中俄关系未来发展前景充满信心。无论世界风云如何变幻，不管前进道路有何困难险阻，中俄坚持两国发展的大方向不会动摇，中俄世代友好、永不为敌的理念不会动摇，中俄互利共赢、共同发展的合作目标不会动摇。我们相信，稳定健康发展的中俄关系，必将为两国人民带来福祉，必将为人类发展带来繁荣。

本文 2013 年 5 月刊登在《中华英才》杂志

# 弘扬奥运精神　共铸中俄友谊

2014 年 2 月 6 日

习近平主席出席索契冬奥会开幕式，充分体现了中国对奥林匹克运动的重视和支持，体现了中国对世界的开放态度，展示了中国与国际接轨、与国际社会互动的自信。

1 月 20 日，中国外交部宣布了习近平主席应俄罗斯总统普京邀请，将于 2 月 6 日至 8 日赴俄罗斯索契出席第二十二届冬季奥林匹克运动会开幕式的消息。这一天恰逢中国驻俄罗斯大使馆为俄汉学家举办春节招待会。俄政府、议会各部门，科技、教育、文化、学术等各界汉学家，中俄媒体代表等约 500 人出席。来参加招待会的俄罗斯朋友见到我，几乎都兴奋地表示，听到习近平主席要来俄出席索契冬奥会开幕式的消息简直太高兴了！感谢中国，感谢习近平主席作出这样的决定。这一消息成了当天中俄新老朋友分享的最主要话题，也成为俄各大主流媒体竞相报道的重要新闻。

习近平主席来俄出席索契冬奥会开幕式，是中国最高领导人首次出席在境外举行的大型体育赛事。这件事本身就具有十分重要的象征意义，它充分体现了中国对奥林匹克运动的重视和支持，体现了中国对世界的开放态度，展示了中国与国际接轨、与国际社会互动的自信。

需要指出的是，习近平主席来俄出席索契冬奥会开幕式恰逢中国传统佳节——春节，这也是习近平主席连续两年把俄罗斯作为首访国，充分体现了中俄全面战略协作伙伴关系的高水平和特殊性，有力彰显了两国元首之间的良好工作关系和亲密个人友谊，再次证明了中俄双方在彼此关切的重大问题上相互支持的默契和力度。

2013 年，习近平主席两度访俄并出席圣彼得堡二十国集团领导人峰会，一年之内同普京总统五次会晤。中俄两国关系长期保持高水平运行发展，在政治上高度互信和支持，在经贸、能源、投资、科技、地方合作等领域的务实合作不断充实和深化，在人文领域的合作日益活跃和繁荣，在国际和地区事务中的战略协作更加密切和深入。这充分说明，中俄全面战略协作伙伴关系日臻成熟，不仅为两国人民和两国经济带来实实在在的利益，也对维护世界和平和地区稳定起到十分重要的作用。

2014 年，我们将迎来新中国 65 岁华诞和中俄建交 65 周年。中俄关系将站在新的历史起点上继续向前迈进。新一轮国家级主题年活动——中俄青年友好交流年将拉开帷幕，必将有力推动两国青年交流向纵深发展，为两国友好事业代代相传发挥重要作用。在双方共同努力下，中俄关系将不断绽放新的亮点，结出新的果实。

普京总统最近在与媒体见面时多次提到，奥运会对促进年轻人积极参加体育运动、全面提升民族素质具有重要意义。中国是体育大国，这次将派出 139 人的体育代表团参加滑冰、滑雪、冰壶、冬季两项等 4

个大项、9个分项、49个小项的比赛，将同包括俄罗斯在内的各国奥运健儿在索契冬奥会同场竞技，共同弘扬团结、友谊、和平的奥林匹克精神，为奥林匹克事业贡献力量。

我们相信，习近平主席出席索契冬奥会开幕式一定会为深化中俄全面战略协作伙伴关系注入新的动力。我们祝愿，俄罗斯索契冬奥会取得圆满成功。

本文 2014 年 2 月 6 日刊登在《人民日报》

# 中国梦"握手"俄罗斯梦

2014 年 5 月 20 日

> 对于中俄两个蒸蒸日上发展的大国来说，建交 65 周年，恰似早晨八九点钟的太阳，朝气蓬勃，前程美好。

今年是新中国成立 65 周年，也是中俄建交 65 周年。65 年，对个人而言，当如一坛陈酿老酒，味醇韵长，耐人品评；而对于两个正在蒸蒸日上发展的大国来说，恰似早晨八九点钟的太阳，朝气蓬勃，前程美好。

中国正在为实现中华民族伟大复兴的中国梦奋力前行，俄罗斯也正致力于恢复国力，中国梦与俄罗斯的强国梦可以说高度契合。中俄两国都坚持选择符合本国国情的发展道路，都清晰确立了民族复兴的战略目标，两国互相提供重要发展机遇、互为主要优先合作伙伴。这些共同点恰是推进中俄政治互信、战略协作和务实合作的重要基础，是两国相互支持、共同繁荣、世代友好的有力保障。

在双方共同努力和经营下，中俄关系目前处于历史最好时期，呈现出以下特点：

双方高层交往空前频繁。习近平主席分别于去年3月、9月和今年2月，3次访俄并出席了圣彼得堡二十国集团领导人峰会和索契冬奥会开幕式；俄罗斯总统普京访华并出席在上海举行的亚洲相互协作与信任措施会议第四次峰会。这些都充分体现了中俄全面战略协作伙伴关系的高水平和特殊性。

务实合作稳步推进。去年3月习近平主席访俄期间，中俄签署30多个协议，涉及务实合作各个领域。去年10月，李克强总理与梅德韦杰夫总理在北京举行定期会晤，推动双方务实合作继续向前迈进。2013年中俄贸易额达892.1亿美元，同比增长1.1%，虽受国际大环境影响，但仍稳中有升，中国仍是俄罗斯第一大贸易伙伴。今年1至2月，中俄双边贸易额达144.6亿美元，同比增长3.2%。国际合作日益密切，在叙利亚局势、伊朗核问题等国际和地区热点问题上，中俄始终保持了密切沟通，有效协作，为推动政治解决叙利亚和伊核问题作出了积极努力，为维护世界和地区和平稳定作出贡献。

人文交流蓬勃发展。中俄继互办国家年、语言年、旅游年之后，又于今明两年开启中俄青年友好交流年。前不久，中俄青年友好交流年开幕式在俄罗斯圣彼得堡隆重举行，习近平主席和普京总统致信祝贺。这些活动是两国从战略高度采取的重大举措，充分体现了中俄进一步加强两国人民世代友好的坚定决心。

青年人充满生机和活力，最具创新精神。经济全球化和社会信息化为青年人提供了更宽阔的舞台和更多样的选择。两国政府正在为青年人提供更多的机会、搭建更广阔的平台。在"中俄青年交流年"期间，中俄双方将积极开展"百校万人"大学生交流活动，扩大互派留学生规模，使双方互派留学生总数到 2020 年达到 10 万人。两国还将积极促进青年艺术家联合展演，青年作家作品互译，青年科学家、工程师合作研发，青年政治家、运动员、医生、新闻工作者、企业家互访交流等上百项活动。

习近平主席指出，"青年是国家的未来，是世界的未来，也是中俄友好事业的未来"。我们期待并相信越来越多的两国青年接过中俄友谊的接力棒，积极投身到两国人民友好事业中去。

本文 2014 年 5 月 20 日刊登在《人民日报》

# 友谊历久弥坚 合作硕果累累

2014 年 9 月 30 日

> 中俄全面战略协作伙伴关系在世界大变革大调整的浪潮中历
> 久弥坚，不断结出新的丰硕成果，为两国和两国人民带来实实在
> 在的利益。

半个多世纪以来，中俄（苏）关系走过了不平凡的历程，经历友
好结盟、关系恶化、睦邻友好和战略协作伙伴几个阶段的发展变化，
经受住了历史的考验，顺应了时代的潮流，造福两国和世界人民，为
邻国间、大国间、新兴经济体间和谐共处、合作共赢树立了典范。

65 年来，中俄关系日臻成熟。1996 年 4 月，两国领导人在认真
总结历史经验基础上，从两国人民根本利益出发，着眼未来，建立了
面向 21 世纪的中俄战略协作伙伴关系。2001 年 7 月，双方签署《中
俄睦邻友好合作条约》，把两国永做好邻居、好伙伴、好朋友用法律
形式确定下来，为两国长期睦邻友好、互利合作奠定了坚实的法律基
础。2004 年，中俄就全面解决边界问题达成协议，为两国人民世代友
好和睦邻合作提供了可靠的保障。2012 年 6 月，双方签署《关于进一

步深化平等信任的中俄全面战略协作伙伴关系的联合声明》，全面提升中俄战略协作关系的水平和高度。2014 年 5 月，普京总统访华期间同习近平主席签署《中俄关于全面战略协作伙伴关系新阶段的联合声明》，将中俄全面、平等、互信的战略协作伙伴关系提升至更高水平。

65 年来，中俄务实合作稳健前行。双方积极探索互利共赢的合作契合点，努力寻找共同发展的合作新途径，不断扩大双边经贸合作规模，进一步提高合作质量和水平。特别是 21 世纪以来，双方签署了多个政府和企业间合作文件，涉及经贸、能源、军事、人文、教育、农业、执法安全、地方合作、生态环保、金融投资、基础设施建设等各个领域，切实将两国战略协作的高水平转化成务实合作的成果，为两国和两国人民带来实实在在的利益。2013 年中俄贸易额达 892.1 亿美元，中国连续四年成为俄罗斯第一大贸易伙伴。目前，双方正在向双边贸易额达到 1000 亿美元（2015 年）和 2000 亿美元（2020 年前后）的目标迈进。

65 年来，中俄人民友谊不断加深。中俄是山水相连的友好邻邦，两国人民的友谊源远流长。中俄（苏）在反法西斯和反军国主义战争中用鲜血凝成的情谊更是弥足珍贵。在俄罗斯和中国发生特大意外事故后双方接待对方受难儿童疗养，再次验证了大爱无疆这句中国人常说的话。近年来，中俄人文交流蓬勃发展，两国相继举办的中俄"国家年""语言年""旅游年"获得巨大成功，今年双方又开启了为期两年的中俄"青年友好交流年"，相关活动正如火如荼地展开，两国人民世代友好的接力棒薪火相传。双方还分别于 2009 年 10 月和 2012 年 12 月在北京和莫斯科互设文化中心，为切实增进人民间的相互了解和友谊搭建了重要平台。

65 年来，中俄国际协作日益密切。双方分别于 2005 年 7 月和 2011 年 6 月发表了中俄《关于 21 世纪国际秩序的联合声明》《关于当前国际形势和重大国际问题的联合声明》，一致认为加强联合国在国际事务中的核心作用，呼吁各方通过和平方式解决叙利亚局势、伊朗核问题、阿富汗局势、朝鲜半岛核问题等国际和地区热点问题。双方在二十国集团、亚太经合组织、金砖国家、上海合作组织、亚信、中俄印等机制内广泛开展合作，包括推进全球经济治理、提高新兴市场和发展中国家发言权和代表性、推进区域经济一体化、促进经济创新发展、打击三股势力、不扩散大规模杀伤性武器、打击国际恐怖主义和非法毒品贸易、维护国际信息安全、外空安全等。双方有效协作，为维护世界和地区和平、稳定与发展做出了重要贡献。

65 年的关系发展告诉我们，中俄两国共同选择的发展双边关系的战略和策略是正确的。只有始终坚持平等协作、相互尊重的政治关系，始终坚持互惠互利、合作共赢的发展思路，始终坚持和谐包容、世代友好的和平精神，始终坚持安危与共、协商一致的安全理念，才能不断深化两国政治互信，才能在合作中实现互利共赢，才能保证两国关系长期健康稳定发展。

经过 65 年的发展，中俄全面战略协作伙伴关系在世界大变革大调整的浪潮中历久弥坚，已成为稳定、健康、成熟的国家关系典范。中俄务实合作在国际金融危机仍在蔓延和全球经济不景气的背景下逆流而上，不断结出新的丰硕成果，为两国和两国人民带来实实在在的利益。两国政治互信达到前所未有的高水平，已成为促进大国关系良性互动、维护地区和世界和平稳定的重要因素。

65 年的光阴荏苒，对于人生已不算短暂，但对于两个蓬勃发展的大国来说，却如同早上八九点钟的太阳，充满青春的生机与活力。当前，中俄关系已站在新的历史起点上，面临新的发展机遇。作为大国、邻国、安理会常任理事国，中俄肩负着促进国内发展和维护世界和平与发展的历史使命。无论世界风云如何变幻，不管前进道路有何困难险阻，中俄世代友好的信念不会动摇，中俄互利共赢、共同发展的合作目标不会动摇。我们相信，长期稳定健康发展的中俄关系，必将为两国人民带来福祉，必将为世界和平、合作与发展做出贡献。

本文 2014 年 9 月 30 日刊登在中国中央媒体和《俄罗斯报》

# 共庆二战胜利，深化战略协作，
# 推动中俄关系再上新台阶

## ——接受中国媒体联合采访

### 2015 年 5 月 5 日

> 中俄两国将举办一系列纪念反法西斯战争胜利 70 周年活动，
> 唤起每一个善良的人对和平的向往和坚守，避免历史悲剧重演，
> 共同捍卫二战胜利果实，开创人类更加美好的未来。

**记者**：今年是中国人民抗日战争暨世界反法西斯战争胜利 70 周年，中国国家主席习近平将出席俄罗斯举办的纪念伟大卫国战争胜利 70 周年活动。在此期间，习近平主席还将对俄进行访问。请您介绍一下此访背景及意义？双方是否会签署新的合作协议？

**李辉**：今年是中国人民抗日战争暨世界反法西斯战争胜利 70 周年。中国和俄罗斯作为二战亚洲和欧洲两个主战场，将继续相互支持，在各自国家举办一系列庆祝活动，共同维护二战胜利成果和国际正义。

应普京总统邀请，习近平主席将来俄出席纪念伟大卫国战争胜利

70 周年活动并访俄。此访是今年双边关系中的一件大事，具有重要的历史性意义，备受国际社会关注。一方面，此访系两国元首今年的首次会晤，双方将全面回顾和总结过去一年来两国各领域战略协作与务实合作取得的积极成果，详细规划和制定两国下一步合作方向和深化领域，进一步充实两国战略协作和务实合作内涵，不断推动中俄全面战略协作伙伴关系再上新台阶。另一方面，习近平主席将作为俄方的主要客人出席纪念伟大卫国战争胜利 70 周年庆典活动。这将在双边和国际层面均产生深远影响，再次证明中俄全面战略协作伙伴关系的高水平和特殊性，再次体现中俄作为联合国安理会常任理事国和二战战胜国在维护世界和平、稳定与发展问题上的坚定决心与十足信心，再次展示中俄两国人民对用鲜血凝结成的友谊无比珍视和携手共同创造美好未来的期待。

在双边访问框架下，习近平主席和普京总统将举行小、大范围会谈和举行共同会见记者等活动。两国此次将签署多项双边合作协议。据我所知，这次将签署的一揽子协议涉及的领域更加广泛、合作的尺度更加深入、战略的内涵更加突出，必将进一步充实两国全面战略协作伙伴关系的基础。在庆典活动框架内，习近平主席将出席纪念伟大卫国战争胜利 70 周年红场阅兵式、向无名烈士墓献花圈、各国代表团团长集体合影、红场音乐会等活动。此外，习近平主席还将同出席庆典活动的其他有关国家领导人就双边关系和共同关心的国际和地区问题广泛交换意见。

总之，习近平主席此访内容丰富，意义重大，必将推动中俄全面战略协作伙伴关系继续保持高水平运行，为维护世界和平与稳定注入正能量。

**记者**：中俄元首频繁往来，相互出席对方举办的纪念活动，这对于两国关系进一步发展将起到怎样的作用？

**李辉**：自 2013 年 3 月习近平主席首次访俄以来，两国元首已在双边和多边框架内举行了 11 次会晤，就推动双边关系发展和深化各领域务实合作达成一系列重要共识。中俄两国元首频繁会晤、及时沟通、深入交流，恰是两国全面战略协作的重要内涵，充分体现中俄两国全面战略协作伙伴关系的高水平与特殊性，有力彰显两国元首之间的良好工作关系与亲密个人友谊，再次证明中俄双方在彼此关切的重大问题上相互支持的力度与默契。

我长期工作在中俄关系的第一线，深切感受到，中俄两国之间有着众多的核心利益，政治方面要相互战略支持、经济方面要推进务实合作、人文方面要加强交流合作、国际合作要密切沟通协作等。每次中俄元首会晤，均对两国双边关系发展和下一步务实合作进行战略引领、顶层设计和亲自推动，这符合新形势下构建新型大国关系的发展规律，符合两国和两国人民的根本利益，有利于进一步开拓思路、挖掘潜力，有利于保持中俄全面战略协作伙伴关系始终在高水平上运行，有利于中俄两国发展振兴和维护当今世界与地区的和平、稳定与发展。

纵观中俄关系发展历史，我有理由说，经过双方 20 多年的不懈努力，中俄关系正处于历史上最好时期。中俄关系为邻国间、大国间、新兴经济体间和谐共处、合作共赢树立了典范，在当今国际关系中为促进地区乃至世界和平与安全发挥着重要的稳定作用。

**记者**：近年来，西方国家试图强化部分国家在二战中的作用，比如隆重庆祝诺曼底登陆，过分强调其意义而弱化苏联在二战中的贡献，忽略斯大林格勒保卫战的重要转折意义，比如将苏联红军对东欧国家的解放称之为占领，您如何看待西方国家的这种做法？您认为他们的目的是什么？您如何评价中国和苏联对第二次世界大战胜利所起到的历史作用？进行战争总结对构建世界新秩序和维护国际安全体系有何意义？

**李辉**：第二次世界大战是人类历史上一场空前的浩劫，给世界各国人民都造成了前所未有的灾难与破坏，以及严重的心灵创伤。这场战火遍及亚洲、欧洲、非洲和大洋洲，夺去了几千万人的生命，使无数家庭流离失所、城镇乡村变成废墟，人类积累的物质和精神文化成果遭到严重毁灭。同时，这场战争也是人类历史上一场正义战胜邪恶、光明战胜黑暗、进步战胜反动的伟大战争。第二次世界大战的胜利，彻底摧毁了法西斯主义和日本军国主义，使各国人民深刻反思，追求和平进步的思想深入人心；沉重打击了帝国主义国家，亚非拉民族解放运动高涨，帝国主义殖民体系逐步瓦解；使社会主义从一国发展到多国，形成了以苏联为首的强大的社会主义阵营，和平进步力量逐步壮大；客观上促进了第三次科技革命的发展。总之，第二次世界大战彻底改变了世界的面貌，深深地影响了世界历史的进程。

苏联在第二次世界大战中发挥了举足轻重的作用。战争全面爆发后到1941年夏天，德国法西斯已横扫欧洲多个国家。苏联军民奋起自卫，伟大的卫国战争从此开始，苏联国土由此成为世界反法西斯战争的欧洲主战场。在苏联共产党的坚强领导下，在苏联人民的战斗精神鼓舞下，苏联军民进行了 6 次最重要战役，攻无不克、战无不胜，粉碎了希特勒发动的"闪击战"，扭转了欧洲战局，为二战最终胜利做出重大历史贡献，赢得了世界人民的尊重。对于苏联军民所进行的艰苦卓绝的斗争，对于苏联为世界反法西斯战争胜利做出的重大历史贡献，任何国家、任何个人都不能视而不见，任何对历史事实的歪曲都是对人类社会未来的不负责任。某些国家出于尊己卑人的目的或政治需要而忽视或歪曲苏联对二战的重大历史贡献，这种做法完全背离了国际正义与人类的道德准则，是十分危险的，值得一切热爱和平人们的警惕。

同时，中国人民抗日战争是世界反法西斯战争的重要组成部分，开辟了世界反法西斯战争东方主战场，为世界反法西斯战争的胜利做出不可磨灭的历史贡献。在世界反法西斯战争中，中国战场爆发时间最早、历时最长，中国人民长期抗击和牵制日本军国主义的主要兵力，在战略上策应和支持了盟国在欧洲战场和太平洋战场的战略行动，制约了日本法西斯和德意法西斯的战略配合。中国人民抗日战争坚定了盟国与法西斯作战的信心，推动了世界反法西斯统一战线的形成。中国人民也为此付出了巨大的民族牺牲。据不完全统计，战争期间中国军民伤亡 3500 万人。

中俄都是联合国安理会常任理事国，为维护世界和平、稳定与发展做出了突出贡献。今年，中俄两国将举办一系列纪念反法西斯战争胜利 70 周年活动，包括在联合国和上海合作组织等框架内举办的相关活动。目的是为了铭记历史、缅怀先烈、珍视和平、开创未来。我们要相互支持，共同维护国际正义和二战胜利成果。我们要以此为契机，敦促各方以史为鉴，重申对《联合国宪章》宗旨和原则的坚定承诺；开辟未来，探索新形势下维护国际和平与安全的有效途径。通过举办一系列对世界反法西斯战争的总结活动，唤起每一个善良的人对和平的向往和坚守，避免历史悲剧重演，共同捍卫二战胜利果实，开创人类更加美好的未来。

**记者**：中国人常说"以史为鉴"，现在东北亚仍有国家对二战历史没有正确反省，妄图重新看待二战进程和结果。中方对此有何评价？

**李辉**：中国政府的一贯立场是历史不容篡改、正义不容歪曲、英雄不容遗忘，联合国宗旨和原则必须坚持。我们坚决反对任何试图篡改二战历史并进而挑战二战后世界秩序的图谋。令人遗憾的是，日本的一些高级别官员不能够正确认识和深刻反省其军国主义对外侵略和殖民统治历史，妄图模糊是非、颠倒黑白，把侵略说成正义，把战犯说成英雄，让世人心寒。特别是近年来有愈演愈烈之势，值得国际社会爱好和平的力量加以警惕。

我们知道，70年前日本输掉了侵略战争，我们不希望70年后日本再输掉人类的良知。日本领导人对二战任何表态、对外发出怎样的信息，不仅事关日本同亚洲邻国能否真正实现和解，也将成为国际社会评判日本是否继续走和平发展道路的"试金石"。我们希望日方以史为鉴，正确对待和妥善处理有关历史问题，同军国主义彻底划清界限。在此基础上，中方愿同日方携手发展面向未来的友好关系。

我们应牢记：在当今世界上，各国人民之间只有加强友好合作、团结互助，才能有力遏制霸权主义和新殖民主义，有效打击恐怖主义，维护世界和平与稳定，促进世界各国共同繁荣，实现人类文明共同进步。

**记者**：俄罗斯有许多以伟大卫国战争为题材的电影、电视、文学、油画、音乐等经典文艺作品。给您留下印象最为深刻的有哪些作品？

**李辉**：可以说，伟大卫国战争造就了俄罗斯的民族性格，深深地影响了俄罗斯几代人。如今在俄境内的每个角落，仍能发现伟大卫国战争的印迹，如城镇里最重要的地方一定会有战争纪念碑、长明火、胜利广场和纪念伟大卫国战争博物馆；不论城市还是乡村，每逢重要活动，都要恭请胸佩军功章的老战士出席；年轻人新婚当天还要赴上述纪念设施与亲朋共同欢聚，缅怀历史，珍视幸福。

二战在俄罗斯的文学艺术史上留下浓重的一笔，《日日夜夜》《军人不是天生的》《青年近卫军》《这里的黎明静悄悄》等文学名著，《伟大卫国战争三部曲》《春天的十七个瞬间》《一个人的遭遇》等经典影视作品，都给我留下了非常深刻的印象。此外，莫斯科伟大卫国战争博物馆中的 6 幅巨画，艺术地再现了二战期间苏联军民进行的 6 次最重要战役：莫斯科保卫战、列宁格勒保卫战、斯大林格勒战役、库尔斯克大决战、第聂伯河会战和强攻柏林。这些画作极具震撼力，站在画前，仿佛又置身于硝烟弥漫、战火纷飞的战场，又回到英勇抗击侵略者、保卫家园的峥嵘岁月。

我想指出的是，在普京总统领导下，俄方高度重视爱国主义教育，俄文艺界陆续创作了电影《战场上的布谷鸟》《星星敢死队》《装甲车》《歼灭任务》等文艺作品，对俄广大民众特别是青少年起到很好的教育作用，也增强了俄广大民众凝聚力和共度时艰的勇气。特别是 2013 年上映的电影佳作《斯大林格勒》，不仅在俄国内好评如潮，一票难求，在中国也是颇受欢迎，反响强烈。我认为，该片在中俄两国大受欢迎恰恰证明两国人民伸张正义、疾恶如仇的道德观念和尊重历史、维护二战胜利成果的坚决立场。

亚太地区是全球经济发展的火车头，为世界经济增长贡献了重要力量。维护亚太地区和平与稳定对中俄有利，对亚洲有利，对世界有利。中俄都是亚太事务的积极参与者，是维护该地区稳定与发展的重要力量。中俄有责任与国际社会一道，提高警惕，坚决反对和谴责任何企图否定二战成果、挑战战后国际秩序的言行，共同捍卫《联合国宪章》的宗旨和原则，维护地区稳定与世界和平。

本采访 2015 年 5 月 5 日刊登在"人民网"

# 密切中俄战略协作，造福两国和两国人民

## ——在俄罗斯国立管理大学发表演讲

### 2016 年 6 月 14 日

> 中俄互为最大邻国，两国在各领域的契合点很多，合作共赢机会很多，深化双边关系、推动务实合作具有无可比拟的条件和优势。

尊敬的斯特罗耶夫校长，

各位老师、同学们！

大家好！今天有机会来到俄罗斯国立管理大学同大家见面，我感到十分高兴。国立管理大学是俄知名学府，名师荟萃，英才辈出。走上这个讲坛，我感到非常荣幸。

前两天，贵国刚刚庆祝了"俄罗斯日"。借此机会，我代表中国驻俄大使馆祝贺大家节日快乐！衷心祝愿各位心情愉快，在各自领域和方向上取得优异成绩！

老师们，同学们！

中俄两国和两国人民有着深厚的传统友谊。1949 年 10 月 1 日，中

华人民共和国宣告成立。苏联是世界上第一个承认新中国并与之建交的国家。60多年来，中俄（苏）关系走过了不平凡的历程，经受了历史的考验，成为当今世界上最稳定、最健康、最成熟的国家关系典范。目前，中俄关系处于历史最好时期，双边关系保持高水平运行，不断造福两国和两国人民。

20年前，两国领导人审时度势、着眼未来，建立了面向21世纪的中俄战略协作伙伴关系。15年前，双方签署《中俄睦邻友好合作条约》，为两国发展长期睦邻友好、互利合作的新型国家关系奠定了坚实的法律基础。12年前，中俄就全面解决边界问题达成协议，为两国人民世代友好和睦邻合作提供了可靠的保障。2013年，习近平主席选择俄罗斯作为就任后首访国家，充分体现了中俄全面战略协作伙伴关系的高水平和特殊性。3年来，习近平主席5次访俄，同普京总统举行15次会晤，双方签署了《中俄关于合作共赢、深化全面战略协作伙伴关系的联合声明》《中俄关于全面战略协作伙伴关系新阶段的联合声明》《中俄关于深化全面战略协作伙伴关系、倡导合作共赢的联合声明》，将中俄全面、平等、互信的战略协作伙伴关系提升至全新水平。

双方积极探索互利共赢的合作契合点，不断扩大双边经贸合作规模和广度，进一步提高务实合作的质量和水平。特别是本世纪以来，双方签署了一系列政府和企业间合作文件，涉及经贸、能源、金融投资、基础设施建设、农业、人文、教育、地方合作、生态环保、军事、执法安全等各个领域。目前，双方正着力推进能源、民用航空、高铁等领域重点项目合作，扩大相互投资、项目融资、本币结算及电子商务，积极落实《2013—2017年中俄航天合作大纲》，进一步深化地方和边境合作，积极培育新的增长点，争取早日实现双边贸易额 1000 亿和 2000 亿美元的目标，切实将两国战略协作的高水平转化成更多务实合作成果，为两国和两国人民带来实实在在的利益。

近年来，中俄人文交流蓬勃发展，两国相继成功举办"国家年""语言年""旅游年""青年友好交流年"，进一步增进两国人民相互了解和传统友谊，使两国民众对彼此好感度持续攀升。据俄罗斯最新民调显示，中国是俄罗斯最友好国家之一。中国赴俄游客人数连续 3 年呈增长趋势，成为俄第一大旅游客源国。今明两年双方举行"中俄媒体交流年"，充分体现了两国领导人对双边关系顶层设计的战略远见。此外，双方还分别在对方国家首都互设文化中心，成立大学联盟、青年企业家俱乐部，组织两国青年议员、外交官、记者、学生互访，互办艺术节、电影周等活动，让中俄世代友好的理念深入人心，让中俄友好事业薪火相传。

在涉及彼此核心利益的重大问题上，中俄两国相互支持，密切协作。双方支持对方维护本国民族尊严、主权和领土完整。俄方多次重申台湾是中国不可分割的一部分。中俄共同致力于构建公正合理的国际新秩序，主张加强联合国在国际事务中的核心作用，呼吁各方通过和平方式解决叙利亚、朝核、阿富汗等国际和地区热点问题，认为南海问题应由有关当事国通过直接对话谈判的政治外交手段加以解决，反对域外势力干涉，反对将南海问题国际化。双方在 G20、APEC、金砖国家、上海合作组织等机制内广泛开展合作，包括推进全球经济治理、区域经济一体化、打击三股势力、维护国际信息和外空安全、应对气候变化等。中俄联合举办纪念二战胜利 70 周年系列活动，特别是去年 5 月习近平主席来俄出席庆祝伟大卫国战争胜利 70 周年红场阅兵活动和去年 9 月普京总统赴华出席中国人民抗日战争胜利 70 周年纪念活动，凸显了中俄双方维护国际公平正义和捍卫二战胜利成果的决心。

老师们，同学们！

中俄互为最大邻国，同为世界大国、联合国安理会常任理事国和快速发展的新兴经济体，两国在各领域的契合点很多，合作共赢机会很多，深化双边关系、推动务实合作具有无可比拟的条件和优势。

首先是地缘毗邻优势。俗话说，远亲不如近邻。中俄两国互为山水相连的好邻居、好朋友、好伙伴，4300 公里的共同边界把两国和两国人民紧紧连接在一起。经过两国几代领导人的共同努力、决心和智慧，双方已彻底解决了历史遗留的边界问题，共同边界成为两国人民友好往来、和平共处的纽带，也为扩大两国地方合作创造了有利条件。

其次是传统友好优势。两国人民在世界反法西斯和反军国主义战争中用鲜血凝成的友谊更是弥足珍贵。在和平建设时期，两国全力支持彼此发展，和睦相处，守望相助。在俄罗斯别斯兰人质事件和中国汶川特大地震后，双方相互接待对方受难儿童赴本国疗养，再次体现了两国和两国人民患难相助的真挚情谊。这些感人事迹滋润着两国人民友谊之树更加枝繁叶茂。

第三是政治互信优势。中俄全面战略协作伙伴关系建立在相互尊重、平等相待、互惠互利基础上，双方充分照顾彼此核心利益和重大关切，主张自主选择发展道路和社会政治制度，相互不干涉内政，也不干涉他国内政。在重大国际问题和地区热点问题上，双方立场相近或相似。可以说，俄罗斯需要一个繁荣稳定的中国，中国也需要一个发展昌盛的俄罗斯。

第四是机制完备优势。中俄两国已建立起多层次、多级别、多部门的会晤机制。两国元首每年互访、相互出席对方国家重大活动、就重大国际问题和地区热点问题及时交换意见；两国总理已举行 20 次定期会晤，下设的总理定期会晤、人文合作、能源合作、投资合作委员会定期举行会议。2015 年，双方又开启中俄议会合作委员会机制、中共中央办公厅同俄总统办公厅沟通与合作机制。

第五是经济互补优势。随着中俄务实合作的不断深入发展，两国经济融合度越来越高。双方在自然资源、劳动力资源、科技合作以及产业结构方面具有较强的互补性。双方在此基础上抓住发展机遇，充分发挥各自比较优势，进一步巩固和深化两国在能源资源、工业等传统领域的合作，同时广泛开展在高科技产品、清洁能源、制造业等新领域的合作，努力实现互惠双赢。

第六是战略对接优势。随着中俄关系的深入发展，双方发展利益愈加高度契合。俄方制定了以创新为核心的 2020 年前发展战略，中国确定了至 2020 年全面建成小康社会的宏伟发展目标。中方提出共建"一带一路"构想，俄方推动成立了欧亚经济联盟。双方还签署了"一带一路"建设和欧亚经济联盟建设对接合作的联合声明。两国在实现国家富强、民族振兴、人民幸福的发展道路上携手前行。

第七是人文相通优势。中俄都具有悠久的历史、灿烂的文化，为人类和世界文明做出突出贡献。两国虽在历史、文化、宗教等方面各有不同，但在长期友好的交往中，互学互鉴、求同化异。中国传统哲学、绘画、医学、茶艺、武术、饮食等均受到俄广大民众的喜爱，俄罗斯的艺术、音乐、文学影响了几代中国人，进一步促进了两国文化交流，夯实了社会友好基础。

老师们，同学们！

60多年的发展告诉我们，中俄选择的发展双边关系战略与决策是完全正确的。两国始终坚持平等协作、相互尊重的政治关系，恪守《中俄睦邻友好合作条约》原则，共同维护两国的根本利益，共同实现繁荣发展；两国始终坚持互惠互利、合作共赢的发展思路，以促进两国经济可持续增长、提高两国人民福祉为最终目标；两国始终坚持和谐包容、世代友好的和平精神，相互尊重彼此文化传统和价值观念，实现了不同文明、不同发展模式间的和谐共处；两国始终坚持安危与共、协商一致的安全理念，积极致力于维护世界的和平与稳定，促进人类的共同发展与繁荣，以造福两国人民，惠及地区乃至世界各国人民。

双方秉承《中俄睦邻友好合作条约》精神，把平等信任、相互支持、共同繁荣、世代友好的全面战略协作伙伴关系不断提升至更高水平，将此作为本国外交的优先方向。全力支持对方实现强国富民的发展目标。在双方保持密切、互信的高层交往背景下，把两国前所未有的高水平政治关系优势转化为经济、人文等领域务实合作成果。

当前，全球经济增长放缓、大宗商品价格持续波动，而中俄双边贸易结构不够多元、相互投资规模也不大。在当前形势下，有必要充分发挥两国政府间及各部门、各领域合作机制的作用，提振两国企业信心，着力改善双边贸易结构，开展战略性大项目合作，共同提高各自经济实力和国际竞争力。以更加开放的理念和便利规范的环境，推动双边贸易规模在现有基础上有新起色、新发展。

欧亚经济联盟成员既是俄罗斯的友好邻邦，也是中国的传统合作伙伴。所以，实现"一带一路"建设和欧亚经济联盟建设对接合作，不仅将为中俄务实合作带来新的增长点，也将成为欧亚区域一体化的重要引擎。双方应秉持透明、相互尊重、平等、各种一体化机制相互补充等原则，通过双边和多边机制，特别是上海合作组织等平台，推动相关国家共同实施"一带一路"建设和欧亚经济联盟建设对接合作，为带动区域经济增长做出新贡献。

中俄可发挥两国文化大国的优势，用好现有的交流机制，进一步增进两国人民的相互了解和深厚友谊。以两国政府签署的《文化合作协定》为指引，联合举办各种大型人文活动，引起两国民众心灵和情感上的共鸣，夯实两国民意基础。以"中俄媒体交流年"为契机，深化两国媒体合作，打造中俄媒体利益共同体，积极争取国际话语权，继续营造有利于中俄两国各自发展和深化中俄友好关系的舆论环境。

面对复杂深刻变化的国际形势和依然严峻的世界经济环境，双方有必要继续加强在联合国、G20、上海合作组织、金砖国家等多边框架内的战略协作，就亚太事务、朝鲜半岛和中东局势等保持沟通协调，坚决维护两国共同战略安全和国家利益，坚决维护联合国宪章宗旨和原则及公认的国际关系基本准则，促进世界的和平、稳定与发展。我们相信，稳定健康发展的中俄关系，必将为两国和世界人民带来福祉。

老师们、同学们！

当前，中俄各领域交流与合作不断深化，对相关人才的需求持续上升。俄政府已将汉语正式纳入国家统一考试科目，这将进一步激发俄广大青年学习汉语的热情。两国政府均鼓励本国学生到对方国家留学、研修，并将继续扩大互换留学生规模，努力完成到 2020 年向对方国家输送 10 万人的留学计划。我真诚希望，未来有更多年轻人投身到中俄友好事业中来，为之贡献自己的一份力量，中国驻俄大使馆也会一如既往提供一切必要的帮助和便利。

中国有句古话，"业精于勤，荒于嬉"。同学们，你们是国家的未来、中俄友好事业的接班人，时代与使命召唤着你们，快行动起来吧！全身心地投入到知识的海洋中，用知识武装自己，你们的人生一定会绽放光彩！

谢谢大家！

# 睦邻友好合作是国家关系的最好诠释

2016 年 7 月 15 日

弘扬平等信任、相互支持、共同繁荣、世代友好的精神，进一步巩固中俄关系的社会和民意基础。

2001 年 7 月 16 日，中俄两国缔结了《中俄睦邻友好合作条约》，并依据条约精神不断推进和深化两国战略协作伙伴关系，为当今世界国家关系树立了典范。

《条约》是两国关系的基础性法律文件，充分体现了两国关系睦邻互信友好的突出特点。《条约》确定中俄关系的基础是不以意识形态划线，尊重彼此利益，尊重自主选择社会制度和发展道路的权利，不干涉内政，在涉及主权、安全、发展等核心利益问题上相互支持。特别是《条约》所确立的"世代友好、永不为敌"的和平理念，不仅反映了世纪之交中俄关系的发展成果，更指明了两国关系未来进一步全面发展的大方向。

今年是《中俄睦邻友好合作条约》签署 15 周年。15 年来，中俄关系全面、快速、健康发展，各领域务实合作在前所未有的高水平上运行。

双方本着《条约》的宗旨，不断提升两国政治互信。两国均把发展与对方的双边关系作为外交最优先方向。2013年，习近平主席将首访选在俄罗斯，3年来5次访俄。两国元首在各种场合共举行17次会晤，建立起密切的工作联系和深厚的个人友谊，为中俄关系发展做出战略引领。

双方秉持《条约》的理念，推动两国发展战略对接。去年5月，中俄两国元首签署《中俄关于丝绸之路经济带建设和欧亚经济联盟建设对接合作的联合声明》。这是中俄关系站上新的历史起点的一个重要标志，为两国实现民族振兴奠定了坚实基础，也将带动整个欧亚大陆的合作、发展与繁荣。

双方深挖《条约》的内涵，促进务实合作提质增量。中俄总理定期会晤机制有效运转，下设的多个委员会、分委会和工作组涵盖了双边合作的各个领域。中俄东线天然气管道工程、卫星导航系统合作、联合研制远程宽体客机等战略性大项目合作稳步推进，把中俄关系的高水平转化为惠及两国人民的实实在在成果。

双方发扬《条约》的精神，大力繁荣两国人文交流。两国成功举办"国家年""语言年""旅游年""青年友好交流年"和"媒体交流年"等活动，互设文化中心，在对方国家分别开设孔子学院和俄语中心，组织青年议员、外交官、记者、学生互访，互办艺术节、电影周、媒体论坛，进一步增进了两国人民的相互了解和友谊。

双方恪守《条约》的原则，不断密切国际战略协作。双方倡导构建公正合理的国际新秩序，主张加强联合国在国际事务中的核心和主导作用，呼吁各方通过和平方式解决国际和地区热点问题。双方在 G20、APEC、上海合作组织、金砖国家等机制内广泛开展合作，积极推进全球经济治理、区域经济一体化，有效维护了世界和地区的和平、稳定与发展。

15 年对于《条约》来说，既是值得纪念的周年，也是一个新的开始。《条约》蕴含着推动中俄全面战略协作伙伴关系发展的巨大潜力，使我们有充分理由对两国关系的发展和前景充满信心。

本文 2016 年 7 月 15 日刊登在《俄罗斯报》

# 中俄关系迎来发展新机遇

## ——接受中国中央电视台《与大使面对面》栏目专访

2018 年 2 月 20 日

中俄关系有高层交往的保驾护航，有经贸往来的添砖加瓦，有民间交往的固本扶基，两国人民世代友好的理念必然深入人心。

**记者：**目前中俄两国有一个广泛共识，那就是"中俄关系处于历史最好水平"，两国元首在 2017 年保持了年内 5 次会晤的高频率。据俄社会舆论基金会的数据显示，2017 年中国在"俄罗斯最友好和亲近国家"榜单上超越了俄罗斯传统"头号朋友"白俄罗斯，有 62% 的俄罗斯人认为中国是俄罗斯最"亲近和友好"的国家。相比之下，2015 年该数据为 54%。您如何看待这一结果？

**李辉：**中俄两国是山水相连的好邻居、精诚合作的好伙伴、坦诚相待的好朋友。两国元首高频率的会晤为中俄关系保持高水平运行掌舵引航，高度的政治互信是中俄关系发展的前提和保障，契合的发展战略是中俄关系开拓创新的动力，成果丰硕的务实合作是中俄关系永葆活力的源泉，方兴未艾的人文交流是中俄关系发展的社会和民意基础，卓有成效的国际合作是中俄关系的重要特色。

在双方共同努力下，中俄双边贸易额企稳回升，2017年达到840亿美元，同比增长20.8%；双方在航空航天、能源、投资、基础设施建设等领域的一大批战略性大项目取得实质性进展；"一带一路"建设同欧亚经济联盟对接合作，正根据双方既定规划逐步展开；中国长江中上游地区与俄伏尔加河沿岸联邦区、中国东北地区与俄远东及贝加尔地区，以及双方边境口岸地区的地方合作不断深化，这些都为两国的振兴发展和两国人民带来了看得见、摸得着的实在好处。与此同时，两国的民间交往更是如火如荼，媒体交流好戏连台，教育合作热情高涨，旅游往来蓬勃发展。可以说，两国的务实合作不断发现"新大陆"。

中俄关系有高层交往的保驾护航，有经贸往来的添砖加瓦，有民间交往的固本扶基，两国人民世代友好的理念必然深入人心。不仅俄罗斯视中国为"最亲近和最友好"的国家，中国也视俄罗斯为我们最主要的战略合作伙伴。今明两年，中俄两国将延续合办高规格国家年的优良传统，共同举办"中俄地方合作交流年"。我相信，这将推动中俄两国关系迈上更高台阶，取得更加丰硕的成果。

**记者**：据俄罗斯旅游署的数据显示，2017年前10个月访问俄罗斯的中国游客数量为125万人。同时，从2018年1月1日开始，俄远东地区的勘察加边疆区和萨哈林州开始对包括中国在内的18个国家公民开放电子签证，这是吸引中国游客赴俄的一项重要举措。在您看来，未来俄罗斯对中国游客有可能实行免签制度吗？

**李辉**：在中俄全面战略协作伙伴关系不断深化的背景下，两国人员往来进入"快车道"。尤其近几年，中俄互为公民主要出境目的地国之一。人员交往快速发展有力推动了两国各领域交流合作，也不断夯实了两国友好关系深入发展的社会基础。目前，双方签署有一系列便利公民往来、扩大人员交往的协议。在旅游领域，中俄双方签署了团队旅游互免签证协议，在此协议的框架下，中国公民可以通过团队旅游的方式免签证来俄罗斯旅游。

你说的不错，2017 年前 10 个月访问俄罗斯的中国公民数量达到了125 万，这其中就有 76%（95 万人）的游客是通过团队免签来俄旅行的。预计 2018 年通过团队免签来俄旅行的中国游客数量将继续增加，特别是世界杯足球赛将掀起 2018 年中国游客来俄旅游的新高潮。鉴于旅游客流的增长，现行的中俄免签旅游协议已无法满足中国游客想要来俄旅游的需求。俄方也在积极采取促进旅游发展和增加客流量的一些措施，去年 8 月起俄方对中国公民开放了出入符拉迪沃斯托克自由港区域的电子签证。

俄罗斯是"一带一路"建设沿线的重要国家，旅游合作是中俄务实合作的亮点之一。中俄双方正在积极推进签证简化工作，相信中俄全面战略协作伙伴关系的不断发展将为两国和两国人民带来更多实实在在的福利。我和你们一样，也非常期待中俄实现完全免签制度的那一天。

**记者**：普京总统已宣布将参加 2018 年俄罗斯总统选举。您如何评价普京总统在中俄关系发展中的作用？展望 2018 年，您工作的重点在哪些方面？

**李辉**：普京总统执政以来，俄综合国力明显提高，在国际事务中发挥着越来越重要的作用。普京总统重视发展对华关系，特别是去年 5

月参加了在北京举行的"一带一路"国际合作高峰论坛，积极推动"一带一路"建设与欧亚经济联盟建设对接合作，极大地深化和扩展了中俄战略合作的内涵，释放出中俄共同推动建设开放型世界经济的有力信号。正是在习近平主席和普京总统的战略引领下，中俄关系持续高水平运行并不断取得重大进展，两国的政治互信、战略协作和务实合作都达到了前所未有的高水平。

2018 年是全面贯彻中共十九大精神的开局之年，也是中俄关系迎来发展新机遇之年。驻俄使馆将以习近平新时代中国特色社会主义思想为指引，不断推动中俄合作在各领域开花结果，进一步巩固中俄政治互信，深化务实合作，扩大人文交流，确保中俄全面战略协作伙伴关系继续保持高水平运行，让新时代的中俄关系走得更近、行得更稳，开创新时代中国特色大国外交新局面。

一是要继续保障好中俄高层交往。中俄双方现已形成以元首年度会晤机制为首的各领域双边高层交往机制，以及在 G20、APEC、上海合作组织、金砖国家等多边组织框架下的高层交往，这些高层交往成为引领和带动两国关系全面深入发展的重要引擎。2018 年，无论是上海合作组织青岛峰会，还是中俄总理定期会晤，都是年内重大事件，要运筹好、协调好、保障好。

二是要继续推进战略性大项目合作。两年多来，"一带一路"建设与欧亚经济联盟建设对接合作已取得了积极进展，成为国家间互利合作的典范。2018 年是双方对接合作的第三个年头，要在前期合作成果的基础上，从战略角度出发，持续推进双方在能源、核能、航空航天、基础设施建设等领域的一批大项目合作取得更多实质性进展，带动双方务实合作早日实现既定目标。

三是要继续挖掘双方务实合作潜力。2017 年，中俄双边贸易额实现了 20% 以上增长，2018 年要继续在挖潜增效上下大功夫，不断创新思维，排除阻碍，特别是要充分借助"首届中国国际进口博览会""第五届中俄博览会"等重要平台，力争取得更大成果。双方还要积极挖掘农产品贸易、跨境电商、中小企业、金融、高技术合作等新的增长点，探讨北极开发、数字经济和远东合作。

四是要继续夯实双方社会和民间基础。中俄互办国家级主题年是双边关系发展的一个突出特点，从"国家年""语言年""旅游年"到"青年友好交流年""媒体交流年"，可以说亮点纷呈，成果丰硕，极大地提高了双方民间交流的热情与温度。2018 年是"中俄地方合作交流年"的开局之年，要以此为新契机，精心筹划、认真落实，让中俄友好合作之花开遍中俄两国的各个地方。

# 引领中俄关系走进新时代

## ——接受《俄罗斯报》专访

2018 年 4 月 10 日

中国是亚洲最大的经济体，俄罗斯既是地跨欧亚大陆的大国，也是中国的好邻居、好伙伴，两国关系的发展对亚洲乃至世界都具有重大意义。

**记者：**不久前，中国国务委员兼外交部长王毅在今年"两会"回答记者提问时表示，"中俄深化合作没有止境，中俄关系没有最好只有更好。"作为中国驻俄罗斯大使，您如何评价当前的俄中关系？

**李辉：**这是国务委员兼外交部长王毅对当前中俄全面战略协作伙伴关系稳定性、重要性的高度概括，也是对中俄两国在国际舞台上发挥无可替代作用的战略评价。作为好邻居、好伙伴、好朋友，中俄全面战略协作伙伴关系基础牢固、内涵丰富、意义重大。

中俄政治互信达到新高度。5 年来，习近平主席 6 次访俄，同普京总统在双多边场合举行了 20 多次会晤，战略引领平等信任、相互支持、共同繁荣、世代友好的中俄关系始终保持高水平运行。今年

3月17日，中国十三届全国人大一次会议选举产生新一届国家领导人，习近平同志全票当选中国国家主席、中央军委主席。3月19日，普京总统成功连任。两国元首第一时间互致贺电，再次重申了推动中俄关系在高水平上迈上新台阶的坚定信心。随后，习近平主席和普京总统通电话，再次祝贺普京总统当选连任，强调中俄是风雨同舟的全面战略协作伙伴，中方愿同俄方共同规划两国关系下一步发展，引领中俄关系走进新时代。可以说，两国元首为双边关系未来发展指明了方向。

中俄务实合作取得新突破。双方充分发挥两国政府间及企业间各领域合作机制，深挖互补优势与合作潜力，双边贸易结构持续优化，投资存量稳步增长，能源、核能、航空航天、基础设施等领域战略性大项目合作深入推进，农产品贸易、跨境电商、中小企业、金融、高技术合作等新的增长点不断被挖掘，双方还就北极开发、数字经济和远东合作进行了积极探讨。全面激活中小企业和地方合作潜力，促进中俄务实合作逐步提质升级。

中俄人文交流迈上新台阶。2017年是中俄友好、和平与发展委员会成立20周年和俄中友协成立60周年，双方开展了一系列丰富多彩的活动。继"国家年""语言年""旅游年""青年友好交流年"后，"中俄媒体交流年"于去年底圆满收官。中俄首所联合大学——深圳北理莫斯科大学开学，去年来俄的中国公民人次再创新高，中国稳居俄第一大入境旅游客源国地位。俄最新民调显示，中国位居"俄罗斯最友好和亲近国家"榜首。

中俄国际协作结出新成果。两国倡导建立以合作共赢为核心的新型国际关系，坚决维护联合国核心地位，呼吁各方通过和平方式解决国际和地区热点问题，共同推动朝鲜半岛局势出现了积极变化。在二十国集团、亚太经合组织中，双方不断提升新兴市场国家和发展中国家在全球治理中的代表性和发言权，反对保护主义，倡导形成更加公正合理的国际经济秩序。推动上海合作组织顺利实现扩员，通过厦门金砖峰会开启金砖合作第二个"金色十年"。

**记者**：俄中关系被俄罗斯和中国的国家领导人称为"大国关系的典范"，在您看来，两国关系日益密切的原因何在？俄中关系的发展对世界有何意义？

**李辉**：中俄关系发展可谓"天时、地利、人和"。和平与发展是当今时代主题，中俄同为联合国安理会常任理事国和重要国际组织成员，均面临国家发展的重大机遇期；中俄互为最大的友好邻邦，4300公里的共同边界把两国紧紧地连接在一起，成为两国人民友好往来、和平共处的纽带；两国友好往来的历史源远流长，习近平主席和普京总统保持着高频度会晤，战略引领中俄全面战略协作伙伴关系保持高水平运行，为两国人民带来实实在在的利益。

回顾两国关系多年来的发展道路，中俄全面战略协作伙伴关系日臻成熟。可以说，顺应了时代发展潮流，符合两国的根本利益，被历史和实践所证明。

一是两国始终坚持平等协作、相互尊重的政治关系。这是中俄关系高水平发展的基本原则，也是生命力所在。两国恪守《中俄睦邻友好合作条约》精神，在团结中求合作，在合作中谋发展，在发展中促繁荣。二是两国始终坚持互惠互利、合作共赢的发展思路。中俄均以促进两国经济可持续增长、提高两国人民福祉为目标，不断提升两国务实合作的数量与质量，加快两国发展战略对接，最终实现共同发展。三是两国始终坚持和谐包容、世代友好的和平精神。两国相互尊重彼此文化传统和价值观念，实现了不同文明、不同发展模式间的和谐共处。四是两国始终坚持安危与共、协商一致的安全理念。在世界政治经济格局深刻演变背景下，中俄倡导建立以合作共赢为核心的新型国际关系，积极推动形成更加公正合理的国际经济新秩序，为维护世界和地区的和平、稳定与发展作出自己的贡献。

展望未来，中俄关系要做好"四则运算"。凡有利于中俄关系发展的，都要做"加法"，反之则要做"减法"。双方还要做好务实合作中创新驱动的"乘法"和经贸壁垒的"除法"，推动中俄关系再攀新高。

**记者：展望 2018 年，俄中双方如何克服面临的一些困难，取得新的成绩？**

**李辉：**两国领导人的密切交往对推动双边经贸合作发挥了顶层设计和战略引领作用。中俄经贸合作正处于优势互补、互为主要优先合作伙伴的战略机遇期。

2018 年，中俄经贸合作将迎来新机遇、新发展。中共十九大提出的关于中国发展更高层次开放型经济的新征程将为中俄经贸合作带来新的更大机遇。"中俄地方合作交流年"的确定，将带动两国更多地方、企业、人员参与中俄经贸合作，实现技术、资金和人才等高效流通。即将于今年下半年召开的"第五届中俄博览会"和"首届中国国际进口博览会"将促进中俄务实合作的不断深入，为双边经贸关系的提质升级增添更多动力。

　　我相信，在这些有利条件的推动下，在"一带一路"建设和欧亚经济联盟建设对接合作的指引下，未来两国在能源、农产品互供、北极开发、数字经济、投资金融等方面的合作将取得进一步发展。

　　　　　　　　　　　　本专访 2018 年 4 月 10 日刊登在《俄罗斯报》

# 中俄关系的又一里程碑

## 2018 年 9 月 11 日

> 两国元首必将继续引领中俄全面战略协作伙伴关系向着更高水平、更宽领域、更深层次不断迈进。

近几个月，我经常被俄罗斯媒体追问：习近平主席会不会接受普京总统邀请，作为主宾参加第四届东方经济论坛？从俄媒的提问频率和关切程度，我能感受到他们心中的强烈期待。

习近平主席即将首次出席东方经济论坛，这是新时代中俄关系发展史上的里程碑事件。在当前逆全球化思潮、贸易保护主义、单边主义抬头的背景下，中国将向世界表明，只有秉持互利共赢的原则，完善区域经济合作安排，推进贸易和投资便利化，才是推动区域经济发展的正确选择。

当前，中俄关系处于历史最好时期。两国互相支持对方的重大倡议和发展战略，两国元首相互出席对方举办的重大活动，这均是两国关系高水平的重要体现，也彰显了两国领导人之间深厚的个人友谊和良好的工作关系。

已举办三届的东方经济论坛，是由俄罗斯总统普京提议成立、旨在推动包括俄远东地区在内的亚太地区经济合作的新平台，也是中俄两国深化和扩大务实合作的重要平台。中方每年均派出大规模的商务代表团参加东方经济论坛，今年的规模更大、级别更高。

中俄地方合作由来已久，具有地理毗邻优势、涉及范围广以及运作方式灵活等特点，是两国务实合作的重要组成部分。双方不仅建立了副总理级的中国东北地区和俄罗斯远东及贝加尔地区政府间合作委员会机制，还将东方经济论坛打造成了两国高层会晤的又一重要平台。

具体来说，中国已连续多年保持俄远东地区第一大贸易伙伴地位，有 26 家中资企业入驻远东跨越式发展区和符拉迪沃斯托克自由港；中国已成为俄远东地区第一大外资来源国，在俄远东地区落实的项目达 28 个，涵盖农业、林业、建材、轻工、能矿、商贸等诸多领域，投资总额约 40 亿美元。中俄双方正着力打造陆海联运国际交通走廊，包括"滨海 1 号""滨海 2 号"，跨黑龙江公路、铁路大桥，以及中俄欧班列等互联互通和基础设施建设的大项目在稳步推进；中国与远东地区已建立 25 对友好省州和城市关系，占中俄友好省州和城市数目的近 1/5。去年，仅滨海边疆区就接待了中国游客 42 万人次。此外，滨海边疆区有约 3000 名中国留学生，来华留学也成为俄远东地区学生的首选。

今年初，习近平主席和普京总统共同决定 2018 年至 2019 年举办中俄地方合作交流年。这一活动延续了双方近年来互办国家级主题年活动的良好传统，旨在着力打造两国务实合作"升级版"，实现地方合作领域和地域的"全覆盖"。今年 6 月普京总统访华期间，两国元首签署并发表了联合声明，再次对地方合作作出战略规划。

中俄地方合作由此全面升温。我们也积极搭建各类平台，为中国各省、自治区、直辖市和俄各联邦主体交流合作创造条件。当前，"东北—远东""长江—伏尔加河"两个机制下的地方合作成效凸显，极大激发了两国企业合作兴趣；教育、科研、旅游等合作项目进展顺利，成为两国地方合作和人文交流的一大亮点。

在出席东方经济论坛期间，习近平主席还将同普京总统会晤。如何举办好今明两年的中俄地方合作交流年、深化两国地方合作等内容，将是本次会晤的重点议题。我相信，两国元首必将继续引领中俄全面战略协作伙伴关系向着更高水平、更宽领域、更深层次不断迈进，中方也将通过积极参与俄远东开发，促进两国毗邻地区共同发展，实现共同繁荣。

本文 2018 年 9 月 11 日刊登在《人民日报》

# 让"背靠背"的中俄关系走向长远

## ——在《中国新闻周刊》（俄文版）发表署名文章

### 2019年2月4日

"背靠背"的中俄全面战略协作伙伴关系，为邻国间、大国间、新兴经济体间和谐共处、合作共赢树立了典范。

2018年，国际风云波谲云诡，局部冲突和动荡频发，全球性问题加剧，各种社会思潮汹涌澎湃、跌宕起伏。在各种不稳定、不确定性因素和挑战明显增多以及国际形势变幻莫测的大背景下，中俄全面战略协作伙伴关系持续升温，两国务实合作进入"快车道"。

今年，中俄两国将迎来建交70周年的重要时刻。70年来，中俄（苏）关系走过了不平凡的风雨历程，在历史前进的逻辑中前进，在时代发展的潮流中发展，形成了"背靠背"的全面战略协作伙伴关系，并不断走向深入，造福了两国和两国人民，为邻国间、大国间、新兴经济体间和谐共处、合作共赢树立了典范。

## 70 年的悉心呵护，70 年的友谊传承

1949 年新中国成立，苏联是第一个承认中华人民共和国政府并与之建立外交关系的国家。1996 年，中俄建立平等信任、面向 21 世纪的"战略协作伙伴关系"，这也是中国同其他国家建立的第一个伙伴关系，对两国关系发展具有重要历史意义。2001 年，双方签署《中俄睦邻友好合作条约》，成为中俄关系发展的里程碑式文件，为两国长期睦邻友好、互利合作奠定了坚实的法律基础。2011 年，在《中俄睦邻友好合作条约》签署 10 周年之际，中俄关系被提升为"平等信任、相互支持、共同繁荣、世代友好的全面战略协作伙伴关系"。2014 年，习近平主席和普京总统签署联合声明，引领中俄全面战略协作伙伴关系进入新阶段。两国元首建立了良好的工作关系和个人友谊，保持年度互访和定期会晤、互相支持对方的重大倡议和发展战略、相互出席对方举办的重大活动。习近平主席和普京总统还分别授予对方本国最高勋章——"友谊勋章"和"圣安德烈"勋章。两国人民交往日益密切，民间情谊愈加深厚，中国和俄罗斯彼此成为对方民众心目中最友好的国家之一。中国连续多年保持俄罗斯最大外国游客客源国地位。双方留学生总人数规模逐年增加，正向 2020 年 10 万人的目标迈进。

## 70 年的精诚合作，70 年的硕果累累

中俄双方本着尊重历史与现实和求真务实的精神，不断深化战略

协作，走出了一条符合时代潮流、实现互利共赢的国家间合作道路。在涉及国家主权、安全、领土完整、发展等核心利益上相互坚定支持，相互尊重并支持对方走符合本国国情的发展道路，积极致力于两国共同繁荣振兴。在双方共同努力下，中俄在经贸、能源、科技创新、金融投资、农产品、基础设施建设等领域合作驶入"快车道"，为两国关系持续健康稳定发展注入了新动能。据海关统计，2018年中俄双边贸易额达1070.6亿美元，首次超过1000亿美元，创历史新高，增幅达27.1%，增速在中国前十大贸易伙伴中位列第一位。双方还积极探索在数字经济、中小企业、高新技术、远东开发、北极开发等领域培育更多新的增长点。中俄成功互办"国家年""语言年""旅游年""青年友好交流年""媒体交流年""地方合作交流年"等一系列国家级大型活动，民众参与广泛，社会反响强烈。"一带一路"建设同欧亚经济联盟建设对接合作取得重要成果，中国与欧亚经济联盟及其成员国正式签署经贸合作协定，为双方企业和人民带来实惠。

## 70 年的风雨同舟，70 年的携手应对

中俄两国始终本着相互信任、互谅互让的精神，加强沟通，协调解决双边关系中的实际问题。中俄成功解决了历史遗留的边界问题，为两国关系发展扫清道路，为世界各国顺利解决边界问题树立了典范。在当今复杂多变的国际形势下，中俄更加重视与对方的战略合作，携手应对各种威胁和挑战，让中俄全面战略协作伙伴关系更富有生命力。中俄在重大国际和地区问题上有着相同或相近的立场，彼此成为在国

际事务中相互支持的主要伙伴。共同推动成立了上海合作组织，以及金砖国家、中俄印、中俄蒙等合作机制，在联合国、二十国集团、亚太经合组织、亚洲相互协作与信任措施会议等多边机制框架内进行有效协调，就维护国际法和国际关系基本准则、联合国改革、打击恐怖主义、毒品走私等全球性问题保持密切沟通和协调，共同维护二战胜利成果和国际公平正义，推动构建新型国际关系和人类命运共同体，推动国际秩序向着更加公正合理的方向发展。2017 年 7 月，两国元首签署并发表《中俄关于当前世界形势和重大国际问题的联合声明》，阐述了双方对当前世界形势和重大国际问题的看法和主张，以行动书写和平与发展的永恒主题。

习近平主席在阿根廷 G20 峰会期间会见普京总统时指出，中俄建交 70 周年是 2019 年两国关系发展的主线，届时要举办隆重热烈、丰富多彩的庆祝活动，推动各领域务实合作取得更多实实在在的成果。两国元首均认为保持密切高层交往十分重要，强调应继续保持元首年度互访的传统。我们相信，在两国元首的共同指引下，中俄双边关系将迎来更加光辉灿烂的明天。

本文 2019 年 2 月刊登在《中国新闻周刊》（俄文版）

# 中俄关系的金色十年

## ——为《世代友好》纪念中俄建交 70 周年<br>文集撰写署名文章

### 2019 年 5 月 26 日

70 年来，中俄（苏）关系走过了不平凡的风雨历程，在历史前进的逻辑中前进，在时代发展的潮流中发展，乘风破浪，历久弥坚。

2019 年是中俄建交 70 周年，这是两国关系中的里程碑事件。2019 年也是我担任中国驻俄大使的第十个年头。这十年，虽然只是两国关系漫漫 70 年的七分之一，却可以说是两国关系的"金色十年"，见证了两国关系发展的各个精彩瞬间，谱写了中俄友好传奇。当前，中俄全面战略协作伙伴关系处于历史发展的最好时期。两国高层交往频繁，形成了元首年度互访惯例，建立了总理定期会晤机制、议会合作委员会以及能源、投资、人文、经贸、地方、执法安全、战略安全等完备的各级别交往与合作机制。双方政治互信不断深化，在涉及国家主权、安全、领土完整、发展等核心利益问题上相互坚定支持。双边贸易额不断攀升，由 2009 年的 381.4 亿美元增长至去年的 1070.6 亿美元，创历史新高。两国人文交流异彩纷呈，互办了"国家年""语言年""旅游年""青年友好交流年""媒体交流年""地方合作交流年"等"主题年"活动。在这其中，两国元首外交备受关注。习近平主席和普京总统通过多种方式保持密切交往，战略引领中俄全面战略协作伙伴关系不断迈上新台阶。

## 频繁会晤是"常态"

梳理两国领导人近几年来的会见会谈可以发现，两国元首的密集会晤不仅书写了中俄元首外交的新篇章，而且有力引领着两国关系迈入历史最好时期。

以 2013 年 3 月习近平主席首次作为国家元首对俄进行国事访问为开端，到今年的第二届"一带一路"国际合作高峰论坛，两人总共举行了 30 次会晤，保持了年均 5 次会晤的频率。这对于两位日理万机的大国元首来说，实在"难能可贵"。这其中，既有按惯例的双边互访，也有在出席重大国际组织会议时展开的双边会晤，更有专程赴对方国家出席大型活动的做法。6 年里，习近平主席 7 次到访俄罗斯，普京总统 8 次踏上中国的土地，两国元首像"走亲戚"一样常来常往，建立了密切的工作关系和良好的个人友谊，共同引领和规划两国关系发展。这种高水平、高频率、高质量的元首外交，在大国交往当中绝无仅有，不仅显示了双方对发展中俄全面战略协作伙伴关系的高度重视，而且对两国各领域合作发挥着不可替代的战略引领作用。

作为驻俄大使，我有幸参与了习近平主席和普京总统的所有双边互访活动，亲身经历了中俄关系的一些重要时刻，感受到了双方对彼此的高规格接待和特殊安排，见证了两国元首与日俱增的个人友谊以及在两国元首外交引领下的中俄关系飞速发展。至今仍清晰记得，两国元首 2013 年 3 月会晤达成的一个最重要的共识——要把中俄高水平的政治关系优势转化为各领域合作的实际成果，已成为中俄关系长期健康稳定发展的指针。

## 多个"首次"见非凡

除了见面频率高，习近平主席和普京总统还创造了中俄两国元首交往之中的多个"首次"，这些都充分体现了中俄关系的高水平和特殊性。

2013 年 3 月，习近平总书记当选中国国家主席后，普京总统是与习近平主席通话的首位外国元首，俄罗斯也是习近平主席出访的首个国家。克里姆林宫内举行了隆重的欢迎仪式，俄方还首次动用骑兵仪仗队在克里姆林宫院内迎接习近平主席的车队。普京总统全程陪同，历时 8 小时。俄国防部及联邦武装力量作战指挥中心第一次为外国元首打开大门。2018 年 6 月，普京开启新一届总统任期，同样选择中国作为首个国事访问国家。由此可以看出，中俄珍视两国传统友谊，均把对方作为各自对外政策的优先方向。

2014 年新春伊始，习近平主席应普京总统邀请赴索契出席第 22 届冬季奥林匹克运动会开幕式，开创了中国国家元首赴境外出席大型国际体育赛事的先河。在与普京总统会见时，习近平主席说："中俄是好邻居、好伙伴、好朋友。按照中国人的习俗，邻居家办喜事，我当然要专程来当面向你贺喜，同俄罗斯人民分享喜庆。"习近平主席此行对弘扬奥运精神、推动中俄深化合作意义重大，并向世界充分展现了中国负责任的大国形象。

2017年7月，习近平主席访问莫斯科期间，普京总统在克里姆林宫向习近平主席授予了俄国家最高勋章"圣安德烈"勋章。2018年6月，习近平主席在人民大会堂向普京总统授予了中国首枚"友谊勋章"。两国元首是当前高水平中俄关系的缔造者、推动者和引领者，为中俄世代友好作出了重要贡献，获得这两枚勋章当之无愧，实至名归。两国元首还首次共同乘坐高铁前往天津观看了中俄青少年冰球友谊赛，不仅开创了元首交往的先河，也有力推动着双方高铁合作和冰雪运动交流。

## "你来我往"互支持

中俄素有元首年度互访的惯例，同时有着相互支持对方举办大型活动的传统，这不仅有利于大国关系的良性互动，也为国际关系注入了新气象，产生了广泛影响。

2015年是中国人民抗日战争暨世界反法西斯战争胜利70周年，也是俄罗斯卫国战争胜利70周年。为纪念这一重要的历史时刻，中俄两国元首分赴对方国家出席了"5·9"和"9·3"庆典活动，这进一步彰显了中俄双方共同维护二战胜利成果和以联合国为核心的战后国际秩序的坚定决心，这也为促进地区及世界和平与稳定、为人类和平与进步事业注入了满满的正能量。

2017 年 5 月，普京总统应邀赴北京出席了首届"一带一路"国际合作高峰论坛，明确表示俄方支持并愿积极对接"一带一路"建设，释放了中俄共同推动建设开放型世界经济的积极信号。2018 年 9 月，习近平主席专程赴俄远东的符拉迪沃斯托克市出席第四届东方经济论坛，同普京总统共同引领新时代中俄关系深入发展，同东北亚各方共商区域和平发展大计，为区域合作和两国地方合作开辟了新前景。今年 4 月下旬，普京总统还将再次应邀出席第二届"一带一路"国际合作高峰论坛，充分体现了普京总统本人及俄方对"一带一路"建设的大力支持。

此外，习近平主席还应邀出席了在俄圣彼得堡市举行的二十国集团领导人第八次峰会、在乌法市举行的金砖国家领导人第七次会晤；普京总统出席了在杭州市举行的二十国集团领导人第十一次峰会、在厦门市举行的金砖国家领导人第九次会晤以及在青岛市举行的上海合作组织峰会等。在普京总统应邀来华出席第二届"一带一路"国际合作高峰论坛之后，习近平主席也准备应邀对俄罗斯进行国事访问，再次延续两国元首年内互访的佳话。

## 战略协作提内涵

中俄两国领导人的每一次会晤，都蕴含着重要的战略意义。两国领导人的互访，一次又一次为双方合作开启了新的机遇，推动两国关系不断向前发展。

从 2013 年 3 月至今，两国元首共签署了多份具有重要战略意义的联合声明，见证了数百个双边务实合作文件的签署和交换。从这些文件的内容看，中俄战略协作不仅体现在双边层面，也体现在全球层面。2013 年，双方签署《中俄关于合作共赢、深化全面战略协作伙伴关系的联合声明》。2014 年，签署《中俄关于全面战略协作伙伴关系新阶段的联合声明》。2015 年，签署"一带一路"建设与欧亚经济联盟建设对接合作的联合声明和《中俄关于深化全面战略协作伙伴关系、倡导合作共赢的联合声明》。2016 年，双方隆重庆祝《中俄睦邻友好合作条约》签署 15 周年，共同签署并发表《关于加强全球战略稳定的联合声明》《关于协作推进信息网络空间发展的联合声明》《中华人民共和国和俄罗斯联邦联合声明》。2017 年，签署《中俄关于进一步深化全面战略协作伙伴关系的联合声明》《中俄关于当前世界形势和重大国际问题的联合声明》，批准《〈中俄睦邻友好合作条约〉实施纲要（2017 年至 2020 年)》。2018 年，签署《中华人民共和国和俄罗斯联邦联合声明》。

在习近平主席与普京总统已有的 30 次会晤中，有一半以上是在出席重大国际组织会议时展开的双边会晤。两国在联合国、二十国集团、金砖国家、亚太经合组织、上海合作组织、亚洲相互协作与信任措施会议（亚信）等共同参与的多边机制框架内进行了有效协调，就维护国际法和国际关系基本准则、联合国改革、打击恐怖主义、气候变化等全球性问题保持密切沟通和协调，共同维护二战胜利成果和国际公平正义，推动构建新型国际关系和人类命运共同体，推动国际秩序向更加公正合理的方向发展。可以说，中俄战略合作不仅造福了两国和两国人民，也成为当今世界倡导平等互利、合作共赢、共同发展的典范。

## 睦邻友好世代传

习近平主席和普京总统高度重视推动中俄两国的睦邻友好关系，注重两国青少年交流，着力培养中俄友好事业的接班人，使中俄世代友好的种子代代相传。

2013 年习近平主席访俄期间，在莫斯科国际关系学院发表了题为《顺应时代前进潮流 促进世界和平发展的》重要演讲。此次演讲中，习近平主席不仅精准分析了当前的国际形势，还讲述了新时期中俄友谊的感人故事。他称青年是国家的未来，是世界的未来，也是中俄友好事业的未来，期待越来越多的中俄青年接过中俄友谊的接力棒，积极投身两国人民友好事业。两国元首宣布于 2014 年和 2015 年互办"中俄青年友好交流年"。

在天津共同观看中俄青少年冰球友谊赛时，习近平主席对普京总统说："中俄两国青少年的比赛令人振奋，从中也看到了两国青少年的友谊。两国青少年要加强交流，使中俄睦邻友好世代相传。"普京总统表示，希望这样的青少年冰球运动能成为俄中两国友谊的新纽带。两位领导人同小球员们合影、亲切交谈，勉励他们通过学习交流成为好朋友、好伙伴，做中俄友好事业的接班人。

在 2018 年 9 月第四届东方经济论坛期间，习近平主席同普京总统一起访问了"海洋"全俄儿童中心，看望曾经在这里疗养的四川地震灾区学生代表和当年抚育他们的俄罗斯老师和同学。习近平主席的讲话"希望两国青少年一代加强交流，互鉴共进，齐心协力，做中俄友好事业接班人，让中俄世代友好的伟大事业薪火相传、生生不息"激起长时间而热烈的掌声。普京总统也认为，两国青少年友好交流将为两国关系奠定更加坚实基础，对俄中关系未来非常重要。希望俄中青少年一代能把两国人民深厚传统友谊传承下去，发扬光大。在两国元首的见证下，中俄青年共同宣读了《中俄青少年世代友好宣言》。

中国古话说："远亲不如近邻。"历史证明，中俄只有睦邻友好相处，才能符合两国和两国人民根本和长远利益，才能有助于两国共同发展和繁荣。

## 个人情谊促发展

习近平主席称普京总统为"我的老朋友、好朋友"；普京总统则称习近平主席为"很好的朋友、非常可靠的伙伴"。两国元首互授国家最高友谊勋章是两国领导人美好情谊的重要象征，更是中俄友谊的最好证明。

2017年夏天，习近平主席在莫斯科克里姆林宫同普京总统举行会谈。结束后，普京总统向习主席授予俄国家最高奖章"圣安德烈"勋章。我虽多次踏入克里姆林宫，但这一次印象最为深刻。普京总统说："我非常荣幸地将俄罗斯国家最高奖章'圣安德烈'勋章授予我们最伟大的朋友，授予中华人民共和国国家主席习近平。"习近平主席成为获此殊荣的首位中国元首。一年后在人民大会堂，习近平主席授予普京总统中国首枚"友谊勋章"。习近平主席指出，普京总统是我最好的知心朋友。这枚沉甸甸的"友谊勋章"代表了中国人民对普京总统的崇高敬意，更象征着中国和俄罗斯两个伟大民族的深厚友谊。站在新起点上，我愿继续同普京总统一道，秉持睦邻友好、战略协作、合作共赢的精神，共同引领中俄关系迈向更加辉煌的未来。

2013 年，普京总统在印度尼西亚巴厘岛出席亚太经合组织峰会时，恰逢迎来自己的 61 岁生日，习近平主席向普京总统亲手赠送生日蛋糕。普京总统说，"自己与中国伙伴们共同庆祝了生日，不仅共举杯饮酒，还品尝了生日蛋糕，气氛十分温暖，像朋友一样。"2014 年亚太经合组织（APEC）会议期间，普京总统向习近平主席赠送被誉为"俄罗斯 iPhone"（苹果智能手机）的 YotaPhone 手机。2015 年，两国元首分赴对方国家出席纪念世界反法西斯战争胜利 70 周年暨中国人民抗日战争和俄罗斯卫国战争胜利 70 周年活动，双方均给予彼此最尊贵的待遇或最高礼节。在红场庆典上，俄方按照国际礼仪把普京总统右手边最尊贵的位置留给了习近平主席，中国人民解放军三军仪仗队也被安排在外国方阵的最后压轴出场。在天安门广场上，习近平主席全程陪同普京总统登上天安门城楼，俄罗斯军人作为压轴登场。2017 年，习近平主席访俄的第一场活动便是出席普京总统为其举行的私人晚宴。两国元首面对面、一对一，深谈 3 个半小时。2018 年，继普京总统在习近平主席陪同下制作天津煎饼和包子后，两国元首三个月后又在第四届东方经济论坛期间一起制作起俄罗斯的小薄饼，一起品尝俄罗斯的蜂蜜和鱼子酱……

类似例子不胜枚举。在习近平主席和普京总统亲自关怀下，两国关系持续升温，务实合作提质增量，人民友谊不断加深。2018 年上半年，中俄两国顺利完成各自国内重要政治议程，习近平同志再次当选中国国家主席，普京连任俄罗斯总统。中俄全面战略协作伙伴关系站在新的历史起点，面临重要发展机遇。我们可以欣喜地预见，两国"肩并肩""背靠背"的关系将持续下去。

无论世界风云如何变幻，中俄兄弟情深不会改变；不管前进道路有何险阻，中俄共谋发展和维护世界和平与稳定的决心不会改变。期待新中国成立 100 周年、中俄建交 100 周年之际，中俄关系乘风破浪、扬帆远航，更好造福两国和两国人民，更好促进世界和平与发展。

# 见证中俄关系的"黄金时期"

2019 年 6 月 3 日

> 两国元首像走亲戚一样常来常往，这在大国交往中绝无仅有，不仅书写了中俄元首外交的新篇章，更有力引领着两国关系迈入历史最好时期。

再过几天，中国国家主席习近平将对俄罗斯进行国事访问并出席圣彼得堡国际经济论坛。这是习近平主席 2013 年以来第八次踏上俄罗斯的土地。

2019 年是中俄建交 70 周年，这在两国关系中具有里程碑意义。2019 年也是我担任中国驻俄大使的第十个年头。虽然这只是两国关系漫漫 70 年的七分之一，却让我有幸见证了两国关系"黄金时期"的诸多精彩瞬间。

现在，中俄全面战略协作伙伴关系正处于历史发展最好时期。两国高层交往频繁，政治互信不断深化，双边贸易额持续攀升，人文交流异彩纷呈。这其中，两国元首外交备受关注。以 2013 年 3 月习近平主席首次作为国家元首对俄进行国事访问为开端，到普京总统今年 4

月赴华参加第二届"一带一路"国际合作高峰论坛，二人会晤高达 30 次。两国元首像走亲戚一样常来常往，这在大国交往中绝无仅有，不仅书写了中俄元首外交的新篇章，更有力引领着两国关系迈入历史最好时期。

作为驻俄大使，我有幸参与了习近平主席和普京总统所有双边互访活动，亲历了中俄关系的重要时刻，永生难忘。2013 年 3 月，习近平总书记当选中国国家主席后，普京总统是与习近平主席通话的首位外国元首，俄罗斯也是习近平主席出访的首个国家。在克里姆林宫内举行了隆重的欢迎仪式，俄方首次动用骑兵仪仗队迎接习近平主席，普京总统全程陪同，历时 8 小时。那次会晤，两国元首达成重要共识——把两国高水平的政治关系优势转化为实际成果。这成为中俄关系长期健康稳定发展的指南针。

清晰记得，2015 年，两国元首分赴对方国家出席纪念中国人民抗日战争暨世界反法西斯战争胜利 70 周年和俄罗斯纪念卫国战争胜利 70 周年庆典活动。红场庆典上，普京总统右手最尊贵位置留给习近平主席，中国人民解放军三军仪仗队被安排在外国方阵的最后压轴出场。两国元首用这样的行动，彰显中俄双方共同维护二战胜利成果和以联合国为核心的战后国际秩序的坚定决心。

清晰记得，2017 年 7 月，习近平主席访俄期间，普京总统在克里姆林宫向习近平主席授予了俄罗斯国家最高勋章"圣安德烈"勋章。时隔一年，习近平主席在人民大会堂向普京总统授予中国首枚"友谊勋章"。

这些瞬间太多太珍贵。习近平主席冒着严寒专程赴索契参加第二十二届冬奥会开幕式，向邻居祝贺喜事；普京总统两次赴北京出席"一带一路"国际合作高峰论坛并明确表示支持"一带一路"建设；在巴厘岛亚太经合组织领导人非正式会议期间，习近平主席亲手向普京总统赠送生日蛋糕；两国元首共同在俄符拉迪沃斯托克"海洋"全俄儿童中心看望曾经在这里疗养的四川地震灾区学生代表和当年抚育他们的俄罗斯老师同学……一个个开创外交先河的"首次"，一次次"你来我往"的互相支持，一份份真情实感的传递，两国元首个人友情不断升温，两国人民友谊不断加深，两国战略协作不断深化，两国务实合作不断推进。

在习近平主席和普京总统的引领下，中俄全面战略协作伙伴关系不断发展，开创了中俄关系的"黄金时期"。能够生逢其时，见证这一时期，并在其中做出自己的一份努力，何其幸福！

我更深信，站在中俄建交 70 周年的新起点上，在两国元首的引领下，这个"黄金时期"将更加辉煌。

本文 2019 年 6 月 3 日刊登在《人民日报》

# 中俄关系顺应了两国人民的共同期盼

## ——就习近平主席访俄成果接受俄罗斯
## 国际文传电讯社等采访

2019 年 6 月 14 日

> 继续秉承《中俄睦邻友好合作条约》宗旨和精神，朝着"守望相助、深度融合、开拓创新、普惠共赢"的目标努力，发展中俄新时代全面战略协作伙伴关系。

**记者**：习近平主席成功对俄罗斯进行国事访问，此访取得了哪些重要成果？又有哪些亮点？

**李辉**：6 月 5 日至 7 日，习近平主席对俄罗斯进行国事访问并出席第二十三届圣彼得堡国际经济论坛。此访是习近平主席连任国家主席后首次对俄罗斯进行国事访问，在两国关系发展进程中具有里程碑意义。今年又恰逢中俄建交 70 周年的历史节点，增添了访问的意义与分量。此访取得的最大成果之一，就是双方重新明确了两国关系的定位与内涵，共同开启中俄关系更高水平、更大发展的新时代。

习近平主席此访时间紧凑、日程密集、内容丰富、气氛友好，亮点频现。

一是高规格接待与安排，体现出中俄关系的高水平和特殊性。从莫斯科伏努科沃机场到克里姆林宫乔治大厅，分别举行隆重的欢迎仪式；出席两国元首大范围会谈的俄方阵容强大，包括俄总统办公厅主任、5位副总理及10多位部级官员和大企业代表。除正式欢迎宴会外，普京总统专门陪同习近平主席乘船游览圣彼得堡名胜古迹，并在冬宫为习近平主席举行私人晚宴。

二是两国元首共同出席莫斯科动物园熊猫馆开馆仪式，引发俄社会持续热烈关注。这是莫斯科动物园半个多世纪之后再次迎接中国国宝——大熊猫，"如意"和"丁丁"是中国的友好使者，体现了中国人民对俄罗斯人的深厚情谊，熊猫馆也将成为传递中俄友好的新基地。

三是莫斯科大剧院纪念中俄建交70周年大会暨文艺演出，展现新时代中俄关系美好未来。两国元首在纪念大会上发表了重要讲话，回顾历史，展望未来，对发展新时代的中俄关系提出希望和主张。文艺演出精彩不断，赢得观众阵阵掌声。

四是圣彼得堡国际经济论坛向世界传递解决世界发展困局的"中国方案"。习近平主席在论坛全会致辞中强调指出，可持续发展是破解当前全球性问题的"金钥匙"，是各方最大利益契合点和最佳合作切入点，并深入阐述了中方在可持续发展领域的一系列重要主张，赢得了与会嘉宾的广泛支持和积极肯定。中国将同各方一道，倡导多边主义，完善全球治理，实现地球村共同发展繁荣。

**记者：**两国元首在访问期间对发展俄中关系和深化两国务实合作提出了哪些新要求和新举措？

**李辉：**访问期间，中俄元首对两国全方位合作进行了深入规划，致力于推动两国关系在新时代实现更大发展。双方确定将以"相互尊重，平等信任；互帮互助，睦邻友好；相互支持，战略协作；互谅互让，合作共赢；不结盟、不对抗、不针对第三方"为基本原则，继续秉承《中俄睦邻友好合作条约》宗旨及其他双边关系文件精神，朝着"守望相助、深度融合、开拓创新、普惠共赢"的目标努力，发展中俄新时代全面战略协作伙伴关系。

在政治合作方面，中俄双方将继续以牢固的政治信任为基石，发挥两国元首战略引领作用。在安全合作方面，中俄双方必须确保两国国家安全，为各自国家稳定发展创造有利条件，有效应对各类传统和新型安全威胁与挑战。在务实合作方面，中俄双方将拓宽思路，创新模式，推动两国务实合作全面提质升级，实现利益深度交融、互利共赢。在人文交流方面，传承世代友好，巩固民间友好往来，促进文明互学互鉴。在国际协作方面，中俄双方致力于维护世界和平稳定和国际公平，促进尊重国际法，推动国际关系民主化，推动国际秩序朝更加公正合理的方向发展。

此外，两国元首一致认为，中俄双方应继续开展"一带一路"建设同欧亚经济联盟建设对接合作，相互支持共建"一带一路"倡议和大欧亚伙伴关系倡议，协同促进地区一体化和区域经济融合发展。

**记者：**访问期间，两国元首签署并发表了两个重要的联合声明，您对此有何评价？

**李辉**：这两个联合声明是在中俄关系持续高水平运行的基础之上，以及中俄建交 70 周年的历史背景下签署并发表的，具有重要现实意义和深远历史意义。

首先，《中俄关于发展新时代全面战略协作伙伴关系的联合声明》开启中俄关系新时代，实现两国关系与时俱进、提质升级，这也是习近平主席此访最重要的政治成果。两国元首从战略维度和宏观角度把握中俄关系的新定位和未来大发展，强调要以互信为基石，筑牢彼此战略依托；要深化利益交融，并肩实现同步振兴；要促进民心相通，夯实世代友好基础；要更加担当有为，维护世界和平安宁。两国元首的这一重大政治共识，必将推动中俄关系大踏步迈入新时代，在更高水平上实现更大发展。

其次，《中俄关于加强当代全球战略稳定的联合声明》向世界发出反对单边主义、维护全球战略稳定、维护多边主义和国际秩序的时代最强音。中俄关系经受住国际风云变幻考验，日臻成熟、稳定、坚韧，并成为互信程度最高、协作水平最高、战略价值最高的一对大国关系，不仅是新时代两国发展振兴的"助推器"，更是国际和平稳定的"压舱石"。两国领导人直面问题，直指破坏国际战略稳定的一系列消极举措，提出了加强战略稳定、维护多边军控体系、政治解决防扩散热点问题的"中俄思路"。

当前，人类和平发展正面临难得的机遇，也面临一系列严峻挑战，希望所有爱好和平的力量行动起来，共同维护全球战略稳定，推动世界多极化和国际关系民主化，携手构建新型国际关系和人类命运共同体。

**记者**：习近平主席首次出席圣彼得堡国际经济论坛，并发表了重要讲话，提出"中国方案"。您从中体会到了哪些信号？对两国合作起到哪些作用？

**李辉**：圣彼得堡国际经济论坛是各方共商世界经济发展大事的重要平台。本届论坛以"打造可持续发展议程"为主题，习近平主席的演讲表明了中国为世界提供了合作共赢推动"可持续发展"的新方案。

习近平主席在论坛上指出，可持续发展是破解当前全球性问题的"金钥匙"，是各方最大利益契合点和最佳合作切入点。习近平主席围绕联合国 2030 年可持续发展议程明确的经济增长、社会发展、环境保护三大任务，系统阐述加强国际发展合作的倡议主张，呼吁一要坚持共商共建共享，合力打造开放多元的世界经济；二要坚持以人为本，努力建设普惠包容的幸福社会；三要坚持绿色发展，致力构建人与自然和谐共处的美丽家园。习近平主席强调，中国将不断扩大对外开放，维护多边贸易体制，在平等和相互尊重基础上开展贸易合作；愿同各国分享包括 5G 技术在内的最新科研成果，就减贫、社保等课题加强交流合作；将在对外合作中更加注重环保和生态文明，携手应对全球气候变化等迫切问题。习近平主席指出，共建"一带一路"同 2030 年可持续发展议程高度契合，要推动两者有效对接、协同增效，为广大发展中国家创造更多机会。

习近平主席访问俄罗斯并出席圣彼得堡国际经济合作论坛，再次证明了中俄全面战略协作伙伴关系正处于历史最好时期，拥有无限广阔的光明前景。在当前国际形势充满不确定性、不稳定性的背景下，中俄加强全面战略协作，不仅为两国的发展增添了新动力，也为世界提供了更多的稳定性，注入了更多的正能量。我也相信，圣彼得堡经济论坛将进一步促进中俄两国企业之间的交流合作，丰富合作渠道，挖掘合作潜力，为双边合作提供新的机遇，推动两国务实合作进入提质升级的新阶段。

# 中俄携手实现国家和民族振兴

## ——做客中国中央广播电视总台《与大使面对面》栏目

2019 年 7 月 30 日

> 加强中俄关系是历史的召唤，是双方坚定不移的战略选择，中俄关系承载着两国人民和国际社会的更大期待。

**记者**：今年 6 月，中国国家主席习近平访俄期间，中俄元首决定将两国关系提升为"新时代中俄全面战略协作伙伴关系"。这一定位受到各界高度关注，您如何评价中俄关系的这一新定位？

**李辉**：正如你所说，不久前，习近平主席对俄罗斯进行了国事访问并出席了第二十三届圣彼得堡国际经济论坛，这是习近平主席新任期内首次对俄进行国事访问，也是自 2013 年担任国家主席后的第八次来俄。习近平主席此访行程十分丰富，同普京总统进行了坦诚而富有成效的会谈，就双边及共同关心的重大国际和地区热点问题充分交换意见，达成许多重要共识。两国元首确定了中俄全面战略协作伙伴关系进入新时代，确定了中俄"守望相助、深度融通、开拓创新、普惠共赢"的新时代合作目标，共同开启了中俄关系更高水平、更大发展的新时代。

一方面，这是国际大势之所需。当前，国际局势正处于一个复杂严峻时期。保护主义、单边主义抬头严重影响全球格局稳定，全球经济下行压力随之增大，不稳定、不确定性突出。此外，热点问题高烧不退，地缘博弈多线并进，传统安全威胁又引发一系列非传统安全挑战，两者联动升温。作为全面战略协作伙伴、新型大国关系典范、联合国安理会常任理事国，中俄有责任、有能力进一步加强战略协作，共同面对这些新挑战、新问题，以更加宽广的胸怀、更加负责任的态度推动形成更加公正、合理的国际新秩序。

另一方面，这是中俄发展之所需。两国关系发展面临新的复杂国际形势之外，都肩负着各自国家和民族复兴的重大历史任务。共同的发展利益，共同的发展需求，共同的发展目标将中俄紧密地团结在一起。政治合作方面，双方将以牢固的政治信任为基石，发挥两国元首战略引领作用。安全合作方面，双方必须确保各自国家安全，为本国稳定发展创造有利条件。务实合作方面，双方将创新模式，推动两国务实合作全面提质升级。人文交流方面，传承世代友好，巩固民间友好往来，促进文明互学互鉴。

我们相信，两国元首的这一重大政治共识，必将推动新时代中俄关系在更高水平上实现更大发展，共同维护全球战略稳定，推动世界多极化和国际关系民主化，推动构建新型国际关系和人类命运共同体。

**记者**：在当今世界不稳定和不确定性上升的背景下，这对发展中俄关系、在国际事务中贡献更多的"中俄方案"有哪些积极影响？

**李辉**：习近平主席指出，当今世界不稳定性不确定性上升，加强中俄关系是历史的召唤，是双方坚定不移的战略选择。身处世界百年未有之大变局，中俄承载着两国人民和国际社会的更大期待。中方愿同俄方携手努力，不断放大两国高水平政治关系的积极效应，让两国人民在双方合作中有更多获得感，在国际事务中贡献更多"中俄方案"。

（一）中俄秉承睦邻友好合作精神发展两国关系，树立了大国、邻国、新型国家间关系的典范。自新中国成立次日中俄建交开始，中俄关系走过了不平凡的发展道路，从建设性伙伴到战略协作伙伴，从全面战略协作伙伴再到新时代全面战略协作伙伴。70 年风云际会、沧海横流，世界早已不是彼时的世界，两国关系也今非昔比。6 年来，习近平主席和普京总统保持着深厚友谊和密切沟通，一次又一次谱写了中俄交往史上的佳话，战略引领中俄关系进入更高水平、更大发展的新时代。

（二）中俄积极推进共建"一带一路"同欧亚经济联盟对接合作，促进了地区一体化和区域经济融合发展。在中俄共同努力下，两国经贸合作全面提质升级，战略性大项目和新兴领域合作同步发展，经贸、投资、能源等传统领域合作得以巩固和加强。"一带一路"倡议与欧亚经济联盟有效对接，增进了中国与欧亚国家的了解与互信，通过推进基础设施互联互通、促进贸易投资便利化、促进产业对接融合、推动科技合作等方式，提高了双方合作效率和水平，实现了优势互补，活跃了地区经济。

（三）中俄在国际和地区事务中保持战略协作，为世界和平与发展作出了巨大贡献。中俄倡导世界多极化和国际关系民主化，在联合国等国际组织密切协调和配合下，共同维护世界和周边地区的和平稳定，成为动荡多变国际局势的稳定器和压舱石。双方在一系列重大国际和地区问题上立场相同或相近，联合打击恐怖主义、毒品走私、跨国犯罪等，推动构建人类命运共同体。双方签署了《关于加强全球战略稳定的联合声明》，展示了中俄维护全球战略稳定的负责任态度，给充满不确定性的世界增添了信心。

**记者：**您刚刚获得了由俄罗斯总统普京亲自颁发的"友谊勋章"，且您到今年 8 月任中国驻俄大使将满 10 年。对于这两件事，您一定有很多感受想跟观众朋友们分享吧？ 10 年的驻俄大使经历，您最难忘的事是哪一件？近期的工作目标方便和我们透露一下吗？对中俄关系发展前景，送上您的期望和祝愿。

**李辉：**第一个感受是幸运。无论是荣幸获得普京总统授勋，还是履职将满 10 年，这都与我们所处的新时代大背景密切相关。恰是在两国元首战略引领下，新时代中俄全面战略协作伙伴关系蒸蒸日上，我才能获此殊荣，为中俄关系贡献绵薄之力。第二个感受是责任。中俄互为最主要、最重要的战略协作伙伴，两国关系在各自外交全局和对外政策中都占据优先地位。这种坚定的战略抉择既是两国民众的"定心丸"，又是国际局势的"稳定器"，发展好中俄关系对中俄两国来说意义非凡，责任重大。第三个感受是感激。这与驻俄使馆历任外交官辛勤工作、无私奉献密不可分。沐浴在新时代的阳光下，每一位使馆工作人员都为自己所处的大时代所召唤，所激励，都积极地用实际行动为中国特色大国外交添砖加瓦。大家以艰苦奋斗自励，我的工作离不开每一位外交官的支持与付出。

我相信，在两国元首的坚定引领下，中俄关系一定会乘风破浪，扬帆远航！下一步，中方愿同俄方共同落实好两国元首达成的一系列重要共识，切实推进"一带一路"建设和欧亚经济联盟建设对接合作，继续在能源、航空、航天、基础设施等领域进行战略性大项目合作，同时挖掘中小企业合作潜力，提升两国地方合作水平，进一步培育和挖掘其他领域合作的新增长点，尽早实现双方设定的 2000 亿美元的贸易额目标。不断巩固两国人民世代友好的社会和民意基础，加深两国传统人民友谊，拓宽拓深两国人员往来，共同推动两国关系实现更高水平的大发展，为双方携手实现国家和民族振兴作出更大贡献。

本采访 2019 年 7 月 30 日在中央电视台第四频道播出

# 青山不老　友谊长存

## ——在俄罗斯塔斯社发表署名文章

2019 年 7 月 30 日

> 祝愿中俄关系乘风破浪，更好地造福两国和两国人民，更好地促进世界和平与发展；祝愿两国人民的友谊万古长青。

2009 年 8 月，我作为中国驻俄罗斯大使，再次来到美丽的莫斯科，踏上了这片曾工作多年的热土，既倍感光荣与幸运，更深感责任与使命。工作在对俄外交一线的 10 年间，我始终不忘国家和人民的重托，坚持以实现中华民族伟大复兴为使命积极推进中国特色大国外交，坚持以构建新型国际关系和人类命运共同体为宗旨不断提升中俄关系的水平和内涵，坚持以服务国内国际两个大局为原则努力拓展"一带一路"建设的空间和成果，坚持以中国国家核心利益为底线全力维护国家主权、安全和发展利益，坚持"以人为本"和"外交为民"的精神尽心维护海外中国公民安全与合法权益。2019 年 8 月，我将离开这个工作岗位，告别与我工作多年的各界朋友们。虽有不舍，但我可以自豪地说，这是我外交生涯中最难忘的 10 年，是中俄全面战略协作伙伴关系逐步迈入新时代的黄金 10 年。

在我这次来俄的第 3 个年头，也就是 2011 年，中俄关系提升为"平等信任、相互支持、共同繁荣、世代友好的全面战略协作伙伴关系"，这一年恰逢《中俄睦邻友好合作条约》签署 10 周年。特别是以 2013 年 3 月习近平主席首次作为国家元首对俄进行国事访问为开端，6 年里习近平主席 8 次来俄，两国元首像"走亲戚"一样常来常往，建立了密切的工作关系和深厚的个人友谊，共同战略引领和规划两国关系深入发展。这种高水平、高频率、高质量的元首外交，在大国交往当中绝无仅有，不仅显示了双方对发展中俄全面战略协作伙伴关系的高度重视，也说明国际社会普遍认可中俄关系在维护世界和平稳定与发展方面所发挥的重要作用。经过多年积累与实践，中俄关系一步一个脚印地扎实推进，上升到前所未有的新高度。就在今年 6 月习近平主席访俄期间，两国元首重新明确了两国关系的定位与内涵，朝着"守望相助、深度融通、开拓创新、普惠共赢"的目标努力，发展中俄新时代全面战略协作伙伴关系。

10 年来，中俄两国高层交往异常频繁，不仅继续着元首年度互访的惯例，两国的总理定期会晤、议会合作委员会以及能源、投资、人文、经贸、地方、执法安全、战略安全等完备的各级别合作机制也积极有效地运行，以及"长江—伏尔加河""东北—远东"两大区域性合作机制，两国地方缔结了多对友好省州和城市关系，目前这一数量已积累达到 140 对。此外，双方还通过中俄博览会、中俄地方合作论坛，以及两国举行的主场论坛、博览会等为平台，为两国企业和地方合作牵线搭桥。10 年来，从北至南、从西往东，我走访了 42 个俄联邦主体，行程百万公里，考察了我国在俄的多个大项目，同时使馆还为布里亚特共和国、乌里扬诺夫斯克州、哈巴罗夫斯克边疆区、卡累利阿共和国、巴什科尔托斯坦共和国、图拉州等 12 个俄联邦主体举行了专场推介会。

正是在这些机制的有力保障下和双方共同努力下，两国各领域的务实合作不断提质升级。2009 年两国双边贸易额为 388 亿美元，去年则达到 1070.6 亿美元的历史新高，中国连续 9 年成为俄第一大贸易伙伴，占俄对外贸易比重增长至 15.5%。如今，两国正朝着双方元首共同确立的 2000 亿美元贸易额的宏伟目标前进。同时，中俄人文交流的规模、层次和水平不断提升，先后举办"语言年""旅游年""青年友好交流年""媒体交流年""地方合作交流年"等国家级活动，两国民间交流更是如火如荼。莫斯科中国文化中心自 2012 年成立以来每年均举办上百场文化活动，孔子学院和汉语教学在俄备受青睐，今年俄方正式将汉语列入高考科目。两国双向留学生总数从 2009 年的 3 万多人增长至今约 9 万人，去年两国赴对方国家旅游人数总和超过 300 万人次。据俄最新民调显示，中国在俄民众心中的友好度排名从 2009 年的第三位跃居现在的第一位。

两国之间的经济合作潜能正在不断释放，两国人民正因此而不断获益。尤其是"一带一路"倡议与欧亚经济联盟建设深度契合，将促进两国务实合作走向更高水平、更大发展。2015 年 5 月，两国元首共同签署"一带一路"建设和欧亚经济联盟建设对接合作的联合声明，从战略高度为两国关系发展作出新规划。普京总统出席了首届和第二届"一带一路"国际合作高峰论坛，凸显了中俄关系的特殊性。上述对接合作已取得早期收获，双方在能源、核能、航空航天等领域大项目合作驶入快车道，两国首座跨境铁路桥、跨境公路桥，"滨海1号""滨海2号"国际交通走廊，中蒙俄经济走廊，中欧班列等交通基础设施项目稳步推进。中俄多个城市之间开通直飞航班，方便了两国人民的友好往来，促进了中俄旅游合作。中国三大电信运营商——中国电信、联通、移动均进入俄市场，拓展对俄业务。双方还积极挖掘农产品贸易、服务贸易、跨境电商、北极开发、高技术合作等领域新的增长点。

当前，中俄两国均面临发展经济、改善民生、振兴国家和民族的历史任务，有着巨大的共同利益，同时也共同面临着一系列新威胁、新挑战，贸易保护主义、霸凌主义不断抬头，全球能源安全问题日益突出，恐怖主义威胁阴霾不散，地区热点问题频发。作为大使，我始终将落实好两国元首达成的各项战略共识作为第一要务，将促进两国关系的不断深化与发展为己任。幸运的是，在两国元首的战略引领和亲自推动下，中俄双方以牢固的政治信任为基石，肩并肩、背靠背、手拉手、心连心，做到了守望相助、相互信任、协作共赢。就是在2013年，习近平主席在莫斯科国立国际关系学院演讲中提出了"人类命运共同体"和"新型国际关系"的重要理念，并深刻地贯彻到两国关系中，为各自国家稳定发展创造了有利条件，有效应对各类传统和新型安全威胁与挑战，共同维护了世界和平稳定和国际公平，推动了国际秩序朝更加公正合理的方向发展。

我因俄语与俄罗斯结缘，并先后三次共计16年在俄（苏联）工作，对这片土地和人民充满真情。在此工作期间，我深受俄罗斯文学和艺术的吸引与熏陶，普希金、莱蒙托夫、果戈理、陀思妥耶夫斯基、契诃夫、托尔斯泰、高尔基等人的名著我常读常新，并感叹其魅力与思想。我热爱俄罗斯森林的广袤、平原的宽广、伏尔加河的厚重、贝加尔湖的纯净、北极的凛冽，这让我认识到俄罗斯人民坚韧的品格、顽强的精神和乐观的态度。我始终坚持了解俄罗斯、感受俄罗斯、尊重俄罗斯，也因此结交了众多人格高尚、学识渊博并真诚从事中俄友好事业的好同事、好朋友，并从他们身上学到了很多终身受益的东西。尽管其中一些人已永远离开了我们，但他们为两国关系作出的贡献永远铭记在我的心中，我仍会在不经意之间想起与他们交往中的点点滴滴。就在前几天，我专程赴新圣女公墓等地，祭扫了这些已故老朋友的墓地，与他们辞行告别。

与此同时，随着中俄两国关系发展不断迈向新高点，来俄留学、经商、旅游的中国公民人数也越来越多。来俄同胞难免在异国他乡因不熟悉当地国情、社情、民情而在生活和工作中遇到困难、遭遇困境。而中国驻外使领馆就是海外中国公民的"家"，作为一家之长，我有责任也有义务为广大同胞服好务。为此，驻俄使馆通过法律支撑、机制建设、风险评估、安全预警、预防宣传和应急处置六大支柱建设，积极打造外交为民、利民、安民、惠民的领保长城。使馆领事保护等相关工作始终处于每天 24 小时待命状态，时刻准备解决同胞之所想、同胞之所需、同胞之所急，让同胞感受到家的温暖。此外，我们还推出了"领事进校园、领事进企业、领事到地方"的活动，及时妥善解决中国公民在俄遇难、劳务纠纷、游客滞留等问题。

回首这 10 年，难忘的瞬间太多。2019 年 5 月 23 日，普京总统在克里姆林宫亲自授予我"友谊勋章",这将永远铭刻在我心中。这枚珍贵的勋章不仅是普京总统给予我本人的荣誉,更体现了俄罗斯人民对中国人民的友好情谊。同时,这份荣誉也属于中国驻俄使馆与我一道为深化中俄关系不懈努力的全体同事。勋章将鼓励我以更大的热情投入到深化中俄睦邻友好合作伟大事业中去。

能够生逢其时,作为大使有幸见证了中俄关系 10 年来的巨大变化和提质升级,并在其中做出自己的一份努力,何其幸福!俄著名作家奥斯特洛夫斯基在《钢铁是怎样炼成的》这部激励了中国几代人的名著中曾写道:"人最宝贵的是生命,生命每人只有一次,人的一生应当这样度过:当他回忆往事的时候,他不会因为虚度年华而悔恨;也不会因为碌碌无为而羞愧……"。我想说,这 10 年间,我要感谢这个伟大变革的时代,感恩各位支持我的同事与朋友,是你们让我完成了自己的使命。

在即将结束任期离开俄罗斯之际,我坚信,站在中俄建交 70 周年的新起点上,在两国元首战略引领下,这个"黄金时期"必将更加辉煌。我期待,在新中国成立 100 周年和中俄建交 100 周年之际,中俄关系会乘风破浪,更好地造福两国和两国人民,更好地促进世界和平与发展。不管今后我身处何地,身兼何职,我都将一如既往,全身心投入到中俄友好事业中,继续用我 44 年对俄外交工作积累的经验助力两国关系发展。我祝愿,和平稳定、幸福安康的俄罗斯与中国勠力同心、携手并肩地走在新时代共同合作、共谋发展的康庄大道上!

本文 2019 年 7 月 30 日发表在俄罗斯塔斯社

秉持互利合作　实现共同发展

# 加强中俄青年交流，促进两国科技创新

## ——在"中俄青年科学家创新论坛"开幕式上的致辞

2012 年 7 月 11 日

> 由政府和市场共同推动的中俄科技合作呈现出理性而务实的
> 新特点，合作重点正逐渐转向高新技术和创新领域。

尊敬的萨多夫尼奇校长，

尊敬的王志学社长，

各位来宾，女士们，先生们，朋友们：

很高兴来到俄罗斯著名学府莫斯科大学出席"中俄青年科学家创新论坛"开幕式。此次论坛得到中俄双方高度重视。借此机会，我谨代表中国驻俄大使馆对此次论坛开幕表示衷心祝贺，对各位来宾表示热烈欢迎！

当今世界，科技进步日新月异，利用科技创新培育新的经济增长点、抢占未来发展制高点已成为世界趋势。青年在科技创新领域发挥着不可替代的作用，因为青年时期蕴藏着巨大的创新热情，是创新的黄金时期。从这个意义上说，加强中俄青年科学家交流，对促进两国科技创新和经济现代化具有重要的现实意义。

当前，中俄关系处于历史最好时期，科技合作是中俄全面战略协作伙伴关系的重要组成部分和务实合作亮点。如今，在两国关系大发展的背景下，由政府和市场共同推动的中俄科技合作呈现出理性而务实的新特点，合作重点正逐渐转向高新技术和创新领域。俄罗斯拥有严谨的科学传统、深厚的基础研究积淀和旺盛的创新能力，中国拥有广阔的市场和巨大的科技成果转化能力，特别是在建设高新技术产业区和经济开发区领域具有成功经验，这些都构成了中俄双方科技合作优势互补的基础。中俄科技合作大有可为，我们期待两国更多的青年科技人员积极参与其中。

莫斯科大学作为全世界著名的顶尖学府，是俄创新人才培养的重要基地，也是俄当前国家创新发展的主要力量。今天在莫斯科大学举办的中俄青年科学家创新论坛，为两国青年科学家提供了良好的交流与合作平台。希望两国青年科学家能够利用此次机会，深化了解，增进互信，畅叙友谊。我相信，中俄两国青年一代加强在科技创新领域交流与合作，必将会为中俄全面战略协作伙伴关系的发展注入新活力，并提供可持续的强大动力。

最后，衷心预祝本次论坛取得圆满成功和丰硕成果！

谢谢大家！

# 让民间交往为中俄关系增光添彩

## ——在《走进当代俄罗斯社会——适应与融合》研讨会上的致辞

### 2012 年 10 月 18 日

中方愿与俄方本着友好协商、平等互谅原则，利用两国现有合作机制，妥善处理有关问题，不把个别具体问题复杂化、政治化。


尊敬的罗莫达诺夫斯基署长，

各位来宾，女士们，先生们，朋友们：

很高兴来到格林伍德国际贸易中心出席由俄罗斯中国总商会主办的《走近当代俄罗斯社会——适应与融合》研讨会。我谨代表中国驻俄大使馆对此次研讨会开幕表示衷心祝贺，对各位来宾表示热烈欢迎！

经济全球化和区域一体化的蓬勃发展使各国之间的人员往来大幅增加。国际间的投资移民、劳动移民和留学生移民的数量均在上升。各国政府越来越重视国际间的人员交流，高度关注外来移民带来的经济效益和多元文化。对于走出国门的人来说，如何在异国他乡尽快适应并融入当地环境，顺利开展工作与生活，更是首先要考虑的问题。我们高兴地看到，俄联邦移民署等政府部门和社会团体高度关注外国人在俄社会的适应、融合和管理问题，对提高俄国际知名度，促进俄经济发展和社会和谐与稳定具有重要意义。

中国和俄罗斯互为最大邻国，两国人民友好往来的历史源远流长。中俄关系目前处于历史最好时期，随着两国全面战略协作伙伴关系和多领域务实合作稳步向前发展，两国人民彼此交流与往来日益密切。长期以来，中俄两国在便利人员往来和打击非法移民领域保持了良好合作。我们认为：第一，在境外工作的中国工程技术人员、留学人员和劳务人员要尊重和遵守驻在国和驻在地区的法律，自觉规范约束自己的行为。第二，我们始终反对非法移民行为，要求在俄人员按照两国政府、部门间协定和驻在国法律规定办理合法居住和工作手续，同时主张鼓励两国公民进行合法的正常往来和劳务合作。第三，我们希望在俄工作和生活的中方人员能够深入了解俄国情、历史、文化和风俗，尊重当地人民的传统习惯，尽快适应和融入当地社会。第四，我们希望中国工程技术人员和劳务人员能增强社会责任意识，多为当地人民创造劳动岗位和就业机会，并为当地社会发展和公共事业做出自己的努力和贡献。我认为，只要能认真做好上述各点，俄罗斯人民一定会充分理解中国在俄人员远离祖国和亲人的难处，一定会为他们的工作和生活提供一切必要条件。

中俄是友好邻邦和全面战略协作伙伴，中方希望俄方有关部门能根据两国领导人达成的共识和双方签署的有关协定，切实保护好在俄中国人的人身财产安全和合法权益，同时简化对中国公民办理赴俄签证，特别是工程技术和劳务人员办理赴俄劳务许可的程序，避免因手续繁杂、时间周期长而影响中俄两国人民正常交往和大型务实合作项目的开展。在处理移民领域突发事件和具体问题时，中方愿与俄方本着友好协商、平等互谅原则，利用两国现有合作机制妥善处理有关问题，不把个别具体问题复杂化、政治化，更不轻易付诸媒体，避免影响两国关系的友好气氛。中国驻俄大使馆将一如既往维护在俄的中国公民合法权益，并与俄政府部门一道共同努力，帮助在俄的中国公民更好适应和融入当地社会，为中俄关系和俄经济社会的发展做出积极贡献。

预祝本次研讨会取得圆满成功和丰硕成果！

谢谢大家！

# 睦邻友好总相宜　合作共赢正当时

## ——接受俄罗斯工商联合会通讯社采访

### 2013 年 8 月 16 日

> 中俄加强在世界贸易组织中的合作，不仅对两国经济发展起到促进作用，也对世界经济发展、全球贸易格局完善具有重要意义。

**记者**：大使先生，您认为俄中经贸合作水平如何？

**李辉**：当前，中俄经贸合作总体发展保持了良好势头。2012 年双边贸易额达到了创纪录的 881.6 亿美元，同比增长了 11.2%，中国已经连续三年成为俄罗斯第一大贸易合作伙伴，这些都充分表明了两国经贸合作的活力。

下一步，两国应该根据各自国内发展和世界经济形势新特点，深挖潜力，全面推进和扩大两国务实合作。充分发挥两国政府间及各部门各领域合作机制作用，积极开展战略性大项目合作，联合研发、联合生产，共同提高各自经济实力和国际竞争力。以更加开放的理念和便利规范的环境，发挥好两国互有优势和潜力，推动双边贸易规模在现有基础上再翻一番、翻两番，同时提高合作质量。统筹好两国地方合作，加快跨境铁路、公路桥等建设，加强在生态环境、跨境水资源保护等方面合作。

**记者：**目前哪些中国公司在俄开展业务最为成功顺利？

**李辉：**经过双方多年的共同努力，目前，中俄两国公司间合作逐步进入正轨。第一，对俄投资快速增长。据中方统计，截至2012年底，中国对俄累计非金融类直接投资44.2亿美元，近十年来平均增长40%以上。其中2012年对俄投资6.56亿美元，增长了116.2%。第二，大项目合作顺利。中俄原油管道、天津炼油厂、田湾核电站、远程宽体客机和重型直升机的研制，同江铁路桥等为代表的一批能源、核能、航空航天、科技、运输等领域大型合作项目，有力支撑了双边经贸合作的可持续发展。第三，金融合作、地方合作都有新的进展。双方都签了货币互换协议和金融贷款协议。

目前，在俄成功开展业务的中国公司越来越多，如通信行业的"华为"公司、汽车行业的"力帆汽车公司"、从事汽车油箱系统开发和制造的"亚普公司"、家电行业的"海尔公司"、能源合作的"中国石油天然气集团公司"、生产石油钻井平台的"中集来福士公司"以及即将在俄上线的日产水泥5000吨的中材建设集团。

这些企业共同的特点是：一、认真调研俄罗斯市场行情，有针对性地制定发展计划；二、严格遵守当地法律法规，积极参与当地公益活动；三、形成研发、制造、销售一条龙服务，覆盖俄多个地区；四、凭借技术优势，在俄激烈的市场竞争中占领一席之地；五、公司员工本土化达80%以上，注意提升售后服务水平。

**记者：**您认为 5 月 15 日至 17 日在中国昆山市举行的世界工商领袖大会暨第二届亚太商会大会对俄中经济合作的发展会产生哪些影响？

**李辉：**本次大会邀请了亚太地区知名的商协会和工商界的领袖齐聚一堂，围绕亚太经济发展前景、全球贸易自由化、企业经营中的商业贿赂风险、商协会组织在促进经贸合作当中的作用及使命等问题展开讨论，广泛交流，凝聚共识，必将对密切亚太各国投资贸易往来，促进亚太地区共同繁荣产生积极的推动作用。同时，本次大会也为中俄深化在亚太地区的合作、扩展两国地方合作起到了牵线搭桥的作用。

中俄经贸合作是亚太地区经济合作的重要组成部分。两国作为最大邻国和世界及亚太地区重要新兴市场国家，都视对方的发展为重要机遇，坚定不移地将发展"互利合作、共同发展"作为主要优先方向之一。

目前，中俄经贸务实合作快速推进。两国能源、高科技、金融合作不断向纵深发展，相互投资稳定增长。中国东北地区和俄远东及东西伯利亚地区边境合作和地方合作成为双边关系新的增长点。中俄经贸合作不但有力地促进了各自的发展与繁荣，为两国和两国人民带来了实实在在的利益，也为亚太地区的整体发展和繁荣做出了实实在在的贡献。

**记者：**今年在俄罗斯举办的"中国旅游年"会给中国旅游公司带来哪些机会？已在俄成功开展业务的中国旅游公司有哪些？

**李辉：**中俄互办"旅游年"是继两国互办"国家年""语言年"之后的又一重大主题年活动，是发展中俄关系的一项重大举措，有助于更广泛地展现中俄两国丰富的旅游资源，对深化两国旅游合作、增进两国人民相互了解与交流具有重要意义。

去年，中国"俄罗斯旅游年"成功举办，激发了两国民众的旅游热情，拓展了两国旅游合作的广度和深度，增进了两国人民的传统友谊。中国赴俄罗斯旅游人数增加 46%，两国双方往来 330 万人次。中国成为俄罗斯第二大旅游客源国，俄罗斯则是中国第三大旅游客源国。

今年，中国国家主席习近平在访俄期间，同普京总统共同出席了俄罗斯"中国旅游年"开幕式。双方拟在"中国旅游年"框架内举办382 项活动，其中中方活动 235 项，俄方活动 147 项。中方将邀请百名俄旅游业者、百名俄媒体记者赴华参观考察，两国百所旅游院校开展交流，中方还将在俄推出"你好，中国"百期旅游宣传节目，举办莫斯科—北京中俄记者自驾游活动，中国各地也都制定了来俄举行旅游宣传推广活动的计划。我相信，中俄"旅游年"将大大促进两国旅游合作，为两国务实合作注入新的动力。

目前，在俄中国旅游公司还不多，开展业务较为成功、经营规模较大的旅游公司有两家——华铭公司和华盛公司。希望俄民众多到中国走一走，看一看，亲身感受一下当代中国，更好地体验当代中国文化的魅力。

**记者：**中国自 2001 年加入世界贸易组织后在该组织框架下发展迅速。俄中两国在该组织框架下的合作前景如何？您对俄入世有何建议？

**李辉：**我认为，中俄作为全球重要的新兴经济体，成为世界贸易组织大家庭中的一员是顺理成章的。这不仅对中俄两国经济发展起到促进作用，也对世界经济发展、全球贸易格局完善具有重要意义。

在世贸组织框架内，两国企业之间会有更多加深合作的极佳机会。

中俄双边经贸合作将更加有组织、有秩序、规范化，两国企业、机构将按照协调统一的规则和标准展开更多的合作。除此，俄加入世贸组织将使俄海关、税务等系统的运行产生相应的变化，这也将对两国经贸往来起到积极的推动作用。

我建议，双方充分利用好世贸组织的平台，全面深化两国贸易合作，逐步改善两国贸易结构、不断增加两国相互投资，为早日实现两国领导人提出的双边贸易额目标而努力奋斗。

# 谈文化外交对中俄关系的促进作用

## ——接受《龙源》杂志专访

2014 年 7 月 14 日

> 文化交流至柔、若水，直指心里。中俄多渠道、多形式的全方位文化交流，必将不断夯实两国友好的社会和民意基础。

中俄文化外交工作已走过了 60 余年的风雨历程。在中俄历届领导人的关怀和指导下，文化部门和外交战线的同志们努力奋斗，中俄文化外交取得了辉煌成就，有力促进了中俄关系的发展。

## 一、中俄文化外交发展历程

新中国成立初期，我国主要是与以苏联为首的社会主义国家及亚非拉友好国家开展文化交流与合作。1950 年 1 月，中苏两国缔结了《中苏友好同盟互助条约》，其中规定，发展和巩固中苏之间的经济与文化关系。

在苏联等社会主义国家的帮助下，我国引进了芭蕾舞、交响乐、歌剧等许多西方古典艺术门类，培养了大批优秀文艺人才，大大丰富和繁荣了我国文化艺术的百花园；在学习借鉴国外先进文化管理经验的基础上，先后成立了一大批完全不同于旧社会戏班子的新型文艺院团，在全国各地建设了影剧院、图书馆、美术馆、博物馆等公益文化设施，基本改变了旧中国文化事业积贫积弱的局面。

此时期，中苏两国的文化交流成果尤其突出。例如，在文学领域，截至1959年，人民文学出版社、上海文艺出版社和少儿出版社等当时几家主要的出版机构在近十年的时间里，各出版了三四百种苏俄文学作品；从1949年10月到1958年12月，中国共翻译出版苏俄文学作品达3526种，印数达到8200万册以上。中苏两国互派艺术团组，为人民间相互了解搭建友谊的桥梁。在1949年至1954年底，中苏间互派艺术表演团11起，共计1540人。1950年11月6日，应苏联邀请，中国政府派中华杂技团一行72人赴苏联参加十月革命33周年庆典，并在莫斯科"列宁勋章国立马戏院"进行首场演出，这是新中国成立后赴苏联的第一个艺术团。

60年代以后，中苏两国文化关系一度中断。苏联解体后，中俄两国关系取得了新的进展，文化交流作为两国关系的重要组成部分，其发展得到了两国政府的高度重视。两国成立了相关工作机制并签署了系列文件，从国家政治层面有力促进了中俄文化关系的发展。主要成果包括：

第一，成立中俄人文合作委员会

2000年11月，为推动中俄战略协作伙伴关系的全面发展，统筹规划有关领域的合作并使其机制化，在中俄总理定期会晤机制框架内成立了中俄教文卫体合作委员会（副总理级）。2007年7月，随着合作领域的不断扩大，上述委员会更名为中俄人文合作委员会。

委员会下设教育、文化、卫生、体育、旅游、媒体、电影、青年合作等 8 个领域的合作分委会和档案合作工作小组，各分委会和工作小组每年举行一次例会，及时总结、规划各领域工作的推进情况。

第二，签署中俄两国文化部间合作计划

1992 年 12 月 18 日，中俄领导人在北京签署的《中华人民共和国政府和俄罗斯联邦政府文化合作协定》成为指导两国在文化领域开展工作的纲领性文件。在协定框架内，中俄两国文化部陆续签订了 10 个文化合作计划，有力推进了两国全面文化交流与合作。目前两国文化部正在执行的是《中华人民共和国文化部和俄罗斯联邦文化部 2014—2016 年合作计划》，将在音乐、戏剧、电影、造型艺术、民间创作、文物保护与修复、图书馆、博物馆、档案馆等领域开展系列务实合作。

第三，中俄互设文化中心

中俄互设文化中心将两国文化关系提升到了更高的发展阶段。2009 年 10 月 13 日，《中华人民共和国政府和俄罗斯联邦政府关于互设文化中心的协定》在北京签署。北京俄罗斯文化中心于 2010 年 9 月 28 日正式启用，莫斯科中国文化中心于 2012 年 12 月 5 日揭牌运行。两国文化中心积极运作，每年举办大量文化活动，两国人民的关注和参与度不断提高，为切实增进人民间的相互了解和友谊搭建了重要平台。

## 二、中俄文化外交发展现状

文化是沟通不同民族、不同国家之间感情和心灵的桥梁，是增进相互理解和信任的渠道，也是建立和发展国家关系的基础。文化外交具有"以文化人、以文促情、以文建信"的特性，在中俄关系中发挥着不可替代的重要作用。

（一）文化活动成为国家大型外交事件不可缺少的重要组成部分。2006 年和 2007 年，中俄互办国家年。中俄双方分别在对方国家举办了大型文艺演出作为国家年的开幕式和闭幕式，两国元首、总理出席，数万名中俄观众观看了电视直播。此后，中俄连续互办大型国家级活动，如 2009 年和 2010 年互办语言年、2012 年和 2013 年互办旅游年，上述活动的开幕式和闭幕式均采用了文艺晚会的形式。此外，为庆祝中俄建交六十周年，2009 年 6 月 17 日中俄双方在莫斯科大剧院举办庆祝晚会，两国元首共同出席；为庆祝《中俄睦邻友好合作条约》签署 10 周年，2011 年 6 月 16 日，中俄联合举办庆祝音乐会，时任国家主席胡锦涛在音乐会上发表题为《开创中俄战略协作伙伴关系发展新局面》的致辞。以上文化活动均有力地配合了国家外交，在两国民众间取得了良好的反响。

（二）官方交流合作在两国文化交往中占有主导地位并产生重要影响。根据中俄两国文化部间年度合作计划，自 1992 年起基本保持每年官方文化交流互换一个文艺团组和互办一个展览。自 1997 年起，双方开始互办文化节：1997 年和 2004 年在俄罗斯举办"中国文化节"，1998 年和 2003 年在中国举办"俄罗斯文化节"。2006 年和 2007 年，两国文化部在"国家年"框架内互办了历史上规模最大的文化节，双方互换演展项目数十个，演展人员上千人，取得了非常好的社会效应。此后，双方互办大型文化活动机制化，2008 年和 2010 年、2011 年和

2012 年、2013 年和 2014 年两国互办"文化节"。在电影领域，据不完全统计，从 2002 年至 2013 年 9 月，中方在俄共举办电影展映 9 次，累计展映影片 81 部；从 2005 年至 2013 年 8 月，俄方在华举办 8 次电影展映，累计展映影片 65 部。不断扩大两国电影交流的规模和层次，从 2013 年起，双方互办电影节。

（三）两国地方、民间和边境地区的文化交流活跃并呈现良好发展态势。近年来，中俄民间渠道的交流非常活跃。俄罗斯的民族歌舞、芭蕾、音乐、戏剧和马戏等深受中国演艺市场的欢迎，每年都有大批俄罗斯艺术团体和艺术家通过市场运作和参加在华举办的国际艺术节等方式来华演出；中国的杂技、武术和民族歌舞也能进入俄罗斯的演艺市场。自 2010 年起，在黑龙江省黑河市举办的"中俄文化大集"已成功举办四届并形成了具有特色的品牌项目。自 2012 年起，该活动得到了两国文化部的大力支持，在黑河市和布拉戈维申斯克市同时举办。该活动吸引了中俄边境地区民众的积极参与，有效增进了毗邻而居的两国人民之间的友好感情，并逐步发展成为中俄文化贸易的窗口。

（四）突破传统交流模式，建立中俄艺术家和艺术机构的对话机制，拓展直接合作渠道。为深化中俄文化交流合作，从 2011 年起，中俄两国文化部分别在中俄文化节的框架内连续举办"中俄舞台艺术对话"活动，现已成为中俄两国文化艺术界直接对话的有效机制。通过面对面的对话交流与艺术作品推介，增进了中俄各领域艺术家和艺术机构代表之间的相互了解，并建立了直接合作的渠道，为深化相互交流、推动社会参与奠定了必要的基础。2013 年 11 月 22 日，首届中俄文化旅游论坛在俄罗斯圣彼得堡塔夫里达宫隆重开幕，两国文化界、学术界、教育界等嘉宾 600 余人出席论坛开幕式。两国副总理分别致贺词，中国教育部长在论坛上做了题为《用文化沟通中俄两国人民的心灵》的主旨发言。在论坛上，中俄两国的数十名知名学者围绕"跨文明对话""创意文化产业""扩大人员往来，共享发展机遇""文化传承、教育与发展"和"专项文化交流与合作"5 项议题，通过 5 个分论坛展开深入讨论与交流，数百名学者、文化旅游从业者、大学生、志愿者旁听了专家学者的讨论发言。2014 年将在中国举办第二届文化论坛活动。

## 三、中俄文化外交发展的方向和前景

（一）深化与俄罗斯在思想领域内的交流，主动诠释好"中国梦"，努力打造思想文明对话平台。加强对俄"中国梦"的文化阐释，通过多姿多彩的文化交流，包括文化节、文化论坛、思想对话、文艺演展、影视出口和文学产品译介等，形象化、人性化地向俄介绍"中国梦"的思想内涵和中华民族的价值理念，宣传中国民主、文明、开放、进步的时代风貌，宣传"中国梦"也就是亚洲的梦、世界的梦，将为亚洲和世界带来和平与繁荣，推动人类实现共同美好的愿景。

（二）积极引导民间力量广泛参与对俄文化工作，进一步扩大交流范围、拓展交流渠道、提升交流质量。采取必要措施鼓励社会各界力量广泛参与文化交流，促进政府间、地区间和民间相互合作，同时大力培育市场化运作的社会能力。支持双方文化机构、专业团体和国际艺术节组织之间建立直接合作关系，通过对口业务交流和项目合作，丰富合作形式，深化交流内涵，努力实现高水平双边交流与合作的可持续发展。

（三）加强中俄友好省州市和边境地区的文化交流。充分发挥中俄现有的 25 对友好省州、87 对友好城市的资源优势和两国边境的地缘优势，广泛调动地方文化资源参与交流，同时不断扩展两国文化活动的地理范围，如将"中国文化节"的举办范围逐步扩大到俄罗斯的远东地区和伏尔加河流域等；将"俄罗斯文化节"的举办范围扩大到中国的东北地区、沿海城市和中西部省份。

（四）鼓励互译出版当代优秀文学作品和代表性著作。注重发挥传媒媒介和新媒体的传播作用，为普通民众全面、深入了解对方国家的历史文化、自然风光、民族传统和当代生活创造条件。2013 年由中国国家新闻出版广电总局与俄罗斯出版和大众传媒署共同签署并启动的"中俄经典与现代作品互译出版项目"，是此领域合作的良好开端。

文化交流至柔、若水，直指心里。我们相信，中俄积极合作、共同策划，联合开展多渠道、多形式的全方位文化交流，将不断夯实中俄友好的社会基础，为中俄关系的深化发展添砖加瓦、共创美好未来！

# 中俄经济合作分量重

2014 年 8 月 30 日

> "一带一路"建设是中俄双方共同利益之所在,与欧亚经济联盟进程并行不悖、相辅相成,将会成为双赢甚至多赢的合作典范。

近十几年来,我一直身处中俄关系第一线,听过两国领导人关于双边关系最多的评价就是"中俄关系处在历史最高水平",这的确是中俄关系的真实写照。不久前俄罗斯总统普京访华,中俄签署《中华人民共和国与俄罗斯联邦关于全面战略协作伙伴关系新阶段的联合声明》,向世界明确宣示,中俄关系又跨上一个新台阶。

经济合作是《声明》的重头戏。2013 年中俄贸易额达 892.1 亿美元,中国连续四年成为俄罗斯第一大贸易伙伴。2014 年上半年,中俄贸易额达 445.4 亿美元,同比增长 3.3%。《声明》指明了双方经济合作的优先方向,提出 2015 年双边贸易额达到 1000 亿美元、2020 年前后达到 2000 亿美元的目标。

要实现上述目标,就必须优化投资环境,深化各领域合作,不断培育新的增长点,重点实施七大举措:一是推进财金领域紧密协作,包括在中俄贸易投资中扩大本币直接结算规模。二是继续努力落实中俄政府间经济现代化领域合作备忘录，保障贸易平衡，优化贸易结构，大力增加相互投资，包括在俄境内建设交通基础设施项目，综合开发矿产资源，建设经济型住房。三是建立全面的中俄能源合作伙伴关系，进一步深化石油、天然气、煤矿、电力、新能源、节能等领域合作。四是推进高技术合作，特别是在和平利用核能、民用航空、航天基础技术研究、空间对地观测、卫星导航、深空探测和载人航天等领域重点项目的合作。五是在制药、医疗设备、化工、木材加工、造船、运输机械制造、有色冶金等领域实施联合生产的互利项目。六是扩大农业合作，改善农产品贸易和农业生产投资条件。七是加快发展跨境交通基础设施，包括建设同江—下列宁斯阔耶和黑河—布拉戈维申斯克界河桥，优化中方货物经俄铁路网络、远东港口及北方航道过境运输条件。我们也愿意参加莫斯科外环公路改造、高速铁路建设等。

去年中俄签署石油供销合同，俄方将在 25 年内向中国增供 3.6 亿吨原油，合同总价值达 2700 亿美元。普京访华期间，双方又签署了为期 30 年涉及金额 4000 亿美元的天然气购销合同。我希望在这些具有重大战略和象征意义的合作清单中，不断增加新的有分量的内容，尤其是大飞机、高技术、军技合作等项目。

我需要强调的是，"一带一路"建设是中俄双方共同利益之所在，与欧亚经济联盟进程并行不悖、相辅相成。它的建设将增加上合组织等既有合作机制的内涵和活力，成为欧亚国家间扩大经贸合作的增长点。普京访华时表示，俄方高度重视中方提出"一带一路"建设，双方将在"一带一路"建设和即将建立的欧亚经济联盟之间寻找可行契合点。相信共建"一带一路"会成为双赢甚至多赢的合作典范。

本文 2014 年 8 月 30 日刊登在《人民日报》

# 友谊与合作是中俄关系腾飞的双翼

## ——接受中俄媒体联合采访

2014 年 10 月 7 日

中俄友好合作代表了 21 世纪国际关系的新潮流新方向，即不结盟、不对抗、不针对第三方，树立了大国间和平共处、互利合作的成功典范。

**记者**：大使先生，请您介绍一下即将在俄举行的两国总理第十九次定期会晤的有关背景情况及重要意义？您如何看待两国领导人如此频繁的互访？

**李辉**：中俄总理第十九次定期会晤，是两国关系中的一件大事。并且今年既是新中国成立 65 周年，又恰逢中俄两国建交 65 周年，我相信，此访必将为推动中俄关系发展、深化两国务实合作注入新动力。

中俄总理定期会晤机制成立已有 19 个年头，该机制及其下设的中俄能源合作委员会、人文合作委员会、总理定期会晤委员会在推动两国各领域务实合作方面发挥了重要作用。按惯例，两国总理将举行大、小范围会谈，听取中俄人文合作委员会、中俄总理定期会晤委员会、中俄能源合作委员会三个合作机制的工作汇报，并对今后一个阶段全面推进两国务实合作进行规划和指导。会后，两国总理还将出席签字仪式和共同会见记者，以及莫斯科"开放式创新"论坛等活动。

一方面，中俄领导人常态化会晤顺应了两国人民的共同期盼，反映了双方世代友好、永做好伙伴、好邻居、好朋友的真切心声，这是两国关系永葆活力、不断前行的巨大动力；另一方面，中俄友好合作关系代表了 21 世纪国际关系的新潮流和新方向，即不结盟、不对抗、不针对第三方，是大国间和平共处、互利合作的成功典范，体现了中俄两国对多极化趋势不可逆转这一历史性规律的深刻认识。这是中俄两国向全世界传达的处理国家关系的核心准则，也是为世界和平、稳定与发展做出的积极贡献。

**记者**：两国领导人多次重申 2015 年双边贸易额达到 1000 亿美元、2020 年前后达到 2000 亿美元的目标。您认为，为实现上述目标，双方应做出哪些努力？

**李辉**：经济合作是中俄全面战略协作伙伴关系的重头戏，也是两国领导人每次会晤的主要议题。在双方共同努力下，2013 年中俄贸易额达 892.1 亿美元，中国连续四年成为俄罗斯第一大贸易伙伴。2014 年上半年，中俄贸易额达 445.4 亿美元，同比增长 3.3%。今年 5 月习近平主席同普京总统签署的《中俄关于全面战略协作伙伴关系新阶段的联合声明》，不仅将两国关系提升至更高水平，也指明了双方经济合作的优先方向，再次重申了 2015 年双边贸易额达到 1000 亿美元、2020 年前后达到 2000 亿美元的目标。

要实现上述目标，就必须优化投资环境，深化各领域合作，不断培育新的增长点，重点实施七大举措：一是推进财金领域紧密协作，包括在中俄贸易投资中扩大本币直接结算规模。二是继续努力落实中俄政府间经济现代化领域合作备忘录，保障贸易平衡，优化贸易结构，大力增加相互投资，包括在俄境内建设交通基础设施项目，综合开发矿产资源，建设经济型住房。三是建立全面的中俄能源合作伙伴关系，进一步深化石油、天然气、煤矿、电力、新能源、节能等领域合作。四是推进高技术合作，特别是在和平利用核能、民用航空、航天基础技术研究、空间对地观测、卫星导航、深空探测和载人航天等领域重点项目的合作。五是在制药、医疗设备、化工、木材加工、造船、运输机械制造、有色冶金等领域实施联合生产的互利项目。六是扩大农业合作，改善农产品贸易和农业生产投资条件。七是加快发展跨境交通基础设施，包括建设同江—下列宁斯阔耶和黑河—布拉戈维申斯克界河桥，优化中方货物经俄铁路网络、远东港口及北方航道过境运输条件。我们也愿意参加莫斯科外环公路改造、高速铁路建设等。

**记者：**不久前，您出席了俄中能源合作委员会第 11 次会议和中俄东线天然气管道俄境内段开工仪式，您认为目前俄中能源合作处于怎样一个水平？

**李辉：**中俄能源谈判机制建立 6 年来，两国牵头负责能源合作委员会的副总理共举行了 10 次工作会议，双方签署了涉及石油、天然气、煤炭、电能、核电站、水电站等多领域政府间和企业间合作协议及备忘录，协调解决了合作过程中遇到的各种问题，为推动两国能源合作不断迈上新台阶注入动力。

在两国领导人的直接关心下，中俄能源合作进展十分顺利。2013

年，中国从俄进口原油 2435 万吨，煤炭 2728 万吨，电力约 35 亿度。作为中俄两国迄今最大的技术经济合作项目，田湾核电站 1 期项目（1 号和 2 号机组）已经投入试运行，2 期工程 3、4 号机组已开工建设。今年 5 月上海亚信峰会期间，在习近平主席和普京总统见证下，中俄就一系列重大合作项目签署协议，包括中国石油天然气集团公司和俄罗斯天然气工业股份公司为期 30 年涉及金额 4000 亿美元的《中俄东线供气购销合同》、中石油与俄罗斯诺瓦泰克公司年供 300 万吨液化天然气合同等。双方还就天津炼油厂项目达成了共识。

**记者：**您如何评价俄中能源合作前景？

**李辉：**能源领域的合作是两国务实合作的重要组成部分，也是中俄全面战略协作伙伴关系高水平的重要体现，具有非常好的发展前景。

首先，两国能源合作具有得天独厚的地缘优势。中俄山水相连，毗邻而居。铺设能源管道直来直通，无须绕路，大大减少了资金和能源的不必要浪费。

其次，两国能源合作具有很强的互补性、互利性。俄罗斯是能源生产和出口大国，是世界第二大石油出口国和全球最大的天然气出口国，在煤炭、核电等领域具有雄厚的基础。中国是能源消费大国，已成为全球第一大石油进口国，原油消费位居世界第二位，天然气消费跃居世界第三位。

第三，两国领导人均对能源领域的合作高度重视。能源合作是中俄元首每次会晤的重要议题，也是历次中俄联合声明中的重要组成内容。根据两国元首倡议，双方成立了副总理级能源谈判机制，即中俄能源合作委员会。委员会定期举行会议，落实两国元首达成的能源合作共识，协调解决合作过程中遇到的各种问题。

第四，两国能源合作已取得喜人的丰硕成果。2013 年中国从俄罗斯进口原油 2435 万吨，煤炭 2728 万吨，电力 35 亿度。作为中俄两国迄今最大的技术经济合作工程，田湾核电站 1 期项目（1 号和 2 号机组）已经投入试运行，2 期工程 3、4 号机组已开工建设。今年 5 月上海亚信峰会期间，在习近平主席和普京总统见证下，中俄就一系列重大合作项目签署协议，包括"中石油"与"俄气"为期 30 年涉及金额 4000 亿美元的《中俄东线管道供气购销合同》、"中石油"与"诺瓦泰克"300 万吨液化天然气合同等。双方还就天津炼油厂项目达成了共识。

可见，中俄能源合作前景广阔，必将夯实中俄全面战略协作伙伴关系持续健康发展的经济基础，为中俄双边贸易额实现 2000 亿美元的目标做出贡献。

**记者：**您认为俄中能源合作还面临哪些问题？

**李辉：**中俄能源合作总体态势良好，为两国和两国人民带来实实在在的好处。目前主要问题在于，双方在能源领域的直接投资不大，与两国能源贸易规模不相称。中俄能源领域各方面的投资潜力未被充分挖掘。希俄方能进一步改善投资环境，吸引更多中国能源企业到俄直接投资。中方也欢迎俄方赴华从事能源领域的投资。

近年来，两国务实合作的结构正在发生变化。两国政府和有关部门正在密切合作，大力推进相关重点合作项目，深化油气、能源、核能、电力、新能源、林业、环保等领域合作，开展联合科技研发，改善经贸合作结构，提升务实合作水平。我相信，在双方的共同努力下，中俄能源合作一定能取得更多互利互惠、合作共赢的成果。

**记者**：除了经济合作外，俄中两国在军事反恐方面的合作都有哪些形式？两国的反恐合作对于维护地区的和平稳定起到了怎样作用？

**李辉**：当前国际形势复杂多变，影响国际和地区安全的不稳定、不确定因素增多。中俄作为联合国安理会常任理事国和高度互信的全面战略协作伙伴，有责任、有义务、有决心加强战略沟通，深化外交、经贸、防务、反恐等领域务实合作，在国际关系中倡导并践行联合国宪章的宗旨和原则，共同应对各种威胁和挑战，维护各自主权、安全和发展利益，促进世界和地区和平、稳定与发展。

安全稳定是各国开展互利合作、实现共同发展的首要条件。以反恐为重点的执法安全合作始终是中俄战略协作的重心之一。自2005年以来，中俄已举行十轮战略安全磋商，就中俄关系、国际和地区安全形势、有关热点问题深入交换意见。中俄两军举行了"和平使命—2005、2009、2013"联合反恐军事演习及"和平蓝盾—2009""海上联合—2012、2013、2014"海上联合军事演习。今年双方在京还举行了中俄执法安全合作机制首次会议，两国边防部门也举行了"东方—2014"联合反恐处突演练。此外，中俄在上海合作组织框架下参加了"联合—2003""和平使命—2007、2010、2012、2014"等5次成员国武装力量联合反恐军事演习。上述这些机制与举措有效震慑了"三股势力"，切实维护了中俄两国及本地区的和平与稳定。

当前，传统安全威胁与非传统安全威胁相互交织，安全内涵和外延都在进一步拓展，迫切需要中俄不断加强双边和多边协作，以"零容忍"态度严打"三股势力"，并积极推动在打击跨国有组织犯罪、网络犯罪、禁毒、边防、大型国际活动安保及情报交流等方面的合作，努力提高应对安全威胁与挑战的能力，为两国的长治久安、繁荣发展，切实维护地区和世界的和平与稳定继续做出努力。

**记者：** 俄中两国的战略协作不仅体现在能源、经济、军事等方面，人文交流也很频繁。您认为两国人文交流未来的发展空间如何？双方还需在哪些方面努力？

**李辉：** 近年来，中俄人文交流蓬勃发展。继成功互办中俄"国家年""语言年""旅游年"后，今年双方又开启了为期两年的中俄"青年友好交流年"，青年论坛、汉语桥大赛、学生夏令营等相关活动如火如荼地展开，将中俄世代友好的接力棒薪火相传。两国文化交流热络，团组互访频繁。双方分别于 2009 年和 2012 年在北京和莫斯科互设的文化中心，近年来运作顺利，为切实增进人民间的相互了解和友谊搭建了重要平台。可以说，人文领域的交流不仅增进了两国民众相互了解与友谊，也巩固了中俄关系的社会基础。

中俄是山水相连的友好邻邦，两国人民的友谊源远流长。中俄（苏）在反法西斯和反军国主义战争中用鲜血凝成的情谊更是弥足珍贵。在俄罗斯和中国发生特大意外事故后双方接待对方受难儿童疗养，再次验证了大爱无疆这句中国人常说的话。这些都是我们开展人文交流的优势，也是我们扩展合作空间的基础。

下一步，双方应继续认真落实《中俄人文合作行动计划》及《两国文化部 2014—2016 年合作计划》，深化内涵，丰富形式，扎实推进双方在音乐、戏剧、电影、造型艺术、民间创作、文物保护与修复、图书馆、博物馆、档案馆等领域的交流合作；面向未来，重点办好 2014—2015 年中俄"青年友好交流年"；鼓励中俄高校间开展直接合作，建立同类高校联盟，不断扩大两国教育领域人员往来规模，2020 年前努力实现中俄 10 万人留学计划；加快中共六大纪念馆修建工作，把俄红色旅游路线打造成中俄人文合作的亮点；继续办好中俄文化节、电影节等文化交流活动；开展两国媒体全方位、多形式合作，加大相互翻译对方国家文学作品的力度；加强双方在医疗卫生、传染病预防控制和利用传统医学进行疗养和康复治疗等领域的合作等，推动两国人文各领域合作向更深层次和更广领域发展。

# 中俄务实合作走深走实

## ——接受中俄媒体联合采访

2015 年 2 月 1 日

"在新的经济条件下创新合作模式"，是当前巩固和深化中俄全面能源合作伙伴关系的必然选择和重要保障。

**记者**：根据有关报道，近几个月来，由于卢布贬值，俄罗斯已经成为中国游客购物的首选国。在您看来，卢布疲软是否会对俄中本币结算造成不利影响？

**李辉**：随着经济全球化的发展，中俄经贸合作的内生动力不断增强，利益交汇点不断增多。今年 5 月，中俄元首签署了《中华人民共和国与俄罗斯联邦关于全面战略协作伙伴关系新阶段的联合声明》，使两国的务实合作更加紧密，涉及领域更加广泛。

由于显而易见的原因，卢布大幅贬值和波动对中俄贸易中以卢布结算造成一定影响，尤其是签订了以卢布为结算货币协议的出口企业，意味着巨大的汇率风险。但卢布贬值不会对中俄大规模的贸易合作产生较大影响，中俄经贸合作稳步推进的趋势不会改变。首先，扩大本币结算是一个长期、复杂的过程，目前本币结算仅占中俄贸易很少的份额。其次，中俄央行于去年 10 月 13 日签订的 1500 亿元人民币 /8150 亿卢布货币互换协议将一定程度上降低卢布贬值对中俄贸易的影响。货币互换有利于双方企业采取本币结算，即俄罗斯进口商以人民币进口中国产品，而中国进口商以卢布进口俄罗斯产品。第三，从中俄贸易结构看，中国对俄出口以机电产品为主，而俄对华出口以能源和原材料为主，这些大宗商品均以美元计价，不受卢布贬值的影响。

卢布贬值无疑会降低卢布在中俄贸易结算中的吸引力，中方一些出口商基本上不愿意得到俄方以卢布支付的货款。而以人民币结算的业务非常具有前景，并且一些俄罗斯商人也愿意以人民币结算。在这方面，据我所知，俄方有获得人民币的渠道，机制是健全的，完全可以操作。我们也希望俄方能实施出口多元化战略，将目光更多地转向包括中国在内的亚洲市场，这些将为俄经济增长、中俄经贸合作提供新机遇，制造新的增长点。

**记者：有消息说，俄中正在商讨吸引中国投资进入莫斯科至喀山高铁项目。中方对此是否有兴趣？**

**李辉：** 2014 年 10 月，两国总理举行了第十九次定期会晤。在两位总理的见证下，中俄双方签署了高铁合作备忘录，成立了高铁合作工作组。中方本着合作与参与的精神，前不久派代表出席了俄铁路股份公司举办的莫斯科至喀山高铁项目工程勘察和编制初步设计文件招标的推介会，进一步详细地了解了俄方有关政策和初步方案。

中国在本国已建设了高铁，并且运行良好。中国有建设高铁的技术，有能力生产有关设备和机械。中方公司对参与俄高铁建设持积极态度，愿以此为契机，进一步扩大两国经贸合作的广度与深度，打造双边贸易增长的新亮点。

**记者**：在您看来，俄局势不稳是否会影响今年双边贸易额的增长？

**李辉**：前不久，我走访了驻俄中资机构，并同这些机构的代表举行了座谈会。他们向我详细介绍了2014年的经营情况和2015年的工作规划，大家还就当前经营中遇到的困难、面临的风险和潜在的机遇广泛、深入地交换了看法和经验。包括我本人在内，大家一致认为，俄目前出现的经济困难是暂时的，而且俄方有关部门已经制定了克服当前困难的详细计划。大家都对俄政府和经济形势抱有信心，相信俄政府完全有能力渡过难关。

虽然当前卢布贬值、国际油价下跌，但中俄经贸合作仍在世界经济放缓的背景下保持了"逆势上扬"的态势，两国务实合作领域的一些大项目取得突破性进展，双方都在为实现两国领导人确定的双边贸易额今年达到1000亿美元的目标而努力。我相信，通过双方政府部门和企业的共同努力，可以保持或扩大双边贸易额。

**记者**：您如何评价当前的俄中能源合作？关于两国能源合作委员会签署的最新会议纪要中关于"在新的经济条件下创新合作模式"的表述是什么意思？是否意味着双方将建立合资企业，包括电站？

**李辉**：中俄两国元首对能源合作高度重视，在历次会晤中就该议题深入交换意见，并将有关重要共识写入中俄联合声明中。根据两国元首倡议成立的中俄副总理级能源谈判机制，即中俄能源合作委员会，始终本着全面长期合作的原则、市场原则和互利共赢原则务实高效运行，已成功举行了12次会议，全面落实两国元首达成的能源合作共识，协调解决合作过程中遇到的各种问题，签署了多个领域政府间和企业间合作协议及备忘录，积极打造更多的标志性能源合作项目。

2015年，中俄能源合作继续积极深入向前发展，取得了一批重要新成果。中俄东线天然气管道项目中国境内管线铺设已于今年6月破土动工，并且进展顺利；双方正在积极商谈西线天然气管道等一系列重大合作项目；双方还将以丝绸之路经济带建设和欧亚经济联盟建设对接为契机，进一步推进两国能源合作对接，做好能源合作长期规划，实现双方能源合作可持续发展。

我认为，"在新的经济条件下创新合作模式"，是当前巩固和深化中俄全面能源合作伙伴关系的必然选择和重要保障，其主要内涵就是要在传统油气合作基础上，进一步推进电力、煤炭、核能、可再生能源合作，拓展能源技术、本币结算、工程服务等领域合作新项目，加快开展能源装备研发生产的技术交流与生产合作。双方也正在探讨成立合资企业、共同开发建设的可能性，具体合作方式、时间地点、建设内容均在探讨中，也包括电站。

我相信，在双方的共同努力下，中俄能源合作一定能取得更多互利互惠、合作共赢的新成果，有力维护中俄两国能源安全，促进两国经济社会深入发展，也将对国际能源合作格局产生积极影响。

**记者**：说到能源，您曾提到，俄中将在提高能源效益和可再生能源领域开展合作。那么您认为哪些项目具有前景？"绿色投资"方向是什么？是从中国到俄还是相反方向？

**李辉**：近年来，绿色、可持续发展理念逐步成为国际社会共识，可再生能源开发利用受到各国高度重视，许多国家将开发利用可再生能源作为能源战略的重要组成部分。在绿色能源方兴未艾的今天，随着世界可再生能源新技术的发展，俄罗斯政府及企业界也开始对此加以关注。俄罗斯在可再生能源方面有很大发展潜力。为了推动可再生能源的发展，俄罗斯政府已开始制定一系列措施，并加快建立健全相关法律法规，如政府制订了《2020年前提高能源使用效益和发展能源》国家规划。该领域技术的发展将成为俄科技与能源领域创新发展的一个主要方向。

中俄在能效和可再生能源领域合作起步良好，开辟了能源合作新方向，两国企业在发展低碳科技、节能产品、生态工程、环保项目方面的合作潜力巨大，在生物质能、小水电及风能、太阳能等领域的可再生能源合作前景广阔。双方应充分挖掘合作潜力，推动彼此间的合作，使其成为中俄两国能源领域合作的新亮点，为两国务实合作注入新动力。

目前，中国国家电网公司与俄方签署了生物质能源合作框架协议。中方计划投资，与俄方合作开发泥煤并建设利用泥煤发电项目。

# 中俄经贸合作"逆势上扬"

2015 年 2 月 13 日

2014 年，中俄经贸合作在诸多不利的客观条件下和世界经济放缓的国际背景下保持"逆势上扬"态势。

随着经济全球化发展，中俄经贸合作的内生动力不断增强，利益交汇点不断增多。去年 5 月，中俄元首签署了《中华人民共和国与俄罗斯联邦关于全面战略协作伙伴关系新阶段的联合声明》，使两国的务实合作更加紧密，涉及领域更加广泛。

卢布近期大幅贬值对中俄贸易中以卢布结算造成一定影响。然而，这并不会对中俄大规模贸易合作产生较大影响，两国经贸合作稳步推进的趋势也不会改变。首先，扩大本币结算是一个长期、复杂的过程，目前本币结算仅占中俄贸易中很少的份额。其次，中俄央行于去年 10 月 13 日签订的 1500 亿元人民币货币互换协议将一定程度上降低卢布贬值对中俄贸易的影响。货币互换有利于双方企业采取本币结算，即俄罗斯进口商以人民币进口中国产品，而中国进口商以卢布进口俄罗斯产品。第三，从中俄贸易结构看，中国对俄出口以机电产品为主，而俄对华出口以能源和原材料为主，这些大宗商品均以美元计价，不受卢布贬值的影响。

毋庸置疑，卢布贬值无疑会降低卢布在中俄贸易结算中的吸引力，一些中国出口商基本上不愿接受俄方以卢布支付的货款。而以人民币结算的业务非常具有前景，一些俄罗斯商人也愿意以人民币结算。我们希望俄方能实施出口多元化战略，将目光更多地转向包括中国在内的亚洲市场，这将为俄经济增长、中俄经贸合作提供新机遇，制造新增长点。

回顾 2014 年，中俄全面战略协作伙伴关系保持了高水平运行，两国务实合作不断取得新突破。2014 年，习近平主席同普京总统 5 次会晤，将双边关系和政治互信提升至新高度。双方在亚信会议第四次峰会期间签署 50 多项合作文件，在中俄总理第十九次定期会晤期间签署近 40 项合作文件，许多重大战略性项目取得突破性进展。虽然当前俄经济面临前所未有的困难，卢布持续贬值、国际油价下跌，但中俄经贸合作仍在上述不利的客观条件下和世界经济放缓的国际背景下保持了"逆势上扬"态势。据海关统计，2014 年中俄双边贸易额增长达 6.8%，突破 950 亿美元。中国仍是俄第一大贸易伙伴，俄罗斯是中国第九大贸易伙伴。

展望 2015 年，中俄全面战略协作伙伴关系将继续深入发展，两国务实合作将站在新的历史起点上。双方将根据两国元首共同签署的《中华人民共和国与俄罗斯联邦关于全面战略协作伙伴关系新阶段的联合声明》，建立中俄全面能源合作伙伴关系，进一步深化石油领域一揽子合作；提高高新技术领域合作效率，开展和平利用核能、民用航空、航

天基础技术研究、空间对地观测、卫星导航、深空探测和载人航天等
领域重点项目合作；优化双边贸易结构，加大相互投资，扩大中俄本币
直接结算规模，努力推动双边贸易额在今年实现 1000 亿美元的预期目
标。此外，双方还将继续深化在上海合作组织、金砖国家机制等多边
领域内的务实合作，进一步寻找中俄双边务实合作新的增长点。我相
信，在双方政府部门和企业的共同努力下，今年中俄双边贸易额有望
实现 1000 亿美元的目标。

本文 2015 年 2 月 13 日刊登在《人民日报》

# 务实合作为中俄关系发展注入新动力

## ——接受中俄媒体联合采访

### 2015 年 8 月 28 日

中俄务实合作的领域更加广泛、合作尺度更加深入、战略内涵更加突出，必将推动中俄全面战略协作伙伴关系再上新台阶。

**记者**：中方提出的共建"一带一路"的背景和目标是什么？俄中双方将如何在这一倡议下加强合作？

**李辉**：内部因素，中国改革开放虽取得了令世界瞩目的成就，但发展仍不平衡，特别是中国东部和中西部发展不平衡尤为突出。"一带一路"倡议恰好紧扣中国区域发展战略，必将带动中国中西部发展，推动中国形成全方位的对外开放新格局。外部因素，亚洲区域合作虽方兴未艾，但亚洲各个次区域之间发展极不平衡。"一带一路"倡议恰好将中亚、南亚、东南亚、西亚等各次区域连接起来，有利于各区域间互通有无、优势互补，建立和健全亚洲供应链、产业链和价值链，使泛亚和亚欧区域合作迈上一个新台阶。

所以，"一带一路"倡议就是要深挖现有合作资源，采用创新合作模式，与沿线各国进一步加强务实合作，逐步形成区域大合作，将这些国家之间固有的政治关系优势、地缘毗邻优势、经济互补优势、文化相通优势转化为务实合作优势、经济持续增长优势，使各国经济联系更加紧密、相互合作更加深入、发展空间更加广阔，最终实现中国自身发展和沿线各国的共同发展与繁荣。

俄罗斯是横跨欧亚大陆的世界大国，对欧亚大陆特别是中亚地区有着重大和传统的影响，也是中国的好邻居、好朋友、好伙伴。同时，俄罗斯还是一个海洋强国，是亚太地区有重要影响的大国。毫无疑问，俄罗斯是共建"一带一路"不可或缺的重要国家之一。而中俄高度的政治互信、高效的务实合作、高质的战略项目，为双方在"一带一路"倡议内开展合作打下了坚实的基础。

在政策沟通方面，两国元首多次在双边和多边场合就此进行了积极而深入的探讨，并将有关重要共识写入了《中华人民共和国与俄罗斯联邦关于全面战略协作伙伴关系新阶段的联合声明》，责成双方有关部门认识研究与落实。

在设施联通方面，中俄同江—下列宁斯阔耶铁路界河桥已开工建设，双方正抓紧协商共建黑河—布拉戈维申斯克界河桥，研究构建"北京—莫斯科"欧亚高速运输走廊，推进"莫斯科—喀山"高铁项目上的合作。

在贸易畅通方面，我们将力争实现 2015 年双边贸易 1000 亿美元目标，全面开工建设东线天然气管道并签署西线天然气项目合作协议，加快联合研制远程宽体客机进程，启动远东地区开发战略合作，推进边境及地方间合作。

在资金融通方面，亚洲基础设施投资银行作为该倡议内的两大融资平台之一，已启动筹建工作，俄方已表示作为创始成员国身份加入。去年，双方还签署了两国央行间双边本币互换协议，积极扩大中俄本币在双边贸易、投资和借贷中的直接结算规模。

在民心相通方面，重点实施《中俄人文合作行动计划》，成功举办"国家年""语言年""旅游年"等大规模交流活动，继续办好中俄"青年友好交流年"，在中国建立中俄联合大学，继续开展中俄文化节、电影节等活动，开发以红色旅游和纪念二战胜利 70 周年为主题的旅游线路。

此外，双方还应抓住机遇，将"一路一带"倡议同俄方的跨欧亚大陆通道建设结合起来，包括加强与欧亚经济联盟的联系与合作，这不仅将为中俄全面战略协作伙伴关系增添新的重要内涵，为中俄务实合作开辟新的广阔空间，还将为欧亚大陆的整体发展与振兴注入新的强大动力。

**记者**：中方提出的"一带一路"倡议是否为了对抗美国的亚太"再平衡"战略，应对美跨太平洋伙伴关系协定（TPP）和跨大西洋贸易与投资伙伴关系协定（TTIP）？

**李辉**：中方提出的"一带一路"倡议，诞生于经济全球化与区域一体化的时代，它是开放合作的产物，而不是地缘政治的工具，更不能用过时的冷战思维来看待它。

推进"一带一路"建设是中国全面深化改革开放的现实需要，也是沿线国家互利合作的迫切需要，不针对任何国家或任何国家的特定战略、特定倡议。无论有没有 TPP 和 TTIP，也不管两大谈判有何进展，中方都会按中国政府的既定要求和部署，建设面向全球的高标准自由贸易区网络。"一带一路"建设致力于维护全球自由贸易体系和开放型世界经济，秉持开放、包容的原则，不会与其他区域合作或谈判机制造成重叠或竞争。

中国没有什么所谓的谋求势力范围的地缘战略意图，不会做侵犯别国主权或强人所难的事。中方与沿线国家开展相关合作，基于市场规律和比较优势，是友好协商和各尽所能的结果。"一带一路"建设不是中国一家的"独奏曲"，而是各方共同参与的"交响乐"。不是中国一家分蛋糕或拿蛋糕的大头，而是沿线各国共同把蛋糕做大，一起分蛋糕，且沿线国家将是最大的获益者。

**记者：**中方有没有向俄增加食品供应的想法？关于中国向俄供应肉类、俄向中方供应粮食的谈判进展到什么阶段？

**李辉：**农业合作是中俄务实合作的重要内容，并将成为今后两国务实合作的又一新亮点。中方愿意扩大向俄罗斯出口包括农产品、食品在内的各种商品。去年俄方开始解禁从中国进口猪肉，但规模尚很小，并不能完全满足俄市场需求，我们对此十分关注。目前，两国质检部门正就相互供应农产品、肉类问题进一步磋商。

当前，中俄务实合作不断取得新成果，并为两国和两国人民带来越来越多的实实在在利益。两国高度的政治互信、紧密的经济联系、实际的需求互补必将为推动两国农业合作提供最可靠的保障。我相信，只要双方进一步加强沟通与协调，进一步完善有关合作机制，双方在这一领域的合作必将向前迈出一大步。

**记者：**有媒体称，中国已成为俄最新防空系统 S-400 的第一个买家。中国是否有兴趣继续这一合作，希望以何种形式开展合作？

**李辉：**中俄两军友好合作关系的任何进展，都是丰富中俄全面战略协作伙伴关系内涵的务实行动。中方希望与俄方加强包括军技合作在内的全方位合作，不断深化两国的务实合作和两国人民的友好往来。

我想强调的是，中俄双方曾多次指出，中俄无意建立任何形式的军事联盟，两国军事合作是依据国际法的基本准则进行的，不针对任何第三方，不涉及第三国利益。中俄是近邻，也是战略协作伙伴国。维护地区的和平与稳定是双方的共同目标，类似的交流合作越多，我们的经验越多，专业水平越高，安全也越有保障。

中俄两军关系既是两国关系的重要支柱，也是两国战略合作水平的重要体现。深化中俄两军关系，对于增进两国政治互信，提高两军战略协作水平，共同维护地区的安全和稳定，具有积极意义。军技合作是中俄两军关系的一个重要方面和战略协作的体现。目前，中俄军技合作正保持着健康发展的良好势头，中俄两国都有完整的国防工业体系和较强的装备研制生产能力，两国军技合作有着广阔的前景和发展空间。双方还将在以往军技合作成果的基础上，进一步扩大合作，实现互利共赢，在确保自身安全的同时，积极致力于世界和地区的和平与稳定。

**记者**：俄中人文合作始终是双边关系的亮点，您如何评价双方在这一领域取得的成果？明后两年将是俄中媒体交流年，您认为两国媒体还应在哪些方面加强合作？

**李辉**：中俄人文合作得到两国高层的高度重视，与政治互信、经贸合作共同构成中俄关系的三大支柱。中俄人文合作委员会成立15年来，交流领域不断扩大，已涵盖了两国教育、文化、卫生、体育、旅游、媒体、电影、档案及青年九大领域。品牌效应日益显现，先后成功举办中俄"国家年""语言年""旅游年""青年交流年",掀起了经久不息的"俄罗斯热"和"中国热",进一步增进了两国人民的相互了解和友谊,极大促进了本国文化在对方国家的推广,开创了大国之间文明对话的典范。

习近平主席今年5月访俄期间同普京总统共同宣布,中俄两国将于2016年和2017年举办"中俄媒体交流年"。为此,双方今年6月在圣彼得堡市举行了中俄媒体论坛,中国中宣部部长刘奇葆和俄总统办公厅第一副主任格罗莫夫出席了开幕式并见证了两国媒体签署多个合作协议,为明后两年即将举办的"中俄媒体交流年"奠定了良好基础。作为中俄人文合作的重要组成部分,两国媒体加强交流与合作十分必要,也十分重要。

第一,打造中俄媒体利益共同体,服务于中俄关系发展大局。作为国家喉舌,中俄媒体有着共同的利益,就要围绕两国重大战略布局、举措、项目加大报道力度,突出中俄全面战略协作伙伴关系的高水平,宣传好丝绸之路经济带和欧亚经济联盟建设对接合作,传送两国共同捍卫第二次世界大战胜利成果和国际正义的决心。

第二,打造中俄媒体责任共同体,积极主动争取国际话语权。中俄两国是媒体大国,也是联合国安理会常任理事国,不仅有责任、有能力客观地报道好彼此,更要以中俄两国的公正立场来解读好国际大事和地区热点问题,引导国际舆论向新兴市场国家和发展中国家有利方向发展,打破西方一贯垄断国际话语权的局面。

第三,打造中俄媒体命运共同体,在媒体层面实现互联互通。两国媒体应从战略高度谋划未来,进一步丰富合作内涵、开展形式多样的对话交流和新闻产品互换，推动人员往来，分享技术进步，实现联合采访、制作与发行，推动两国新媒体广泛合作对接，搭建中俄媒体间互联互通、互信互利的新型合作平台。

**记者：**2014年，俄罗斯成功举办了索契冬奥会。不久前，中国赢得了2022年冬奥会举办权。您认为中方胜出的原因是什么？中方打算如何办好此届冬奥会？

**李辉：**继北京成功举办2008年夏季奥运会后，北京又携手张家口赢得了2022年第24届冬奥会主办权，这是国际奥委会和国际社会对中国的充分信任和肯定。我想胜出的原因主要四点：一是具有坚实的民意基础。中国的申办工作得到了中央政府、各地政府与广大群众的大力支持，根据国际奥委会调查显示，近92%的中国民众支持申办冬奥会，这也是历届冬奥会申办国家和城市支持率最高的一次。二是秉持先进的办赛理念。自申奥之初，北京就确立了以运动员为中心、可持续发展、节俭办赛三大理念，北京赛区的大部分比赛场馆都将利用对原有场馆的改造，同时尽量减少额外基础设施的建设开支，这与《奥林匹克2020议程》的改革方向高度契合。三是具备丰富的办赛经验。北京在交通设施、接待水平、票务推销等多个方面都具备良好条件，特别是2008年夏季奥运会为北京举办大型体育赛事积累了丰富经验、储备了大量人才。四是拥有强大的后续效应。中国致力于以举办冬奥会为契机大力发展冰雪项目，申办成功将促进中国越来越多的人参加冬季运动，提升世界运动版图内参加冬季运动人口比例，为国际奥林匹克运动做出新的贡献。

俄罗斯是冰雪项目强国，又刚刚举办了索契冬奥会，有许多地方值得中国学习和借鉴，我相信中俄双方未来在冬季项目、举办冬奥会等体育领域的交流与合作会越来越密切、越来越深入。

最后我想强调，中国政府一定会坚持办赛理念，扎实做好每一步，全面兑现申办承诺，再次向世界贡献一届精彩、非凡、卓越的奥运盛会。欢迎俄罗斯人民 2022 年到北京去，与中国人民一起一边过春节一边看奥运。

# 让中俄务实合作再添新亮点

## ——出席俄罗斯高速铁路公共理事会会议的致辞

### 2015 年 11 月 23 日

高铁合作是中俄基础设施和互联互通建设的新亮点，是务实推进"一带一路"建设与欧亚经济联盟对接合作的重要内容。

尊敬的茹科夫第一副主席，

别洛泽罗夫总裁，

女士们、先生们，

大家好！

非常荣幸受邀出席今天的俄罗斯快速和高速铁路理事会会议。

近年来，中国高铁发挥自身技术、人才、装备、成本和资金等优势，加快"走出去"步伐，已与多个发达和发展中国家在高铁项目的设计、施工、装备、运营等方面开展深入合作，取得了丰硕成果，赢得了国际信誉。与俄罗斯的高铁合作，已取得了一系列突破性进展。

2014 年 8 月，中俄双方确定了就"莫斯科至喀山段"高速铁路项目展开合作，两国成立了中俄高铁合作政府间工作组及企业工作组。

在这一高效、高层次合作机制的推动下，中俄高铁合作在短短一年间取得了令人瞩目的成绩。在 2014 年中俄总理第 19 次定期会晤期间，双方签订了《"莫斯科—喀山"高铁发展合作备忘录》；今年 6 月圣彼得堡经济论坛期间，在张高丽副总理和舒瓦洛夫第一副总理的见证下，双方签署《莫斯科—喀山高铁项目勘察设计合同》。同年 9 月，北京交通大学与莫斯科国立交通大学和圣彼得堡国立交通大学签署协议，联合共建"中俄高铁研究中心"。

"莫斯科—喀山"高铁项目，是两国元首十分关心的重大基础设施建设和投融资合作项目，是中俄基础设施和互联互通建设的新亮点，是务实推进"一带一路"建设与欧亚经济联盟对接合作的重要内容。勘察设计是实施莫斯科—喀山高铁项目关键的第一步，希望中俄相关企业在这一过程中，加强业务磨合，增进理解互信，本着互利共赢的原则加快推进项目进度，也为中俄双方在投融资、施工建设和运营等项目后续阶段更深入的合作奠定良好基础。同时，中方也愿与俄方在贝—阿铁路、跨西伯利亚大铁路现代化改造、城市铁路建设等更广泛的领域开展深入合作。

最后，预祝理事会会议圆满成功。也祝愿"莫斯科—喀山"高铁项目早日建成，并成为中俄重大合作项目的典范。

谢谢！

# 中俄务实合作堪称典范

2015 年 12 月 14 日

中俄务实合作具有战略性、稳定性、长期性，符合双方根本利益，给两国和两国人民带来越来越多的福祉，是国与国之间务实合作的典范。

中俄元首一致认为，保持两国各个级别、各种渠道的经常对话，特别是两国领导人之间的接触和会晤具有重要的现实意义。根据这一精神，双方于 1996 年建立起中俄总理定期会晤机制，每年举行一次会晤。截至目前，中俄总理已举行了 19 次定期会晤，并即将在北京举行中俄总理第 20 次定期会晤。20 年来，中俄总理定期会晤机制就贯彻和落实两国元首达成的重要共识取得了丰硕成果，同时也赋予了中俄务实合作以下几个突出特点。

中俄务实合作机制完备。除中俄总理定期会晤机制外，其下设还有总理定期会晤委员会、人文合作委员会、能源合作委员会、投资合作委员会，以及中国长江中上游和俄罗斯伏尔加河沿岸联邦区领导人座谈会、中国东北地区和俄罗斯远东地区地方合作理事会等机制，均是中俄两国政府全面规划、指导和促进双边务实合作的重要机制，也是中国对外合作中水平最高、结构最全、领域最广的合作机制，为促进中俄关系持续深入发展、深化两国各领域务实合作发挥着不可替代的重要作用。

中俄务实合作平等互利。中俄毗邻而居，具有天然的地缘优势；俄罗斯资源丰富、地广人稀，而中国市场多元、劳动力充足，形成天然的互补优势；俄联邦政府制定以创新为核心的 2020 年前发展战略，中国确定至 2020 年全面建成小康社会的宏伟发展目标，两国发展利益高度契合。双方始终本着平等信任、相互支持、共同繁荣、世代友好的精神，坚定不移地扩大和深化两国各领域务实合作。在中俄总理定期会晤机制下，双方签署了近 300 个合作文件，涉及两国务实合作各个领域，为两国人民带来实实在在的利益。

中俄务实合作战略性突出。两国元首着眼未来，从战略高度对两国务实合作进行顶层设计，于今年 5 月签署了"一带一路"建设和欧亚经济联盟建设对接合作的联合声明，使两国务实合作迈上新的历史起点，必将增加两国利益契合点，拓宽两国务实合作空间，为保持中俄关系高水平发展注入强劲动力，也必将带动整个欧亚大陆的合作、发展与繁荣。目前，两国已组建对接合作协调工作机制，将积极商谈长期规划纲要，以及该框架内的金融、投资、能源、基础设施建设等领域的具体合作项目。

中俄务实合作内涵丰富。双方努力采取更多切实有效的措施，创新合作方式，拓展合作领域，积极致力于培育务实合作的新增长点，努力增加高科技产品在两国经贸合作中的比重。今年两国在能源、高铁、地方合作等一批战略性大项目上已取得积极进展，带动了相互投资，活跃了金融合作。中方正就产能合作与联合研发、跨境基础设施建设和航空航天等领域合作同俄方接洽，俄方邀请中方参加金融保险、信息技术等新兴领域合作和远东地区开发，双方合作潜能和储备项目正在加快释放。

中俄拥有广泛的共同利益。中俄关系目前正处在基础更牢、互信更深、地区和国际影响更大的时期。习近平主席和普京总统均表示，中俄发展全面战略协作伙伴关系和深化全方位务实合作的方针是坚定不移的。我们坚信，中俄关系发展得越好，两国在和平发展和民族复兴的道路上就越能强有力地相互支持。

本文 2015 年 12 月 14 日刊登在《光明日报》

# 深化务实合作，丰富战略内涵

## ——接受中俄媒体联合采访

2016 年 10 月 30 日

> 中俄两国经济体量大、产业互补性强、市场空间广阔，且具有独特的政治、地缘与人文优势，合作前景广阔。

**记者**：在当前国际政治、经济、金融环境复杂多变的情况下，俄中关系仍保持了高水平运行，在双边务实合作中是如何体现的？

**李辉**：中俄务实合作是推动双边关系发展的强大动力和坚实基础，具有战略性、稳定性、长期性特点，符合双方根本利益，给两国和两国人民带来越来越多的福祉。目前，中国已成为俄罗斯第一大贸易伙伴和重要外资来源国，俄罗斯则是中国进口能源、机电以及高新技术产品的主要来源地之一。在两国领导人的直接推动下，双方正克服全球经济增长乏力、大宗国际商品价格波动等不利因素，努力推动两国各领域务实合作取得新成果。

一是双边贸易额已止跌回升。今年上半年，中俄双边贸易额达 317.2 亿美元，同比增长 1.8%。中方从俄进口的原油、机电设备和高新技术产品均有所增加。两国跨境电子商务等新型合作领域也快速发展。俄罗斯成为中国跨境电商的第二大出口目的地国。这些充分说明中俄双边贸易发展潜力巨大，趋势向好。

二是大型合作项目稳步推进。中俄"西伯利亚力量"天然气管道项目按计划顺利施工，预计2018年开始向中方供气。目前，双方在火箭发动机、卫星导航及深空探测等方面的合作已经启动，联合研制远程宽体客机和重型直升机等大项目合作取得新进展，在核能、电力、化工、农业、矿产开发等领域的合作也在进一步深化。

三是投资合作取得积极进展。中国国家开发银行、进出口银行与俄储蓄银行、外经银行、外贸银行等多家金融机构签署了金融合作协议，共同支持中俄经贸合作项目及俄远东地区发展。中俄投资合作委员会第三次会议确定了新一批重大投资合作项目。中国力帆集团、长城汽车公司、海尔集团等一批中方企业已在俄投资建厂。

四是基础设施建设逐步启动。双方签署了《莫斯科至喀山高铁项目勘察设计合同》，标志着中俄高铁合作项目向前迈出了实质性一步，"中国高铁"将引领双方务实合作驶入快车道。目前，双方正在加快推进中俄同江—下列宁斯阔耶铁路大桥建设，中俄黑河—布拉戈维申斯克公路大桥建设也有望早日开工。

五是地方与边境合作不断拓展。今年1月至7月，中俄边境贸易额达31亿美元，在边贸与资源开发、生产加工、商贸物流等领域合作项目相继实施。目前，双方正在筹办中俄重点省州产能与投资合作论坛，通过完善合作模式和机制，培育新的合作增长点。

**记者**：您如何看待当前双边贸易额下滑的现状，双方应采取哪些应对措施？

**李辉**：中俄在各领域的务实合作是推动双边关系发展的强大动力。目前，中国已成为俄罗斯第一大贸易伙伴和重要外资来源国，俄罗斯则是中国进口能源、机电以及高新技术产品的主要来源地之一。尽管近年来受到一些外部因素的影响，中俄双边贸易额有所下降，但要清醒地看到两国经济互补性强、合作需求大、具有长期性和战略性的特点，并且具有独特的政治优势，双方有信心也有能力解决好目前遇到的问题，开辟更加广阔的合作前景。

我还要强调，中俄贸易额前期虽出现一定下滑，但双边贸易规模和总量并没有减少，反而在提升。比如，去年中国进口俄原油超过4000万吨，同比增长28%。中国自俄进口机电产品和高新技术产品同比分别增长32.1%和34.2%。两国跨境电子商务等新型合作领域也在快速发展，俄罗斯成为中国跨境电商的第二大出口目的地国。

下一步，双方将以两国元首商定的中俄发展战略对接和"一带一路"建设与欧亚经济联盟建设对接合作为契机，大力创新和推进各领域务实合作，促双边贸易提质增量。一是要推进能源上下游一体化开发，拉长双方合作产业链，合力构建中俄能源战略伙伴关系；二是开展联合创新，积极商谈建立中俄创新合作对话平台，以创新为两国务实合作提供更加强劲的动力；三是加大产能和联合制造合作，特别是联合研制远程宽体客机、重型直升机和合作建设莫斯科—喀山高铁等项目，共同提高两国综合实力和国际竞争力；四是扩大地方合作，重点推进中国东北地区和俄罗斯远东地区、长江中上游地区和伏尔加河沿岸联邦区合作。

**记者：**普京总统曾倡议在欧亚地区建立由欧亚经济联盟成员国和中方参与的全面经济伙伴关系。请您介绍一下该倡议的进展情况？

**李辉：**欧亚大陆拥有 40 多亿人口，GDP 总量超过世界一半，贸易总量接近全球七成。这里既有成熟的发达经济圈，也有快速崛起的新兴经济体，自然资源丰富，市场潜力巨大，产业关联性、互补性强，发展与合作前景十分广阔。欧亚国家也是维护地区和世界和平稳定的重要力量，在国际舞台上举足轻重。今年 6 月，普京总统访华时提出了构建"欧亚伙伴关系"的新倡议。这一倡议传递了俄方加强多边合作、建立欧亚大陆互利共赢平台的主张，也给中俄和地区国家深化彼此关系描绘了美好前景。

中方与欧亚经济委员会密切沟通，开展了大量前期研究工作。不久前，最高欧亚经济理事会（元首级）通过了与中方正式启动谈判的决议，进一步夯实了"一带一路"建设与欧亚经济联盟建设对接合作的内涵，标志着对接工作迈出具有重大意义的实质性一步。中方愿同俄方一道相向努力，脚踏实地，把能做的事情、已形成共识的事情做实、做好，把对接合作推向更高水平、更广空间。

双方应继续扩大投资贸易合作，优化贸易结构，重点实施大型投资合作项目，共同打造产业园区和跨境经济合作区；在物流、交通基础设施、多式联运等领域加强互联互通，以扩大并优化区域生产网络；扩大本币结算，通过丝路基金、亚洲基础设施投资银行、上海合作组织银联体等金融机构，加强金融合作。我相信，这些措施必将为中俄关系增添新的重要内涵，带动欧亚地区共同发展。

**记者：**您对当前两国地方合作有何看法？

**李辉：**中俄地方合作是两国务实合作的重要组成部分，并将逐步成为两国务实合作的新增长点。双方应着重抓好以下三个重点区域的合作。

一是边境合作。发挥中国东北地区和俄远东地区地方合作理事会的作用，扎实推进中国东北地区和俄远东地区各领域的务实合作；中方正在筹建中俄地区合作发展投资基金，将重点支持远东开发合作项目；中方愿以俄方认为合适的方式开展合作，着重在港口物流、资源深加工、农产品加工、科研教育、酒店建设和旅游、交通基础设施建设等领域早定项目、早出成果。

二是两河合作。中国长江中上游地区和俄伏尔加河沿岸联邦区都具有较强的经济实力、科技水平和丰富的人文底蕴。本着优势互补、互利共赢的原则，两地区建立起工作联系机制，制定了包含 153 个投资、人文优先项目的合作规划，进入实质性合作阶段。双方还应加快开通直航、互设领事机构等工作。

三是友城合作。友好城市活动不仅是双边交往的重要工作领域，也是直接为地方经济建设和社会发展服务。中俄已建立起几十个友好城市或省州，并始终保持着良好往来与合作。双方应进一步总结友城交往成功经验，深化两国友城间的交流与合作，促进中俄地方社会经济的繁荣与发展。

# "一带一路"与中俄战略协作的新前景

2017 年 5 月 15 日

> 中俄围绕"一带一路"建设开展的合作，将成为巩固两国世代友好的新纽带，也必将为欧亚地区乃至世界的和平与发展作出新贡献。

建设"一带一路"是习近平主席根据国际形势深刻变化和中国发展面临的新形势，围绕推进对外开放和国际合作作出的历史性重大战略决策。"一带一路"建设遵循共商、共建、共享原则，通过平等互利、开放包容合作方式，寻求同沿线各国政策沟通、设施联通、贸易畅通、资金融通、民心相通，从而共享机遇、共御挑战、共同发展、共同繁荣，实现打造人类命运共同体的远大目标。

"一带一路"倡议是凝练历史经验、汇聚当代智慧、体现大国责任与担当的创新全球治理方案。该倡议落地生根 3 年多来，得到国际社会广泛响应和支持，100 多个国家和国际组织积极参与，40 多个国家和国际组织同中国签署合作协议。"一带一路"倡议来自中国，但成效惠及世界。3 年多来，中国同沿线国家累计贸易额达到 3.1 万亿美元，中国企业对沿线国家直接投资超过 500 多亿美元；中国同沿线 20 个国家建设了 56 个境外经贸合作区，为东道国创造了 9.6 亿美元税收和 16.3 万个就业岗位；中国同沿线国家签署 130 多个双、多边运输协定，开通 356 条客货运输线路，在亚、欧、非三大洲广泛参与公路、铁路、港口、桥梁、航道等重大基础设施建设；中国参与设立各类多、双边产能合作基金，总额超过 1000 亿美元，同 22 个沿线国家和地区签订了本币互换协议；中国每年向沿线国家提供 1 万个政府奖学金名额，共为发展中国家培养 50 万名职业技术人员。"一带一路"建设已成为中国为国际社会提供的最大公共产品，也成为落实联合国《2030 年可持续发展议程》的重要平台。

"一带一路"沿线国家总人口 44 亿，经济总量 23 万亿美元，分别占全球的 63% 和 29%。在全球经济增长动力不足、逆全球化阴霾不断的背景下，"一带一路"建设全面推进，激发了沿线国家增长潜力，成为新的全球化引擎，推动经济全球化朝更加普惠、包容方向"再平衡"。中国凭借 2008 年以来对世界经济增长年均 30% 以上的贡献率，以及未来 5 年 8 万亿美元进口总额、7500 亿美元对外投资总额、7 亿人次出境旅游规模，将为世界各国提供更广阔市场、更充足资本、更丰富产品和更难得合作机会。"一带一路"建设为世界提供了中国发展的"顺风车"。

国际合作高峰论坛是"一带一路"倡议提出以来召开的最高规格国际会议。20 多位国家元首或政府首脑、70 多位国际组织负责人、100 多位部长级官员以及总共 1500 多名来自世界各国、各地区的代表将齐聚一堂，共商大计。本次论坛有望形成首份"一带一路"国际合作文件，搭建多元合作平台，为世界经济增长和各国发展提供强大动力。

俄罗斯总统普京作为最尊贵客人之一出席"一带一路"国际合作高峰论坛。中俄都是对世界具有举足轻重影响的大国，互为最主要、最重要的战略伙伴，双方围绕"一带一路"合作的规划、部署、互动世所瞩目。

俄罗斯是"一带一路"倡议的支持者和关键合作伙伴。2015 年 5 月，习近平主席同普京总统共同发表"一带一路"建设和欧亚经济联盟建设对接合作的联合声明，将确保地区经济持续稳定增长、加强区域经济一体化、维护地区和平与发展确定为双方对接合作的总目标，商定采取促进贸易投资便利化、建设基础设施、开展产能合作和本币合作等多项措施，为中俄在双、多边框架下实施发展战略对接指明了方向。2016 年 6 月，普京总统对俄罗斯驻外使节提出，应在"一带一路"建设和欧亚经济联盟建设对接合作基础上建设欧亚地区"全面经济伙伴关系"，之后再会同欧亚经济联盟、中国、印度、巴基斯坦、伊朗、独联体各国和其他国家共建"大欧亚伙伴关系"，将对接合作的眼光投向更长远的未来。

在中俄元首的战略引领和两国政府部门、社会各界共同努力下，中俄双、多边对接合作已取得早期收获。一是在能源领域，中俄东线天然气管道建设进展顺利，将按计划向中方供气。二是在基础设施建设领域，连接中国东北地区和俄罗斯远东地区的跨境铁路桥建设、"滨海 1 号""滨海 2 号"大型交通走廊建设稳步推进。三是中俄启动实施一系列大型合作项目，联合研发生产新一代远程宽体客机、重型直升机、建设莫斯科—喀山高铁等项目取得新突破、新进展。四是投资合作积极开展。中国国家开发银行、进出口银行与俄多家金融机构确定了新一批重大投资合作项目。海尔等一批中方企业在俄投资建厂。五是双边贸易额止跌回升，农产品、油气设备等日益成为两国经贸领域新的合作增长点。

展望未来，中俄在"一带一路"框架下的合作态势喜人，前景广阔。3年多来，中俄贸易额受地缘政治和大宗商品价格影响虽有所波动，但贸易规模稳步扩大，对华贸易在俄对外贸易中所占比重从2013年的10.5%上升至2017年初的14.7%，且涨势不衰。今年头两个月中俄贸易额增长28.8%。包括跨境电商在内，中俄新的贸易平台正在形成，物流通道多元化发展。据俄方测算，中俄欧铁路集装箱吞吐量将超过百万，2020年后"滨海1号""滨海2号"交通走廊过货量将迅速提升规模。中俄经济关系的密切将为俄远东地区发展带来前所未有的机遇。3年间，俄方在远东地区建成17个跨越发展区，2025年前拟启动578个国际合作项目。中国东北地区和俄罗斯远东及贝加尔地区政府间合作委员会业已成立并即将启动工作。俄罗斯总理梅德韦杰夫指出，欧亚经济联盟和"一带一路"对接可为俄带来全面经济发展。俄罗斯全球化和社会发展研究所经济研究中心主任科尔塔绍夫认为，俄中之间的经济依存度正在不断上升。

"一带一路"国际合作高峰论坛期间，中俄元首不仅将围绕政策沟通、道路联通、贸易畅通、货币流通、民心相通问题深入交换意见，部署有力合作举措，将对接合作推向更高水平、更广空间，助力两国经济发展，还将深入探讨共建区域伙伴关系、完善全球治理等重大议题。"一带一路"建设不仅将成为中俄携手复兴的重要支撑，还将成为两国开展国际协作、推动国际关系和国际体系朝更加公正合理方向发展的战略平台。中俄围绕"一带一路"建设开展的合作，将成为巩固两国世代友好的新纽带，也必将为欧亚地区乃至世界的和平与发展作出新贡献。

本文 2017 年 5 月 15 日刊登在《学习时报》

# 让"红色旅游"传承红色基因

## ——接受中俄媒体联合采访

2017 年 6 月 27 日

在两国元首战略引领和直接推动下，中俄人文合作成果显著，进一步丰富了中俄全面战略协作伙伴关系内涵。

**记者：**我们发现俄中贸易呈逐渐向好趋势。您如何评价当前的俄中经贸合作现状？对未来前景有何期待？

**李辉：**中俄两国经济互补性强、合作潜力大。中国连续 6 年成为俄第一大贸易伙伴国，俄则是中国进口能源、机电高新技术产品的主要来源地之一。虽面临世界经济复苏缓慢、全球贸易投资低迷等诸多不利因素，去年中俄贸易仍实现回稳向好，今年这一趋势更加明显。据有关统计，今年前 5 个月，中俄双边贸易额达到 2231 亿元人民币（约328 亿美元），同比增长 33.7%，并呈现出以下特点：

一是双边贸易结构不断优化。中俄经贸合作正加速从规模速度型向质量效益型转变，农产品、油气设备等日益成为两国经贸领域新的合作增长点。包括跨境电商在内，中俄新的贸易平台正在形成，物流通道多元化发展。二是金融投资合作取得新开展。俄央行在中国开设代表处，俄罗斯人民币清算中心在莫斯科启动，中国国家开发银行、进出口银行与俄多家金融机构确定了新一批重大投资合作项目。三是大型项目稳步推进。中俄东线天然气管道项目进展顺利，俄将按计划向中方供气。中俄联合研制远程宽体客机项目合资公司在上海挂牌成立。四是互联互通逐步展开。连接中国东北地区和俄远东地区的跨境铁路桥建设、"滨海1号""滨海2号"大型交通走廊建设均在推进，中国联通（俄罗斯）运营有限公司在莫斯科开业。

我相信，在双方共同努力下，双边经贸合作的质量将进一步提升，双边贸易结构将进一步优化，双边贸易额也将继续保持增长态势，助力中俄关系发展。

**记者**：中国人特别热衷于来俄罗斯参加"红色旅游"。您对此有何看法？能否详细讲述一下有关这方面的情况？

**李辉**：在两国元首战略引领和直接推动下，中俄人文合作成果显著，进一步丰富了中俄全面战略协作伙伴关系内涵。为进一步推进两国人文交流与合作，两国政府间成立了人文合作委员会，每年定期举行委员会会议。在该委员会框架内，双方签署了多个旅游合作协议，取得丰硕成果。据俄方统计，2016年，中国公民访俄达到128.9万人次，同比增长15%，是俄罗斯第一大入境旅游客源国。同时，中国是俄罗斯游客第二大出境旅游目的国。据中方统计，2016年，俄罗斯公民访华197.6万人次，同比增长24.9%。今年1—4月，俄罗斯公民访华71.6万人次，同比增长29%。

红色旅游是两国旅游合作的重要内容。在双方共同努力下，去年7

月，位于莫斯科郊区的中共六大会址常设展览馆成功开馆，成为中俄旅游合作的重要基地。7 月上旬，国家旅游局在莫斯科举办了中俄红色旅游大型交流活动——千人自驾赴俄游。此外，今年下半年在中国湖南继续举办第三届中俄红色旅游系列活动。同时，双方将采取措施继续丰富红色旅游产品和线路，推动该领域合作深入发展。

**记者：俄罗斯的哪些城市更具吸引力？何时起中国游客开始大量涌入俄罗斯？近年来呈现出哪些特点？**

**李辉：**俄罗斯是旅游大国。古老的文明和灿烂的文化在世界上独树一帜，快速发展的现代风貌吸引着世人眼球，伏尔加河、乌拉尔山、贝加尔湖的美丽风光享誉世界，莫斯科、圣彼得堡、喀山、索契等城市的独特魅力备受中国游客青睐，莫斯科郊外的金环城市也是中国游客必到的地方。我记得，两国媒体合作拍摄的《你好，俄罗斯》百集电视专题片，展现出俄罗斯秀丽的自然风光和各民族的多彩风情，至今许多画面仍深深地印在我的脑海里。

2012 年，中国"俄罗斯旅游年"成功举办，中国赴俄罗斯旅游人数增加了 46%，两国双向往来 330 万人次。2013 年，俄罗斯"中国旅游年"在克里姆林宫拉开帷幕，正在俄罗斯进行国事访问的中国国家主席习近平同俄罗斯总统普京共同出席了开幕式并发表了热情洋溢的讲话。中俄成功互办"旅游年"，不仅大大促进了两国旅游合作，也为两国务实合作注入了新动力。可以说，这是两国游客赴对方国家旅游人数快速增长的重要节点。

2014 年，由于西方对俄罗斯实施制裁，来俄旅游的西方人减少。与此同时，来俄旅游购物的中国游客数量却一直呈上升趋势。2015 年，中俄双方又推出"红色旅游",进一步丰富了两国旅游合作的内涵。2016 年 5 月,俄联邦旅游署副署长科尔涅耶夫率团到京出席首届世界旅游发展大会和第七届二十国集团旅游部长会议。同年 7 月,萨福诺夫署长赴内蒙古出席了首届中俄蒙旅游部长会议,三方共同签署了《首届中俄蒙三国旅游部长会议谅解备忘录》。同年 11 月,科罗廖夫副署长率团出席了在上海举办的中国国际旅游交易会和在湖南举办的第二届中俄红色旅游合作交流系列活动暨中国(湖南)红色旅游节。频繁的双边、多边活动体现了中俄旅游合作的高水平。

**记者**:近期,双方还将采访哪些措施或举办哪些活动来进一步推进两国旅游合作?

**李辉**:目前,两国 5 人以上团组过境旅游可以免签证,双方正计划把免签门槛降低至 3 人,且进一步增加团体免签停留天数。越来越多的俄酒店和餐馆加入到了"友好中国"服务项目中。中国游客在这些地方可以使用银联卡,看中文报刊,获得中文导游手册和旅游地图。

2017 年 4 月,中国国家旅游局与俄旅游署举行工作会谈,就修改《中华人民共和国政府和俄罗斯联邦政府关于旅游团队互免签证协议》(2000 年签署)和《中华人民共和国国家旅游局和俄罗斯联邦旅游署关于在提升旅游服务质量领域进一步扩大合作的谅解备忘录》的文本进行磋商,就进一步修改调整两文本的方案基本达成一致。希望双方以此为契机,把旅游合作培育成中俄战略合作的新亮点。

除了刚刚提到的"红色旅游"外,双方拟在目前开展的边境旅游基础上,依托双方边境地区毗邻城市和口岸,建立几个跨境旅游合作区。旨在打造双方共享的国际旅游目的地,通过深化旅游合作,推动游客和自驾车往来便利化，完善旅游产品和基础设施建设。其次，根据中俄总理定期会晤委员会双方主席在阿尔汉格尔斯克会晤成果，双方有关部门正在具体商谈北极地区旅游合作内容和合作方式。此外，中方与俄、蒙双方共同推广中俄蒙"万里茶道"国际旅游品牌，为三国旅游业界合作搭建平台。

# "一带一路"，巩固中俄世代友好新纽带

2017 年 6 月 29 日

中俄两国元首将实现年内第三次会晤，为双边关系发展作出战略部署，着力将"一带一路"建设与欧亚经济联盟建设对接合作推向更高水平。

近年来，中俄全面战略协作伙伴关系持续保持高水平运行，高层交往更加频繁，务实合作稳步推进，人文交流蓬勃发展，国际协作日益密切，政府间、企业间、民间各领域交流机制运行良好，发展睦邻友好合作关系的社会和民意基础不断巩固。成熟、稳定、健康的中俄关系，已成为当今世界新型国家关系的典范和维护地区和世界和平稳定的压舱石。特别是在当前国际形势复杂多变、世界经济复苏缓慢、大国关系深刻调整的大背景下，中俄进一步深化全面战略协作伙伴关系的客观必要和主观愿望不断增强，这需要双方找到新的着力点和驱动力。

2013 年，习近平主席提出"一带一路"建设宏伟倡议。这是凝练历史经验、汇聚当代智慧、体现大国责任与担当的创新全球治理方案。

作为中国最大邻国和推进"一带一路"建设中不可或缺的重要一环，俄罗斯积极响应和参与"一带一路"建设。2015年5月，习近平主席和普京总统共同签署中俄"一带一路"建设和欧亚经济联盟建设对接合作的联合声明，充分表明两国打造命运共同体的坚定意志，极大地拓宽了双方战略合作空间，为中俄全面战略协作伙伴关系继续向前推进注入新的强大动力。

两年多来，在中俄双方共同努力下，对接合作取得积极成果，突出体现在以下方面：一是能源领域，中俄东线天然气管道建设进展顺利，俄将按计划向中方供气。双方共同参与的亚马尔液化气项目一期工程将于今年完工；二是互联互通，连接中国东北地区和俄远东地区的跨境铁路桥建设、"滨海1号""滨海2号"大型交通走廊建设稳步推进，中国联通（俄罗斯）运营有限公司在莫斯科开业；三是大项目合作，中俄联合研发远程宽体客机、重型直升机等项目取得进展；四是金融投资，中国国家开发银行、进出口银行与俄多家金融机构确定了新一批重大投资合作项目，俄央行在中国开设代表处，俄罗斯人民币清算中心在莫斯科启动；五是经贸领域，双边贸易额回升，并于2017年前5个月达到328亿美元，同比增长33.7%，农产品、油气设备等日益成为两国经贸合作新的增长点；六是人文交流，两国媒体参与"中俄媒体交流年"的热情高涨，中俄媒体论坛实现机制化、常态化，中俄合拍纪录片《这里是中国》《你好中国》等一批批优秀作品相继播出，使两国民众彼此了解更深，心与心贴得更近。

中俄元首对双边关系深入发展起到了重要的战略引领作用。今年5月以来，两国元首已两次会晤，再次重申了双方加强战略协作、共同推动"一带一路"建设与欧亚经济联盟建设对接合作取得更多实际成果的愿望与决心。7月，习近平主席将对俄罗斯进行国事访问，两国元首将实现年内第三次会晤。两国元首将为双边关系发展作出战略部署，着力将"一带一路"建设与欧亚经济联盟建设对接合作推向更高水平，助力两国经济发展，造福两国和两国人民。

以和平合作、开放包容、互学互鉴、互利共赢为核心的丝路精神引领"一带一路"建设，顺应时代潮流，得到了世界上越来越多国家的支持和参与，在国际社会引起了广泛反响。我坚信，中俄围绕"一带一路"建设开展的合作，将成为巩固两国世代友好的新纽带，也将为欧亚地区乃至世界和平发展作出新贡献。

本文 2017 年 6 月 29 日刊登在《人民日报》

# 深化中俄教育合作，服务两国发展大局

## ——接受俄罗斯"杰出人物"电视台采访

2018 年 2 月 8 日

> 中俄教育合作服务于两国多领域、多层次、全方位的务实合作，旨在为中俄两国、亚太地区、全世界培养高水平人才。

**记者**：尊敬的大使先生，您在俄罗斯工作多年，一直关注深圳北理莫斯科大学项目的进展。您对该项目有何评价？

**李辉**：2012 年 12 月中俄教育合作分委会第十二次会议在莫斯科召开之际，俄方向中方提出了两国共同创办联合大学的想法，得到了中国教育部的认可和支持。当年的中俄人文合作委员会第十三次会议纪要中，双方表示将继续探索联合培养高水平专业人才的新模式，以满足两国的共同需求。2013 年 10 月，两国教育部决定成立工作组，负责联合大学建立的各项事务。

2014 年 3 月，深圳市人民政府与莫斯科大学签署合作办学备忘录。5 月，在习近平主席和普京总统的共同见证下，双方签署了《中华人民共和国教育部与俄罗斯联邦教育科学部关于北京理工大学与莫斯科国立罗蒙诺索夫大学合作举办"中俄大学"的谅解备忘录》。8 月，深圳市人民政府、北京理工大学和莫斯科大学签署在深圳合作办学的协议。9 月，中俄人文合作委员会第十五次会议纪要指出，北京理工大学与莫斯科国立罗蒙诺索夫大学在中国深圳市合作举办"中俄大学"是发展中俄人文合作的重要举措。"中俄大学"将成为在教育发展方面交流经验和创新思路的有效平台，并将为中俄多领域合作项目培养高水平人才。

2015 年 8 月，中国教育部批准北京理工大学与俄莫斯科大学合作筹备设立具有法人资格的中外合作办学机构——"深圳北理莫斯科大学（筹）"，筹备设立期限为三年。2016 年 5 月，深圳北理莫斯科大学（筹）奠基仪式在深圳市举行。同年 6 月，中国国家主席习近平与俄总统普京共同签署的《中华人民共和国和俄罗斯联邦联合声明》中体现了两国元首对该项目的支持。10 月，中国教育部正式批准设立深圳北理莫斯科大学。2017 年 9 月，深圳北理莫斯科大学首批学生开学典礼在深圳举行，中国国家主席习近平和俄总统普京致贺信。

这个项目是中俄两国教育合作不断发展的结果，具有里程碑意义，主要任务是进一步深化两国在人文领域的友好合作关系，服务于两国多领域、多层次合作，为中俄两国、亚太地区、全世界培养高水平人才。

**记者**：众所周知，这个项目的初衷是"两国首都交朋友"，即在中国首都北京建设一所大学。但最终该项目在深圳市落地。您如何评价深圳这座城市？该城市是俄中教育合作的新地域，对联合大学未来的发展及竞争力有何影响？

**李辉**：深圳是中国第一个经济特区及国家综合配套改革试验区，是快速发展的高科技城市和现代化创新平台，毗邻香港特别行政区，是重要的国际经济中心。深圳因改革开放而快速发展，在中国的制度创新、扩大开放等方面承担着试验和示范的重要使命。深圳拥有发达的数字化基础设施，有包括华为在内的若干世界级科技企业。深圳科技园是全市科研机构最集中的地区，中国开发科技研究院、深港产学园基地等聚集于此。1999 年，深圳市政府在科技园南区设立"深圳虚拟大学园"，有包括中国顶尖大学清华大学、北京大学、南开大学、哈尔滨工业大学在内的多所知名高校进驻，以培养研究型人才为主。2006 年，中科院、香港中文大学与深圳市合作在深圳建设中国科学院深圳先进技术研究院。近年来，深圳积极利用世界一流大学快速发展教育产业，与伯克利大学（美国）、罗切斯特大学（美国）、墨尔本大学（澳大利亚）、哥本哈根大学（丹麦）等进行合作办学。

深圳这座城市以他独特的魅力吸引着越来越多的关注和期待，将为北理莫斯科大学打造一个充满活力的平台，提供更多的机遇和更广阔的空间。与其他世界一流大学的交流与竞争也将带给北理莫斯科大学源源不竭的发展动力。

**记者：当前，俄中两国战略性大项目合作稳步推进。作为俄中关系发展的推动者和参与者，您认为"深圳北理莫斯科大学"项目有何特色？**

**李辉：**这个项目从一开始就定位于中俄两国的国家级战略合作项目，得到两国元首的高度重视和亲自推动，由两国教育主管部门主抓落实。教育合作是中俄全面战略协作伙伴关系的体现，符合两国发展需求和人民需要，具有里程碑意义，是中俄人文合作持续向纵深发展的完美诠释，必将为探索和创新两国全方位的人文合作提供新的动力。

深圳北理莫斯科大学是一所开放包容、兼收并蓄的高等学府，他向中国、俄罗斯乃至全世界的学生敞开大门，不断培养具有科学思维、勇于创新创造的优秀人才，培养更多的中俄友好事业的接班人。

**记者**：在前期筹备过程中，中方项目设计师团队多次到访莫斯科国立大学，他们特别感谢您对该项目的大力支持。您对该项目印象最深刻的事是什么？

**李辉**：该项目的筹备、实施过程倾注了中俄两国元首、各级领导、主管部门和高校的心血。2013—2016 年期间起草、讨论并通过了大量的法律文书和文件，为该项目的顺利实施奠定了坚实的法律基础。由于莫斯科国立大学和圣彼得堡国立大学在俄法律地位特殊，根据《莫斯科国立罗蒙诺索夫大学和圣彼得堡国立大学法》，这两所高校只有在境外设立分校才有权独立实施教学大纲并颁发文凭，而根据中国法律规定，境外高校是不允许在中国境内开办分校的。2015 年 3 月，俄政府通过了《〈莫斯科国立罗蒙诺索夫大学和圣彼得堡国立大学法〉第四条修正案》，解决了这一矛盾：莫斯科大学有权在俄境外合作办学教育机构中实施包含自主制定的教学标准的教学大纲，向达到莫斯科大学教学大纲要求、完成学业并通过考核的学生颁发莫斯科大学文凭。

这一过程来之不易，充分体现了两国领导人对该项目的高度重视和办好这一项目的坚定决心。

**记者**：联合大学主楼的设计高度融合了莫斯科大学主楼的建筑风格，您如何评价该设计方案？

**李辉**：希望采用莫斯科大学的建筑风格，这既表达了我们对俄传统文化、对莫斯科大学名誉和地位的认可和尊重，也是中国人民俄罗斯情结的体现，是中俄友好的体现。

中俄双方耗时 2 年多，3 次在深圳进行集中讨论，中方设计师团队 2 次实地考察莫斯科大学。最终，成功地完善了建筑设计方案，校园主楼采用特征明显、优美、恢宏的莫斯科大学主楼风格和几何对称的建筑形式与布局。未来展现在我们面前的将是一所特征鲜明的北理莫斯科联合大学。

**记者：**这个项目历经三年多的筹备，如今已进入招生阶段，包括您在内的各方参与者做了大量的前期工作。中国使领馆的同事们还会继续关注这个项目的成长吗？

**李辉：**一所学校的建立和发展不是一朝一夕的事情，就像俄语中经常说"莫斯科不是一天建成的"。阶段性的目标在大家的共同努力下得以圆满完成，而我们对这所学校的期待才刚刚开始。

对深圳北理莫斯科大学的成长，对在这里学习的学生们的成长我们始终关注、关怀，中国驻俄罗斯大使馆将一如既往地给予大力支持。深圳北理莫斯科大学是培养精英的殿堂，相信未来从这里走出的年轻人也会有进入外交队伍，与我们一起并肩奋斗的战友。真诚期待和祝福这所具有里程碑意义的大学越办越好！为中俄友好事业培养出更多接班人。

# 中俄务实合作内容丰富、领域广阔

## ——接受俄罗斯主流媒体访华记者团采访

2018 年 5 月 10 日

落实好两国领导人达成的共识，不断推动中俄地方合作深入发展，为促进中俄全面战略协作伙伴关系发展作出新的贡献。

**记者：请问大使先生，俄中经贸合作近年来取得哪些新成果新进展？**

**李辉：**近年来，中俄经贸合作稳步推进，可以说"天天有进展，月月有成果，年年上台阶"。我想用三组"关键词"来概括中俄经贸合作近年来取得的一系列重要成果。

第一个关键词是"贸易额"。中国现已连续八年居俄罗斯第一大贸易伙伴地位。据官方数据显示，2017 年中俄双边贸易额达 840.7 亿美元，同比增长 20.8%。其中，机电和高新技术产品贸易增幅分别达 17.8% 和 27%，农产品贸易额达 40.8 亿美元，创近年新高。中俄贸易正在快速回升，今年一季度双边贸易额增速接近 30%，实现良好开局，全年贸易额有望达到甚至超过 1000 亿美元。

第二个关键词是"大项目"。中俄经贸关系加速提质升级，以贸易为基础，投资为动力，大项目为重点，地方合作为支撑。去年，中俄联合研制远程宽体客机的项目合资公司正式组建，中石油和丝路基金参股的亚马尔液化气项目一期顺利投产。与此同时，能源、核能、航天、基础设施等领域的战略性大项目合作取得重要进展，双方还在积极推进数字经济，着力打造"冰上丝绸之路"。

第三个关键词是"对接合作"。俄罗斯是"一带一路"倡议的积极支持者和重要参与者，也是关键的合作伙伴。双方启动"一带一路"建设与欧亚经济联盟对接合作并取得了早期收获。去年 10 月，中国与欧亚经济联盟已经实质性结束经贸合作协议的谈判，中俄已启动欧亚经济伙伴关系协定的联合可研，并取得阶段性成果。"一带一路"建设与欧亚经济联盟对接为主线的合作格局进一步巩固。

当然，中俄经贸合作内容丰富，领域广阔。中俄将继续巩固双边贸易快速增长的良好势头，扩大相互投资和战略性大项目合作，充分利用首届中国国际进口博览会、俄东方经济论坛等平台，为两国地方和企业交流合作加油助力，力争取得更多新成果、新进展。

**记者**：您对当前的双方合作和贸易结构是否满意？如有不尽如人意的地方，俄中应采取哪些措施来提升两国经贸合作水平？

**李辉**：当前，中俄双边务实合作和贸易结构确实存在一些不合理、不平衡等问题。但我认为，中俄双边经贸合作在 2018 年迎来新发展、新机遇。中共十九大提出的关于中国发展更高层次开放型经济的新征程，将为中俄双边经贸合作带来新的更大机遇；"2018—2019 年中俄地方合作交流年"的举办，将带动两国更多地方、企业、人员参与到中俄经贸合作中来，以实现技术、资金和人才等高效流通；即将于今年下半年举办的"第五届中俄博览会"和"首届中国国际进口博览会"将为中俄务实合作搭建新平台，为双边经贸关系的提质升级增添更多新动力。

值得特别关注的是，今年一季度中俄双边贸易额增幅超过 30%。我们有理由相信，在多重有利条件的推动下，在"一带一路"建设和欧亚经济联盟建设对接合作的指引下，未来两国在能源、农产品贸易、北极开发、数字经济、金融投资等方面的合作将取得进一步发展，两国贸易结构将持续优化，合作水平将不断提升。

**记者：今明两年是"俄中地方合作交流年"。您如何评价两国地方合作？请问俄中各友好省州、城市依托这一交流年已经或正在开展哪些合作交流活动？**

**李辉：**中俄开展地方交流合作的意愿强烈、基础雄厚。截至目前，双方共缔结了 137 对友好城市及友好省州，俄已成为中国开展友好城市交流最为密切的国家之一。其次，双方建立了中国长江中上游地区和俄伏尔加河沿岸联邦区地方合作理事会，中国东北地区和俄远东及贝加尔地区政府间合作委员会两大合作机制，极大地推动了区域性合作，并取得了很好的示范带动作用。此外，中俄地方合作形式呈现多样化，内容也更加丰富。除友城交流和高层交往外，逐步拓展到经济、文化、教育、旅游等诸多领域，各地根据自身不同的发展优势和需要，建立了直接有效的对接。

今年 2 月 7 日，"中俄地方合作交流年"正式启动。这延续了中俄两国自 2006 年开启国家级主题年活动的良好传统，并首次把地方合作提升至国家水平，顺应了地方合作的实际需求，也体现了中俄全面战略协作伙伴关系的高水平和特殊性。双方将在地方合作交流年框架内举办上百场活动。4月21日，"中俄地方合作交流年"中的首个中俄地方合作园区在青岛开启。4月13日，"中俄地方合作交流年——广东·俄罗斯风景画展"在广州举行。从南到北、从人文到经贸，"中俄地方合作交流年"各项活动在中华大地已蓬勃开展。

我们要积极落实好两国领导人达成的共识，不断推动中俄地方交流与合作的深入发展，为促进中俄全面战略协作伙伴关系发展作出新的贡献。一是要加强统筹协调，提高中俄地方合作的务实性、针对性；二是要发挥比较优势，促进资源优化配置，实现互利共赢；三是要深挖合作潜力，拓宽合作领域，扩大投资金融合作；四是要继续探索合作机制，创新合作模式，努力开创中俄地方交流与合作的新局面。

我相信，"中俄地方合作交流年"将进一步激发两国地方合作热情，挖掘合作潜力，打造新的增长点，为中俄关系深入发展提供全新动能。

**记者：欧亚经济联盟与中国于5月17日签署经贸合作协议，这意味着近年来中国对外经贸合作战略及制度与欧亚经济联盟对接产生了怎样的重要成果及深远意义？**

**李辉：**正如你所说，5月17日阿斯塔纳经济论坛期间，中国与欧亚经济联盟签署了《中华人民共和国与欧亚经济联盟经贸合作协定》。这是中国与欧亚经济联盟成员国发展经贸合作关系，推动"一带一路"建设与欧亚经济联盟建设对接合作进程中取得的重要成果，具有里程碑意义。

首先，这是全面落实中俄两国元首战略共识的成果体现。2015年

5 月，习近平主席与普京总统在莫斯科签署关于"一带一路"建设和欧亚经济联盟建设对接合作的联合声明，宣布启动中国与欧亚经济联盟经贸合作方面的协定谈判。自 2016 年首轮谈判以来，双方通过五轮谈判、三次工作组会和两次部长级磋商，于 2017 年 10 月顺利实质性结束谈判，为《协定》最终签署奠定坚实基础。

其次，这是深化中国与欧亚经济联盟成员国间经贸合作的制度保障。《协定》范围涵盖海关合作和贸易便利化、知识产权、部门合作以及政府采购等 13 个章节，包含了电子商务和竞争等新议题，形成了多个制度性安排。双方同意通过加强合作、信息交换、经验交流等方式，进一步简化通关手续，降低货物贸易成本，这为深化中国与欧亚经济联盟成员国间经贸合作提供了重要的制度保障。

第三，这是继续深化区域内经贸合作的方向指引。《协定》以减少非关税贸易壁垒、提高贸易便利化水平为主要目标，充分体现了双方对"一带一路"建设的认同与支持，以及坚持打造发展创新、增长联动、利益融合的开放型经济格局，共建互信、包容、合作、共赢的经贸伙伴关系，推动区域经济一体化的共同意愿，这为继续深化区域内经贸合作创造了必要条件，也指明了方向。

需要指出的是，欧亚经济联盟成员国均是"一带一路"建设的重要合作伙伴和参与者，与中国的经济互补性强，贸易合作潜力大，前景广阔。希望各方以此《协定》正式签署为契机，继续抓紧履行国内相关程序，力争尽早生效实施，造福地区和地区人民。

# 让中俄务实合作实现"全覆盖"

## ——接受中俄媒体联合采访

2018 年 7 月 11 日

> 中俄务实合作加速提质升级，并呈现出机制全、平台多、增长快、范围广、成效实、潜力大等特点。

**记者**：大使先生，您如何评价当前俄中两国的经贸合作现状？您认为哪些是具有合作前景的领域？

**李辉**：在习近平主席和普京总统的战略引领下，中俄全面战略协作伙伴关系破除"逆全球化"思潮和单边主义影响，乘着"一带一路"建设与欧亚经济联盟建设对接合作的东风，为两国务实合作带来了新机遇。可以说，中俄经贸合作不仅造福了两国和两国人民，也成为当今世界倡导平等互利、合作共赢、共同发展的典范。

在中俄关系持续保持高水平运行的背景下，两国贸易合作加速提质升级，并呈现出机制全、平台多、增长快、范围广、成效实、潜力大等特点，基本实现了合作领域和地域的"全覆盖"。去年以来，中俄贸易持续快速回升，2017 年双边贸易额达到 840 亿美元，同比增长

20.8%。今年前 4 个月达到 312 亿美元，同比增长 27.3%，贸易增速在中国主要贸易伙伴中位列第一位，俄罗斯在中国贸易伙伴中由去年的第十一位上升到第九位。按照当前的增长态势，预计全年双边贸易额有望超过 1000 亿美元。

中俄之间的一批战略性大项目合作不断取得新进展。中俄联合研制宽体客机项目合资公司正式组建；中石油和丝路基金参股的亚马尔液化气项目一期顺利投产，这也是中俄提出共建"冰上丝绸之路"后启动的首个重大能源项目；田湾核电站 7 号、8 号机组等核能大项目将实施；双方还有望在探月和深空探测等领域取得新突破。此外，双方积极推进俄远东开发、北极开发、数字经济、跨境电子商务等新兴领域合作，努力打造双边经贸合作新的增长点。

当前，中俄两国地方合作成为一大亮点，合作机制日臻完善，中俄博览会、东方经济论坛等展会平台影响力不断扩大，为深化两国地方合作发挥了重要作用。今明两年是"中俄地方合作交流年"，我相信，这将进一步激发中俄两国地方之间的合作热情和无限潜力，为中俄两国政治和经贸关系深入发展提供全新的动能。

**记者**：大使先生，您对第五届中俄博览会有何评价和感受，您认为本届博览会的主要亮点是什么？

**李辉**：中俄博览会自创办以来，得到两国政府高度重视和大力支持，成为落实两国领导人顶层设计、推进中俄全面务实合作、实现发展战略有效对接的重要平台。作为中俄两国层次最高、规模最大的综合性展会，本届博览会受到了广泛关注，体现出以下几个特点：

一是时机佳、意义大。这是两国顺利完成各自重要政治日程、国家发展进入新时代后共同举办的首届博览会，对于巩固和深化双边经贸关系、拓展地方务实合作具有十分重要的意义。一个月前，两国元首在北京会晤时一致同意推动中俄关系在高水平上实现更大发展。本届博览会恰是落实两国元首共识的重要举措，旨在将两国高水平的政治关系优势转化为更多实际合作成果。博览会进一步彰显了中国继续坚持扩大开放、对话合作的姿态和中俄携手构建开放型世界经济、维护多边贸易体制的决心。

二是主题新、参与多。本届博览会的主题为"新起点、新机遇、新未来"，紧扣新时代中俄关系和两国经贸发展的需要，同时也对博览会本身提出了新任务和新要求。博览会以专业化、行业化和信息化为重点，着力为企业提供更多交流与合作平台，促进两国地方及产业间深度融合。两国地方参与热情高涨，据统计有来自中国 14 个省（区、市）和俄罗斯 9 个州区的 203 家企业参展，展览总面积 8500 平方米。其中，近 92% 是中方企业，为 186 家；展览面积 5518 平方米，占六成以上。

三是内容丰、合作实。博览会期间，举办了"首届中俄地方合作论坛""中俄金融合作《从本币到数字技术》圆桌会""中俄林业投资合作圆桌会""中俄农业地方合作远景展望圆桌会""2018 中俄电子商务领域合作研讨会""首届中俄科技合作学术会议"等配套活动，涉及金融投资、农林合作、电子商务、数字经济、机械制造、媒体交流、文化体育等诸多领域。黑龙江省电视周、重庆市—斯维尔德洛夫斯克州经贸合作论坛、黑龙江省和广东省—斯维尔德洛夫斯克州经贸合作论坛等活动取得良好效果。

**记者**：正如您所说，当前俄中地方合作蓬勃发展，亮点纷呈。您对两国地方合作还有哪些建议？

**李辉**：中俄两国地方合作由来已久，更具有地缘优势、涉及范围广以及运作方式灵活等特点，是两国务实合作的重要补充。近年来，中俄地方合作呈蓬勃发展之势，为两国全面战略协作伙伴关系发展注入了新动力，增添了新内涵。双方建立了"长江—伏尔加河""东北—远东"两大区域性合作机制，以及中俄友好、和平与发展委员会地方合作理事会，缔结了137对友好省州和城市关系，基本实现了领域和地域"全覆盖"。

随着中俄全面战略协作伙伴关系的深入发展，中俄全面扩大务实合作、两国各地方共同振兴发展的愿望越来越强烈。新年伊始，习近平主席和普京总统在贺电中共同宣布2018年和2019年为"中俄地方合作交流年"，将两国地方合作提升至国家水平。自活动启动以来，两国各地方参与热情高涨，从官方到民间，各项活动紧锣密鼓、如火如荼。此外，中俄博览会、东方经济论坛、首届中国国际进口博览会等也将为两国各地方提供积极交流平台。

下一步，中俄双方应充分利用好两国政府间和地方间合作机制，加强政策、法规等方面的沟通与协调，营造良好的营商环境；继续完善跨境大桥等基础设施建设，旨在打通区域间交通链，为两国经贸合作提供新动能；全面调动中小企业积极性，密切双边人员往来，简化相关手续。

我相信，在两国政府共同推动下和在两国企业不懈努力下，中俄地方合作必将迈上新台阶。中国驻俄大使馆将继续以深化中俄睦邻友好为己任、推动务实合作为重点，不断创造良好条件，推进双方各领域合作取得大发展，助力两国关系在高水平上取得更多实际成果。

# 坚定走深走实，夯实合作之基

## ——接受"今日俄罗斯"国际新闻通讯社采访

### 2018年9月7日

> 作为中俄地方合作的"桥头堡"，两国在远东地区开发合作取得了显著成果，并已成为中俄地方合作一张靓丽的"名片"。

**记者**：俄驻华大使杰尼索夫表示，中方已确认习近平主席将作为论坛主宾出席今年的东方经济论坛。请问您能确认习主席出席东方经济论坛吗？

**李辉**：应俄罗斯总统普京邀请，习近平主席将出席第四届东方经济论坛，这是新时代中俄关系发展史上的重大里程碑事件，将为中俄全面战略协作伙伴关系发展注入新的强劲和持久动力。在当前逆全球化思潮、贸易保护主义、单边主义抬头的背景下，习近平主席来俄出席论坛，也是向世界表明，只有秉持互利共赢的原则，完善区域经济合作安排，推进贸易和投资便利化，共同构建人类命运共同体，才是推动区域经济发展的正确选择。

当前，中俄关系处于历史最好时期。两国互相支持对方的重大倡议和发展战略、两国元首相互出席对方举办的重大活动，均是两国关系高水平的重要体现，也彰显了两国领导人之间深厚的个人友谊和良好的工作关系。去年5月，普京总统应习近平主席邀请赴华出席了首届"一带一路"国际合作高峰论坛，有力推动了"一带一路"建设与欧亚经济联盟建设的对接合作，极大扩展了两国务实合作的纵深与空间，有效促进了"一带一路"沿线国家之间的相互合作，意义重大、影响深远。

东方经济论坛是由俄总统普京提议成立，旨在推动包括俄远东地区在内的亚太地区经济合作的新平台，截至目前已成功举办三届，在国际上特别是东北亚地区产生了积极影响，受到普遍关注。今年是中国改革开放40周年，也是"一带一路"倡议提出5周年，中国不仅实现了自身经济和贸易体量的双增长，也带动了全球经济增长，世界也因此迎来了更多的"中国机遇""中国方案"。希望双方以本届论坛为新的起点，全面推进"一带一路"建设与欧亚经济联盟建设对接合作，不断造福两国和两国人民，也为本地区经济一体化发展作出新的更大贡献。

**记者：中方每年都派出大规模经贸代表团来俄参加东方经济论坛。大使先生，不知今年是否同样？在论坛框架下是否会签署经贸合作协议？**

**李辉：**东方经济论坛是本地区的盛事，也是中俄两国深化和扩大务实合作的重要平台。正如你所说，中方每年均派出了大规模的商务代表团参加东方经济论坛，今年也不例外，而且规模更大、级别更高。作为两国地方合作的"桥头堡"，中俄远东开发合作取得了显著成果，已成为两国地方合作的一张"名片"。

首先，双方建立了副总理级的中国东北地区和俄远东及贝加尔地区政府间合作委员会机制，将东方经济论坛打造为两国高层会晤的又一重要平台。其次，中国已连续多年保持俄远东地区第一大贸易伙伴地位，已有26家中资企业入驻远东跨越式发展区和符拉迪沃斯托克自由港。第三，中国已成为俄远东地区第一大外资来源国。中国在俄远东地区落实项目达28个，涵盖了农业、林业、建材、轻工、能矿、商贸等诸多领域，投资总额约40亿美元。第四，双方正着力打造陆海联运国际交通走廊，包括滨海1号、滨海2号，跨黑龙江公路、铁路大桥，以及中俄欧班列等互联互通和基础设施建设的大项目在稳步推进。第五，中国与远东地区已建立25对友好省州和城市关系，占中俄友好省州和城市数目的近五分之一。去年，仅滨海边疆区就接待了中国游客42万人次。此外，滨海边疆区有约3000名中国留学生，而来华留学也成为远东地区学生的首选。

**记者：**2018年和2019年为"俄中地方合作交流年"。不知中方为此计划实施哪些重大项目？俄罗斯哪些地区对中国企业来说是最有吸引力的？

**李辉：**"中俄地方合作交流年"延续了双方近年来互办国家级主题年活动的良好传统，旨在着力打造两国务实合作"升级版"，实现地方合作领域和地域的"全覆盖"。今年6月普京总统访华期间，两国元首签署并发表了联合声明，再次对地方合作作出战略规划。

今年以来，中俄地方合作全面升温，两国各地方参与热情不断高涨，互利合作的声音越发响亮，各界、各层、各级人员互动频繁。中方积极搭建各类平台，为中国各省、自治区、直辖市和俄各联邦主体交流合作创造条件，派高级别代表团参加了第22届圣彼得堡国际经济论坛、与俄方共同主办了第五届中俄博览会、全力支持第四届东方经济论坛。为促进两国地区间交往达成切实成果，中方还将于 11 月在上海举行首届中国国际进口博览会。这些重大活动都是中方为落实两国领导人共识、深化两国地方交往、推动中俄全面务实合作不懈努力的最好证明。

当前，"东北—远东""长江—伏尔加河"两机制下的合作成效凸显，极大激发了两国企业合作兴趣，也让两国更多的企业看到了商机。双方共同执行的投资项目涉及科技和农业园区建设、建材生产、机械和汽车制造、造船、林业、高科技产业等诸多领域。此外，"红色旅游"项目也是两国地方合作和人文交流的一大亮点。

**记者**：今年 1—7 月，俄中双边贸易额同比增长 25.8%，达到 583.5 亿美元。有报道称，预计今年两国贸易额将达到 1000 亿美元。您对此有何评价？

**李辉**：中俄两国务实合作互有需要、互相补充，可以说是互利双赢的典范，有着巨大的内生动力和提升空间。我相信，中俄完全可以通过创新机制、挖掘潜力，朝着 1000 亿美元的目标迈进。

在中俄双方共同努力下，两国经贸合作进入加速提质升级的新阶段，并呈现出增长快、范围广、成效实、潜力大等特点。这首先得益于两国战略性大项目合作成效显著，有力带动了双边贸易、投资和产业合作。其次是两国合作的潜力巨大，"一带一路"国际合作高峰论坛、中俄博览会、圣彼得堡国际经济论坛、东方经济论坛等展会的影响力不断扩大，并成为助力两国务实合作的重要平台。第三，双方正积极推进"一带一路"建设与欧亚经济联盟建设对接合作，并已取得重要的早期收获。此外，习近平主席和普京总统在互致新年贺电中共同宣布 2018 年和 2019 年为"中俄地方合作交流年"，将两国地方合作提升至国家水平，将进一步激发两国地方的合作热情和潜力。因此，两国年内达到 1000 亿美元的贸易额，既是可期的，也是可行的，更是中俄务实合作在新时代达到新高度的见证。

**记者：**有报道称，中国准备与俄罗斯发展在传统领域和新领域的合作，其中包括核领域。北京对与莫斯科在核领域的哪种合作最感兴趣？

**李辉：**中俄在核能领域的合作进展顺利，并已成为两国务实合作的重要支点。为进一步扩大核能领域的合作，2016 年 11 月，在中俄总理第二十一次定期会晤期间，两国总理共同发表《中俄政府首脑关于深化和平利用核能领域战略合作的联合声明》，确定双方将在新建核电、快堆、核安全、第三国核电、核技术应用等方面深化合作，实现互利共赢。

今年 6 月，在习近平主席和普京总统的共同见证下，中俄双方在北京签署了核能领域一揽子 7 个合作文件，确定了两国将在示范快堆、田湾核电站两台机组、核电新厂址以及同位素热源供货等重大项目上开展合作。这表明中俄两国在和平利用核能领域的合作广度和深度迈上了新台阶，也成为中俄全面战略协作伙伴关系深入发展的又一标志性的重大成果。

**记者：**许多专家认为，美国发起对华贸易战将对世界经济产生消极影响。请问大使先生，您认为这将对俄中贸易产生哪些影响？中国在对美国进口商品进行替代选择时，俄罗斯商品是否具有一定优势？

**李辉：**众所周知，美国罔顾中美贸易近 40 年来合作发展的事实和互利共赢的本质，以中国对美国贸易顺差扩大为借口，执意单方面提升对中国商品进口关税，挑起对华贸易战，破坏了长期以来正常的国际贸易秩序，引发国际社会对世界经济前景的担忧。中方采取坚定反制措施，维护自身正当权益，合情、合理、合法。同时，中方处理中美贸易摩擦的对话协商大门始终敞开，但对话必须建立在相互尊重和平等的基础上，建立在规则之上，建立在信用之上，中方不会接受任何单方面的威胁和施压。

美国挥舞单边主义的大棒，对许多国家发起制裁和贸易战，引发地区经济动荡，世界经济增长受到威胁。与之形成鲜明对比的是，中俄经贸合作继续保持快速稳定增长，全年贸易额有望突破1000亿美元，这恰是中俄双方不断推进贸易自由化、便利化，推进区域合作一体化的积极成果。世界各国应该清醒地认识到，贸易保护主义、单边制裁措施只会适得其反，只有坚决捍卫经济全球化和多边贸易体制才是解决世界经济发展问题的唯一正确选择。

中俄经贸合作互补性强、潜力巨大。俄罗斯在能源、核能、航空航天等许多领域具有自身的优势，而且随着中俄双边经贸合作的不断深入发展，新的贸易增长点不断涌现和被挖掘，中国欢迎并也愿意增加从俄进口商品。比如，随着中俄两国农产品相互准入合作深入推进，今年一季度俄对华农产品出口表现非常突出，增幅达到了35.3%。下半年在中国上海将举办中国首届国际进口博览会，据我所知，俄罗斯企业参与的积极性非常高，参展企业遍及食品、农产品、医疗设备、电子产品、旅游等多个领域，相信未来将有更多的俄罗斯商品出口到中国。

# 凝聚发展共识，共创繁荣之路

## ——接受《俄罗斯报》采访

2018 年 9 月 10 日

> 中方愿积极参与俄远东开发战略，不断扩大与该地区的互利
> 合作，促进两国毗邻地区共同发展，实现共同繁荣。

**记者：** 在当前全球经济持续低迷的形势下，俄中务实合作呈增长态势。您认为哪些合作领域更具前景和令人期待？

**李辉：** 正如你所说，在中俄关系持续保持高水平运行的背景下，两国务实合作呈现出机制全、平台多、增长快、范围广、成效实、潜力大等特点。去年以来，中俄贸易持续快速回升，2017 年双边贸易额达到 840 亿美元，同比增长 20.8%。今年前 6 个月达到 491.5 亿美元，同比增长 24.8%，贸易增速在中国主要贸易伙伴中位列第一位，预计全年双边贸易额有望超过 1000 亿美元。

一是战略性大项目稳步推进令人期待。中俄联合研制宽体客机项目合资公司正式组建；中石油和丝路基金参股的亚马尔液化气项目一期顺利投产，这也是中俄提出共建"冰上丝绸之路"后启动的首个重大

能源项目；田湾核电站 7 号、8 号机组等核能大项目将顺利实施；探月和深空探测等领域有望取得新突破。

二是发展战略实现对接合作令人期待。中俄双方启动"一带一路"建设与欧亚经济联盟建设对接合作并取得了早期收获。今年 5 月，中国与欧亚经济联盟签署了经贸合作协定，中俄双方将在此协定基础上，继续推进"一带一路"建设与欧亚经济联盟建设对接，并将在开放、透明和考虑彼此利益的基础上，积极探讨构建"欧亚经济伙伴关系"，促进本地区的经济一体化进程。

三是各领域新增长点层出不穷令人期待。2017 年以来，中俄农业合作和农产品贸易稳步发展，成为双边贸易最大的新增长点；中俄跨境电商合作快速发展，阿里速卖通已成为俄最大的外国电商平台。此外，中俄双方还在积极探索在数字经济、中小企业、高新技术合作、远东开发、北极开发等领域培育和挖掘更多新增长点。

四是地方合作交流红红火火令人期待。今年 2 月启动的"中俄地方合作交流年"已成为中俄务实合作的一张亮丽"名片"。两国地方参与热情高涨，从官方到民间，各项活动紧锣密鼓、如火如荼。根据计划，双方还将在"地方年"框架内举办多场投资推介会，贸易、工业和农业展，研讨会，艺术节以及考察参观等数百项活动。

**记者：请您介绍一下中国对俄投资情况。未来发展目标是什么？还有哪些新的投资项目？**

**李辉：**在中俄双方共同努力下，两国经贸合作加速提质升级，基本实现了合作领域和地域的"全覆盖"。投资合作一直是中俄经贸关系的重要内容。2017 年，中国对俄直接投资达 22.2 亿美元，同比增长 72%。

今年 4 月，中俄投资合作委员会召开了第十次秘书长会议，研究推进 2018 年中俄投资合作重点。同月，俄罗斯中国投资者及企业家支持中心在北京举行了揭牌仪式，旨在为在俄境内所有中国投资企业提供信息服务和法律支持，帮助解决在俄投资遇到的问题。6 月，由中俄友好、和平与发展委员会地方合作理事会和黑龙江省人民政府共同主办的中俄地区经贸、投资、科技、工业企业合作对接会在哈尔滨举行，双方签署了《中俄人民币基金管理公司合作协议》。根据协议，中俄人民币基金管理公司正式成立后，将发起设立中俄人民币基金，预计首期规模 10 亿美元，重点投资"一带一路"项目，特别是黑龙江省与俄有关州区的相关合作项目，这是中俄地方合作理事会框架下的标志性成果，对中俄地方合作将发挥更加积极的作用。

更为重要的是，不久前，习近平主席和普京总统在北京共同见证了中俄签署关于进一步加强投资合作的谅解备忘录，双方将持续深化两国投资合作，充分发挥中俄投资合作委员会统筹协调作用，促进两国企业交流合作并为此创造良好的外部环境，推动更多项目落地，不断提升中俄投资合作规模和水平。此外，双方还将密切在新开发银行、亚洲基础设施投资银行等多边开发机构内的合作，为两国境内的基础设施建设和现代化改造吸引资金。

得益于"中俄地方合作交流年"的举办，中俄地方投资合作正在逐步扩大。中方正在筹建总额 1000 亿元人民币的中俄地区合作发展投资基金，将对中俄地方合作发挥积极的促进作用。青岛市将在莫斯科核心地区投资 300 亿卢布建设俄中地方合作园，与中俄地方合作园（青岛）形成联动，促进中国企业到俄罗斯发展。此外，首届中国国际进口博览会、第五届中俄博览会、第四届东方经济论坛等平台也将为两国地方和企业交流合作牵线搭桥，积极扩大投资合作，助力中俄经济合作质量和水平的全面提升，为新时代中俄全面战略协作伙伴关系发展注入新的活力。

**记者**：来俄旅游的中国公民数量逐年猛增，成为两国人文合作的一大亮点。请您介绍一下有关情况。

**李辉**：近年来，中俄旅游合作迅猛发展。据统计，2017年中国赴俄游客人数达147万人次，同比增长14.7%，中国已成为俄最大外国客源地；同时，中国接待俄游客达230万人次，同比增长19.5%。今年，这一数字还将继续增长，仅世界杯期间就有十多万中国游客前往俄11个比赛城市，体育交流极大带动了双方旅游合作。

我认为，中俄旅游合作升温主要得益于以下几个重要因素：一是中俄人文交流的深入发展。中俄互办"旅游年"增添了双方对彼此文化的兴趣，掀起了一股"旅游热"。二是旅游特色产品的开发及旅游业设施的逐步完善。"红色旅游""友好中国""跨境旅游"等项目极大推动了两国游客互访。三是签证便利化措施的施行。双方签署团队旅游互免签证协议吸引了更多游客参加团队游。

2018年和2019年是两国元首共同确定的"中俄地方合作交流年"，两国地方在旅游方面做了大量工作，中俄红色旅游合作交流系列活动、"首届中俄·天柱山文化旅游交流节""中国·俄罗斯欢乐畅快游""一带一路"中俄青少年国际艺术文化旅游交流活动、中俄蒙"万里茶道·草原清风"摩托车自驾游等活动层出不穷。根据计划，中俄将在"地方年"框架内举办包括旅游交流合作在内的数百场活动，两国旅游资源的潜力将被进一步挖掘。

需要指出的是，随着中俄远东开发合作的全面展开，边境游成为双方旅游业新的增长点。去年，通过黑龙江省的口岸入境的俄罗斯游客占全国俄罗斯游客接待总量的半壁江山，而中国游客到访俄滨海边疆区达 42 万人次，占该地区外国游客数量的 65%。

2019 年是中俄建交 70 周年，两国将举办一系列隆重庆祝活动，相信借此两国旅游合作领域将不断拓宽，合作层次和水平将不断提升。中俄是山水相连的好邻居，同为世界旅游大国，我们也期待着双方以旅游合作为契机，促进双边贸易，实现民心相通。

本文 2018 年 9 月 10 日刊登在《俄罗斯报》

# 中俄友谊的特殊符号

2018 年 9 月 11 日

时光荏苒，距 2008 年第一批中国汶川地震灾区的 398 名小朋友赴"海洋"全俄儿童中心疗养已过 10 个春秋。10 年间，中俄两国友谊历久弥新，"海洋"既是两国小朋友之间传递情谊的生动诠释，也已化为中俄友谊的特殊符号。

"海洋"全俄儿童中心是中俄关系发展的见证者。中俄全面战略协作伙伴关系的核心就是平等信任、相互支持、共同繁荣、世代友好。"世代友好"是两国和两国人民的心声，早已走进两国人民内心深处。俄罗斯别斯兰人质事件和中国汶川特大地震后，中俄双方第一时间作出接待对方受难儿童疗养的决定，这既是中俄关系高水平的体现，也验证了大爱无疆这句中国人常说的话。

"海洋"全俄儿童中心是中俄世代友好的践行者。俄方当年邀请1500 多名四川等地震灾区中小学生到俄罗斯疗养，其中约一半小朋友来到这里，度过了一生中最难忘的时光。在这里，他们感受到了俄罗斯小朋友的真情与友爱；在这里，他们感受到了家的温馨与关怀；在这里，他们渐渐地忘记了伤痛，中俄友谊之花在他们心中生根发芽。

"海洋"全俄儿童中心是中俄友谊之棒的传递者。曾经在这里留下珍贵记忆的中国小朋友们，一定记得他们的俄罗斯小伙伴。他们用心与心的沟通跨越了语言的障碍，用手牵手的关怀拉近了彼此的心灵，用信与信的交流娓娓倾诉衷肠。这里结下的情缘、写下的故事，滋润着两国人民友谊之树，为中俄友谊扎得更深、夯得更实作出了特殊贡献。

昔日的少年已成长为栋梁之材，有的用在俄罗斯大学深造来续写这段故事，有的用从事与儿童教育有关的工作来报答这份恩情，也有的用自己的方式来默默地珍藏这段记忆。我相信，中俄两国人民世代友好的故事从"海洋"全俄儿童中心再出发，必将薪火相传，不断续写新的篇章。

（注：习近平主席 2018 年 9 月 12 日在俄罗斯符拉迪沃斯托克参加第四届东方经济论坛期间参观了"海洋"全俄儿童中心。）

本文 2018 年 9 月 11 日刊登在《人民日报》

# 中俄合作展现大国担当

## ——接受俄罗斯主流媒体访华记者团采访

2018 年 10 月 15 日

> 随着中俄关系的欣欣向荣，各领域合作潜力逐步释放，未来数年内，中俄双边贸易定能克服困难，突破 2000 亿美元大关。

**记者：**今年 11 月初，中国将在上海举行首届国际进口博览会，您认为这将给俄中合作带来哪些新机遇？目前将有哪些俄罗斯公司参加？

**李辉：**在 2017 年中国举办的首届"一带一路"国际合作高峰论坛上，中国国家主席习近平正式宣布，将从 2018 年起举办中国国际进口博览会。这是世界上第一个以进口为主题的国家级博览会，充分体现了中国负责任大国的担当和开放市场的真诚意愿、决心和勇气，更是一种具体实践。在贸易保护主义和单边主义有所抬头的新形势下，对推动世界经济发展具有特别的现实意义。

首届中国国际进口博览会是中国政府坚持对外开放基本国策、推动新一轮高水平对外开放的政策宣示，也是推进"一带一路"国际合作倡议的具体行动，也为中俄双方继续加强共建"一带一路"和欧亚经济联盟对接、拓宽双边经贸合作渠道、打造务实合作新的增长点提供了更大、更广阔的合作平台。目前，已有来自130多个国家和地区的2800多家企业确认参展，其中包括多家俄罗斯企业。参加博览会不仅有利于俄罗斯企业分享中国市场的"蛋糕"，更能够在广阔的平台上向世界展示俄罗斯的优秀产品，这就为中俄双方实现与第三方合作提供了新的更多可能。

我们注意到，在中国政府决定举行首届国际进口博览会后，俄罗斯是首个赴华考察的国家。2017年底，俄方就已派代表团赴上海了解博览会相关事宜、与有关部门洽谈，并成立了专门的委员会，这充分体现了俄方对中方倡议的高度重视和支持，也反映出首届中国国际进口博览会的吸引力。一直以来，中俄双方就参会事宜保持了密切沟通。据中方目前统计，已有近百家俄罗斯企业报名参展，涉及领域包括食品和农产品、消费品、高科技产品和设备、医疗产品以及服务贸易。我们对此表示热烈欢迎。

我们希望并且相信，在当前中俄关系高水平发展的背景下，在双方共同努力下，赴华参会的俄罗斯企业一定能取得收获与成功。为此，中国驻俄大使馆也愿为所有赴华参会的俄罗斯企业和个人提供一切必要协助。

**记者：**从双方统计数据来看，今年的俄中双边贸易额有望突破1000亿美元。您对此有何看法？您认为双方2000亿美元的目标将何时能实现？

**李辉：**今年以来，中俄双边贸易快速增长，战略合作对接持续深化，两国在能源、核能、航空、航天、跨境基础设施等领域战略性大项目稳步推进。前8个月，双边贸易额达675亿美元，同比增长

25.7%，中国连续八年保持俄罗斯第一大贸易伙伴国地位。前 7 个月，中国对俄全行业直接投资 2.3 亿美元，实际利用俄外资 4864 万美元，中国继续保持俄主要投资来源国地位。农产品贸易表现活跃，中俄不断扩大双边农产品市场准入，极大丰富了两国人民日常生活的餐桌。我们欣喜地看到，中俄双边贸易额不断增长的趋势在进一步扩大，我们有理由相信，实现两国双边贸易额 1000 亿美元的目标条件已渐成熟。

当前，中俄全面战略协作伙伴关系在两国元首的战略引领下不断深化、走实走深。今年 6 月，普京总统成功访华并出席了上海合作组织青岛峰会。9 月初，习近平主席来俄出席第四届东方经济论坛并同普京总统举行了会晤，为未来中俄关系尤其是经贸关系发展作出了新规划。下一步，双方应共同落实好两国元首达成的重要共识，深化共建"一带一路"与欧亚经济联盟对接合作；巩固双边贸易良好势头，完善贸易结算体系，提高两国贸易投资便利化水平；深化战略大项目合作，促进两国产业深度融合；借"中俄地方合作交流年"契机，用好中国国际进口博览会、中俄博览会等平台，深耕地方合作；加强在世贸组织、金砖国家等多边框架下的协调配合，支持和维护多边贸易体制，携手应对外部挑战。

我相信，随着中俄关系的欣欣向荣，各领域合作潜力的逐步释放，未来数年内，中俄双边贸易定能克服困难，突破重围，冲出 2000 亿美元大关。

**记者：中国如何看待俄罗斯远东发展计划？您对此有何建议？中方计划参与哪些项目？**

**李辉：**俄方视远东开发为本世纪国家优先方向，大力实施远东开发战略计划，这也为中俄深化地方合作提供了难得的机遇。中俄都处于国家发展和民族复兴的重要时期，发展蓝图高度契合，同时两国在现代化进程中互相支持、密切配合。"一带一路"建设将中国东北老工业基地振兴战略与俄远东地区发展战略紧密联系起来，为中国东北与俄远东合作提供了有力保障。

中国一直是俄远东合作的积极支持者和参与者，已成为该地区第一大贸易伙伴国和第一大外资来源国。2017年，中国同远东联邦区贸易额超过77亿美元。中方参与远东跨越式发展区和自由港项目30余个，规划投资已超过了40亿美元。中俄原油管道、东线天然气管道、同江铁路桥、黑河公路桥等项目顺利推进。

中国国家主席习近平首次出席东方经济论坛，中国9个省、自治区负责人出席了本届论坛框架下的地方领导人对话会。在两国元首见证下，双方签署了《中俄远东地区合作发展规划（2018—2024年）》，成为两国地方和企业合作的行动指南。双方商定建立中国东北地区和俄远东及贝加尔地区实业理事会，作为中国东北地区和俄远东及贝加尔地区政府间合作委员会的有益补充。为推进重大项目落地，中方还设立了首期100亿元、总规模1000亿元人民币的中俄地区合作发展投资基金。未来，中俄将以基础设施、能源、农业、跨境旅游等合作为重点，广泛调动中小企业积极性，努力实现优势互补、互利共赢，推动中俄远东合作达到更高水平，取得更实成果，成为中俄地方合作典范。

**记者**：当前，俄中两国的投资合作备受关注。大使先生，您如何看待当前的俄中两国投资合作现状及其发展前景？

**李辉**：中俄投资合作领域宽、前景好、成果多，是中俄务实合作的有机组成部分和重要内容。今年前 7 个月，中国对俄全行业直接投资 2.3 亿美元，实际利用俄外资 4864 万美元，中国保持俄主要投资来源国地位。这都是中俄两国投资合作势头良好的有力证明。

中俄投资合作机制完备。扩大双边投资合作一直是中俄两国深化务实合作的重点方向之一，并且得到了两国政府的大力支持和推动。今年 9 月，中俄投资合作委员会第五次会议在莫斯科举行，会议总结和梳理了两国投资合作成果，并就下一步合作规划和新一轮重点项目达成共识。11 月，两国总理在北京共同主持了中俄总理第二十三次定期会晤，签署了联合公报，共同见证了包括投资合作在内的多项文件的签署。

中俄投资合作平台多样。今年 2 月，首届中俄投资与法律服务合作先锋论坛在莫斯科举行，两国律师共同为企业提供贴身法律服务。3 月，中俄投资合作委员会秘书处工作会议在北京举行，就中俄投资重点项目进展等重要问题达成一系列共识。7 月，第五届中俄博览会在叶卡捷琳堡举行。9 月，中俄投资合作论坛在北京举行。11 月，俄方庞大的代表团将赴华参加首届中国国际进口博览会，这些平台均进一步扩展了中俄投资合作的外延。

中俄投资合作前景广阔。中俄两国有地理毗邻的天然优势、高度互信的政治优势、经济互补的发展优势，这都为中俄投资合作提供了快速发展的沃土和空间。当前，单边主义和贸易保护主义抬头，西方投资吸引力下滑，在此背景下，中俄两国投资合作对双边经贸发展的意义不言而喻，并且逆流而上，不仅推动了两国战略性大项目发展，还为两国地方合作、边境合作注入了动力。

# 中俄合作的大门越敞越开

## ——接受俄罗斯"商业咨询"电视台采访

2018 年 11 月 5 日

在中俄双方共同的不懈努力下，两国务实合作挖潜增效，提质升级，已成为推动双边关系不断深入发展的"永动机"。

记者：您认为 2018 年俄中经贸额能否完成 1000 亿美元的目标？双方在哪些合作领域取得了突出进展？俄中经贸关系发展过程中是否存在一些制约因素？您对推进俄中经贸合作有何建议和良策？

李辉：我们欣喜地看到，在中俄双方共同的不懈努力下，两国务实合作挖潜增效，提质升级，已成为推动双边关系不断深入发展的"永动机"。中国已连续八年保持俄罗斯的第一大贸易伙伴国地位，今年前 11 个月，贸易额超过 972 亿美元，比上年同期增长 28%，全年将突破 1000 亿美元。

一是制度性安排扎实推进。今年 5 月 17 日，中国与包括俄罗斯在内的欧亚经济联盟各成员国共同签署了《中国与欧亚经济联盟经贸合作协定》，推动中俄双方在"一带一路"建设与欧亚经济联盟建设对接合作上取得了重要阶段性成果。今年 6 月，在上海合作组织青岛峰会期间，习近平主席与包括普京总统在内的其他成员国元首共同发表了《关于贸易便利化的联合声明》，充分体现了中俄两国推进双边和本地区贸易便利化的坚定决心。

二是贸易额增长势头强劲。中俄经贸合作破除不利因素影响，实现强劲增长。今年前 11 个月，双边贸易额超过 972 亿美元，比上年同期增长 28%，全年将突破 1000 亿美元。值得一提的是，中国自俄进口增幅尤为突出，上半年同比增长 32%，俄对华贸易顺差进一步扩大，越来越多的俄优质日用品、农产品和食品受到中国消费者青睐。与此同时，双边贸易结构持续优化，农产品贸易、跨境电商、地方合作等成为拉动两国经贸合作的新引擎。

三是大项目合作成果显著。前不久，中国企业参与的亚马尔液化天然气项目第三条生产线提前近一年正式投产，标志着中俄能源合作取得重大进展。此外，中俄原油管道二线于今年初全线贯通，中俄天然气管道东线将按期开通。莫斯科中国贸易中心、长城汽车厂等项目稳步落地，中俄联合研制生产的远程宽体客机项目进展顺利。这些都是中俄大项目合作如火如荼的生动诠释，极大地丰富了中俄经贸合作的内涵。

下一步，双方要进一步完善机制建设，用好现有的各层级合作机制，建立健全新的合作机制；要扫清合作障碍，消除贸易壁垒，加快市场准入；要深化两国发展战略对接，落实好两国签署的各项协议；要做好远东开发与建设合作，深化两国地方经贸合作；要激发中小企业合作潜力，使其成为中俄经贸合作的生力军。我们相信，在两国的共同努力下，中俄务实合作定将迈上新台阶。

**记者**：谈到俄中经贸合作，您认为哪些方面是最主要的：购买俄能源或其他自然资源？还是实施大型基础设备项目，如北方航道？

**李辉**：近年来，中俄两国紧紧抓住双边经贸合作中的战略性大项目的发展，并以此为引领，加速整体提质升级的步伐，通过扩展贸易范围、优化贸易结构、挖掘合作亮点，取得了极大成效。进入2018年以来，双边贸易持续快速发展。

中俄原油管道复线建成并已启动供油，东线天然气管道正在按计划建设，首船亚马尔液化天然气已通过北极航道运抵中国。联合研制远程宽体客机项目合资公司启动运营，研制工作进入了实质阶段，联合研制重型直升机项目合作稳步推进。同江铁路桥、黑河公路桥建设总体进展顺利，将进一步带动两国边境地区地方合作。此外，中俄双边经贸结构持续优化，农业合作和农产品贸易稳步发展。跨境电商合作快速发展，阿里速卖通已成为俄最大的外国电商平台。普京总统在本届东方经济论坛上还特别提到了阿里巴巴与俄三巨头成立合资公司的消息。双方还在积极探索在数字经济、中小企业、高新技术、远东开发、北极开发等领域培育更多新的增长点。

**记者**：有专家认为，今年石油价格能涨到每桶100美元。中方对此有何看法？在今天的能源市场中，谁是中国最主要的合作伙伴？

**李辉**：能源作为经济的"血液"，在世界各国经济发展中发挥着至关重要的作用。总体上，石油价格由供需关系决定，市场有需求，价格自然就会增长，需求下降，价格自然下跌。中国作为能源进口大国，希望石油价格保持合理、正常趋势。

近年来，中国能源领域对外开放扩大，主要表现为能源领域政策沟通日益深化、能源基础设施互联互通不断加强、能源贸易畅通水平逐步提升。中国在能源领域开放的大门不会关上，还将进一步扩大开放，在更大范围、更高水平、更深层次上开展国际能源合作，推动能源贸易和投资便利化，不断改善营商环境，建设更加开放、稳定、可持续的全球能源市场，推进能源国际产能合作。

能源合作是中俄全面战略协作伙伴关系的重要组成部分，也是双方务实合作中分量最重、成果最多、范围最广的领域。目前，中国是俄能源领域最重要的合作伙伴之一，俄已是中国原油进口第一大供应国。若双方西线供气协议达成，俄将成为中国天然气进口最大供应国。两国应用好中俄能源合作委员会这一机制，将能源领域的各项合作共识转化为具体合作项目，实现上中下游全方位一体化合作，打造互利共赢的能源合作伙伴关系。

**记者：据说，因不久前与俄国防工业体的合作，中方受到来自美国的第二轮制裁。中方拟采取哪些具体措施避免这类事件再次发生？**

**李辉：**美方以中国同俄罗斯开展相关军事合作为由，制裁中国军方机构及负责人，严重违反国际法基本原则，性质极其恶劣，是赤裸裸的霸权主义行径。中俄军事合作是两个主权国家的正常合作，美方无权干涉。且中俄之间的军事合作，并非要结成同盟也不针对任何一方，而是维护世界和平和稳定的重要因素。

维持中美关系良好发展，对两国和两国人民都有利。希望美方多从两国人民切身利益考虑，多做、多发表一些有利于促进中美关系发展、有利于增进两国人民福祉的言行，而不是相反。如果美方一意孤行，中方将采取一切必要措施坚定捍卫国家和人民的利益。

**记者：**旅游合作已成为俄中人文交流的重要组成部分。来俄旅游的中国游客逐年增加。据您所知，目前两国游客数量分别是多少？变化趋势是怎样的？

**李辉：**中俄两国都拥有古老文明和灿烂文化，现代文明日新月异的发展与传统民族风情和旖旎迷人的风光交织，不断吸引着中俄两国游客到对方国家旅游。据有关统计，2017 年赴俄中国游客量同比增长14.7%，达到 147 万人次。2018 年上半年，来俄旅游的中国游客仍呈现上涨趋势，达 66.7 万人次，同比增长 21%。其中，37.36 万人次是通过免签旅游团通道，同比增长 23%。中俄旅游合作日臻完备，为增进两国人民相互了解打开了一扇窗。

一是呈现机制化趋势。中俄成功互办了"旅游年"，不仅大大促进了两国旅游合作，也为两国务实合作注入了新动力，成为两国游客赴对方国家旅游人数快速增长的重要原因。今明两年举办的"中俄地方合作交流年"，必将推动中俄地方旅游合作再上新台阶。

二是呈现常态化趋势。两国相关部门就落实签证便利化措施和提升旅游服务质量等议题多次举行磋商，进一步简化了签证手续，规范了双方旅游市场，这也吸引了更多游客参加团队游。如今，中俄两国人民也可以随时赴对方国家来一场"说走就走"的旅行。

三是呈现年轻化趋势。根据俄官方发布的数据，中国公民在世界杯期间办理的球迷护照数量（FAN ID）达 6 万份，仅次于东道主俄罗斯，在世界入境游客中排名第一。据不完全统计，其中年轻人占大多数。这一点充分说明，中俄两国世代友好的理念已真正走入民心。

# 中俄务实合作具有强大的生命力

## ——接受俄罗斯《论据与事实报》采访

2019 年 1 月 23 日

> 实践有力证明，秉持"世代友好、永不为敌"的理念，在"平等互利、合作共赢"的原则下开展务实合作对两国关系至关重要。

**记者**：大使先生，您认为在俄中务实合作中的哪些联合项目最为成功？哪些领域最有发展潜力？

**李辉**：务实合作是中俄关系的重要物质基础。其中，战略性大项目合作最为关键，也最引人注目。在双方共同努力下，能源、核能、航空航天、基础设施建设等领域的一系列战略性大项目合作取得积极进展，带动了双边整体贸易结构加速提质升级，取得了很大成效。中国已连续八年保持俄第一大贸易伙伴国地位。

近年来，中俄双边经贸结构持续优化，新的增长点不断涌现。农业合作和农产品贸易稳步发展，成为双边贸易最大亮点。跨境电商合作快速发展，阿里速卖通已成为俄最大的外国电商平台。双方还在积极探索在数字经济、中小企业、高新技术、远东开发、北极开发等领域培育更多新的增长点，这些都是非常有潜力的领域。

实践有力证明，秉持"世代友好、永不为敌"的理念，在"平等互利、合作共赢"的原则下开展务实合作对两国关系至关重要。

**记者**：2015 年 5 月，普京总统同中国国家主席习近平签署了关于"一带一路"建设和欧亚经济联盟建设对接合作的联合声明。目前，对接合作进展如何？

**李辉**：这是中俄两国元首从战略高度对两国深化务实合作作出的顶层设计和重要规划。俄是"一带一路"建设的积极支持者。2017 年 5 月，普京总统来华出席了"一带一路"国际合作高峰论坛，对"一带一路"倡议给予高度评价，双方围绕"一带一路"合作的规划、部署和互动备受瞩目。2017 年 7 月，两国元首再次就"一带一路"建设同欧亚经济联盟建设对接合作深入交换意见。2018 年 5 月，中国与欧亚经济联盟经贸合作协定正式签署，在经贸方面首次达成重要制度性安排。9 月，两国元首在第四届东方经济论坛期间举行会晤，商定将继续深化"一带一路"建设和欧亚经济联盟的对接合作。12 月 6 日，欧亚经济最高理事会会议通过了关于中国与欧亚经济联盟经贸合作协定生效的决议。

3 年多来，对接合作已取得重要成果。中俄方面，东线天然气管道建设进展顺利，原油管道二线已于 2018 年初全线贯通，亚马尔液化天然气项目第三条生产线正式投产，中俄跨境铁路桥建设、"滨海 1 号""滨海 2 号"大型交通走廊建设稳步推进。中哈方面，开通 5 条油气跨境运输管道、2 条跨境铁路干线和 1 个国际边境合作中心，中哈连云港物流合作基地、"霍尔果斯—东大门"经济特区无水港、"欧洲西部—中国西部"高速公路等项目相继落地。中白方面,"巨石"工业园是中国企业在全球范围参与建设的最大海外工业园区,是中白合作共建"一带一路"的标志性工程。目前已有多家企业入驻,除中国外,还吸引了来自俄罗斯、美国、德国、奥地利等国企业。中吉方面,比什凯克热电厂改造项目是中吉两国务实合作的成功典范。目前,"吉尔吉斯斯坦亚洲之星农业产业合作区"项目已经被中方认定为国家级境外经济贸易合作区。

**记者:** 有媒体报道称,俄中金融合作因中方怕受到第三方制裁的原因而发展不前,您认为是这样的吗?

**李辉:** 近年来,中俄金融领域合作稳步推进。多家中国银行在俄开设分行,中国的支付宝也成为俄境内认可的支付系统之一。俄央行也把海外第一家代表处设在北京,这些都充分显示了双方对金融合作的重视。另外,随着两国经贸往来的持续升温,双方对深化金融合作的愿望和需求也持续增加。进一步提高两国本币结算的水平即是双方下一步金融合作的重点方向。《中俄总理第二十三次定期会晤联合公报》指出,要促进本币结算、扩展代理网络、畅通银行间业务运行,为中俄经贸合作保驾护航。两国金融主管部门在双边金融合作分委会框架下保持密切沟通,探讨在新形势下开展安全、高效的金融合作方式和渠道。2018年9月,中俄投资合作委员会第五次会议梳理和总结了两国投资合作成果,就下一步合作规划和新一轮重点项目达成共识。

据我所知,当前,中俄两国银行及金融业之间保持了良好合作,中资银行和相关金融机构大力支持俄能源、工业、基础设施建设等领域发展,信贷支持几乎覆盖了俄所有支柱产业,包括电信、航空航天、机械制造、有色金属、电力能源、钢铁和化工等，有力支持了一大批社会效益和经济效益俱佳的重点项目。下一步，双方还将在亚投行、金砖国家开发银行框架内加强合作，用好中俄博览会、东方经济论坛等重要平台，聚焦产业发展、产业链整合方面的金融创新与服务，助力两国实体经济发展。

**记者**：众所周知，美国新的《国家安全战略》视俄中为主要竞争对手。在此背景下，俄中两国是否可以组成更为紧密的政治或军事联盟，携手应对美国？

**李辉**：在双方共同努力下，中俄全面战略协作伙伴关系已成为内涵丰富、战略意义突出的一组大国关系，为促进两国各自发展、捍卫世界和平与稳定作出重要贡献。这首先要归功于两国牢固的政治基础和高度的战略互信，双方在相互尊重、平等相待的基础上坚定支持和照顾彼此核心利益，互不干涉内政，不以意识形态划线。此外，《中俄睦邻友好合作条约》指明了两国关系的发展方向，即"世代友好，永不为敌""构建不冲突、不对抗、不针对第三方的新型国家关系"。可以说，中俄构建的"结伴而不结盟"的战略伙伴关系不是为了对抗第三方，而是为了推动建立更加公正合理的国际政治经济新秩序，更好地维护世界和平与稳定，实现人类社会的共同发展与繁荣。

**记者**：赴俄旅游的中国游客呈增长趋势。请问，自俄罗斯赴华旅游的游客量是否也呈同样趋势？

**李辉**：近年来，中俄旅游合作蓬勃发展，"你来我往"态势明显。俄公民赴华旅游、中国公民来俄旅游已成为"常态"，就像邻居之间相互串门一样。同时，这也是两国关系友好往来的重要体现。

中俄游客签证政策日趋便利。双方早在 2000 年就签订了《关于互免团体旅游签证的协定》，并于 2007 年对该协定进行了修改补充，形成了目前 5 人 15 日的旅游团队免签政策。目前，双方正在积极考虑放宽免签待遇的旅游团人数和期限，为中俄旅游往来再添新动力。

中俄游客服务环境日趋完善。双方均重视规范和完善各自的旅游市场，把营造方便、舒适、温馨的旅游环境作为努力的目标。如今在莫斯科的中文标识越来越多，特别是在主要的机场、酒店、商店；在海南，俄游客同样可以享受俄文服务，出行更加便利安全放心。

中俄旅游项目产品日趋丰富。俄旅游部门专门为中国游客量身打造的"红色旅游"精品路线，在中国游客中极具吸引力。而俄游客喜欢来华参观历史名胜、购物和疗养。中国旅游界正在积极想方设法推出更多俄民众喜爱的旅游线路和产品，丰富旅游行程。

今年是"中俄地方合作交流年"收官之年，两国地方政府应抓紧用好这一难得机遇，进一步推进两国地方之间的文化交流和旅游合作。

# 中俄合作驶入"快车道"

## 2019 年 3 月 4 日

中俄双方本着求真务实的精神，不断深化战略协作，走出了一条符合时代潮流、实现互利共赢的国家之间合作大道。

新年伊始，普京总统发表一年一度的国情咨文，以"突破性发展"为主线，以解决实际问题为导向，聚焦俄罗斯经济和民生，确保经济增速超过 3%，全面落实"五月总统令"的各项发展指标，旨在改善人民生活、实现国家振兴。俄社会各界对咨文给予高度评价。今年是中华人民共和国成立 70 周年，在以习近平同志为核心的党中央领导下，中国人民正向实现"两个一百年"奋斗目标迈进。中俄两国都在强国富民的道路上加快前进，梦想和目标如此接近，使两国人民对各自国家未来发展更加充满期待。

2013 年 3 月 22 日，习近平主席对俄进行国事访问，这是习近平就任国家主席后的首次出访，俄又是此次访问中的首个国家，无疑体现出中俄关系的重要性和特殊性。访问取得圆满成功，习近平主席和普京总统建立起良好的工作关系和个人友谊，两国元首从此保持着年度高频互访和在重大国际会议期间举行双边会晤，以及相互出席对方举办重大活动的传统。近 6 年来，习近平主席 7 次来俄，同普京总统在双边和多边框架内举行了近 30 次会晤，他们还分别授予对方本国最高勋章——"友谊勋章"和"圣安德烈"勋章。元首外交成为中俄关系的一大亮点，始终战略引领着"肩并肩"的中俄合作不断向前推进，为邻国、大国、新兴经济体之间的合作共赢树立了典范。

中俄双方本着求真务实的精神，不断深化战略协作，走出了一条符合时代潮流、实现互利共赢的国家之间合作大道。在涉及国家主权、安全、领土完整、发展等核心利益上相互坚定支持，相互尊重并支持对方走符合本国国情的发展道路，积极致力于两国共同繁荣振兴。在双方共同努力下，中俄在经贸、能源、科技创新、金融投资、农产品、基础设施建设等领域合作驶入"快车道"，为两国关系持续健康稳定发展注入了新动能。据中国海关统计，2018 年中俄双边贸易额达 1070.6 亿美元，首次超过 1000 亿美元，创历史新高，增幅达 27.1%，增速在中国前十大贸易伙伴中位列第一位。双方还积极探索在数字经济、中小企业、高新技术、远东开发、北极开发等领域培育更多新的增长点。中俄成功互办"国家年""语言年""旅游年""青年友好交流年""媒体交流年""地方合作交流年"等一系列国家级大型活动，民众参与广泛，社会反响强烈。"一带一路"建设同欧亚经济联盟建设对接合作取得重要成果，中国与欧亚经济联盟及其成员国正式签署经贸合作协定，为双方企业和人民均带来了实惠与红利。

中俄建交 70 周年是 2019 年两国关系发展的主线，届时双方要举办隆重热烈、丰富多彩的庆祝活动，推动各领域务实合作取得更多成果。走过 70 年的风雨历程，中俄关系历久弥坚。我们坚信，在新的一年里，中俄两国关系将获得更大发展。中方愿同俄方共同落实好两国元首达成的一系列重要共识，继续切实推进"一带一路"建设和欧亚经济联盟建设对接合作，进一步巩固两国人民世代友好的传统友谊，推动两国关系在高水平上实现更大发展，为双方携手实现国家和民族振兴、建设新型国际关系、构建人类命运共同体作出更大的贡献。

本文 2019 年 3 月 4 日刊登在俄罗斯《独立报》

# 拓展中俄务实合作空间

## 2019 年 4 月 21 日

"一带一路"倡议顺应了时代潮流，契合中俄两国合作共赢、共同发展的愿望，为双方深化互利合作带来了新机遇。

"一带一路"倡议提出近 6 年来，"朋友圈"不断壮大，合作伙伴遍布全球，"中国方案"备受欢迎。以和平合作、开放包容、互学互鉴、互利共赢为核心的丝路精神得到越来越多国家认同和支持。"一带一路"倡议已成为当前覆盖范围最广、内涵最丰富的国际公共产品，为世界经济发展注入了新动能。

俄罗斯是"一带一路"国际合作的重要支持者。"一带一路"倡议对中俄已有的合作架构进行了优化，极大丰富了双边关系内涵，拓展了合作空间。

2015 年 5 月，习近平主席和普京总统共同签署关于"一带一路"建设和欧亚经济联盟建设对接合作的联合声明，开启了"一带一路"与欧亚经济联盟对接进程。2017 年 5 月，普京总统来华出席首届"一带一路"国际合作高峰论坛，对"一带一路"倡议给予高度评价。

2017 年 7 月，两国元首再次就"一带一路"建设同欧亚经济联盟建设对接合作深入交换意见。2018 年 5 月，《中华人民共和国与欧亚经济联盟经贸合作协定》正式签署，对推动"一带一路"建设与欧亚经济联盟建设对接合作具有里程碑意义。同年 12 月，欧亚经济最高理事会会议通过了《中华人民共和国与欧亚经济联盟经贸合作协定》生效的决议。

中俄合作由此不断取得新突破。去年双边贸易额达 1070.6 亿美元，创历史新高，增速在中国前十大贸易伙伴中位列第一。两国在能源、核能、航空航天等领域大项目合作驶入快车道，首船亚马尔液化天然气运抵中国，中俄原油管道二线正式运营，中俄东线天然气管道将按期向中方供气，中俄核领域一揽子合作协议顺利签署，远程宽体客机联合研制工作稳步推进。

互联互通日趋紧密。两国首座跨境铁路桥、跨境公路桥，"滨海 1 号""滨海 2 号"国际交通走廊、中蒙俄经济走廊，中欧班列等交通基础设施项目稳步推进，农产品贸易、服务贸易、跨境电商、北极开发、高技术合作等领域，不断成为合作新增长点。

人文交流异彩纷呈。6 年来，从"旅游年""青年友好交流年"到"媒体交流年""地方合作交流年"，各类大型国家级活动接踵而至；从互办电影节、互译出版项目，到两国博物馆、剧院、美术界之间频繁互动，极大地繁荣了两国文化交流的形式和内涵，增进了双方民众对彼此文化的了解和兴趣；中俄文化论坛和"中俄文化大集"活动，成为两国在"一带一路"倡议下人文交流合作的品牌项目。

"一带一路"倡议为中俄加强国际协作提供了重要支撑。中俄均是联合国安理会常任理事国，是诸多国际组织的重要成员国。两国在发展双边关系的同时，致力于维护国际和地区和平稳定，促进人类共同发展。中方同包括俄方在内的"一带一路"沿线国家开展了富有成效的多边合作，成立亚投行、丝路基金、金砖国家新开发银行等，为促进欧亚地区发展作出了重要贡献。

实践证明，"一带一路"倡议顺应了时代潮流，契合中俄两国合作共赢、共同发展的愿望，为双方深化互利合作带来了新机遇。今年恰逢中俄建交 70 周年，双方将以此为契机，不断加强政策沟通与战略对接，深化各领域务实合作，夯实两国传统友好的民意和社会基础，共同将"一带一路"打造为推动世界经济增长、构建人类命运共同体的国际合作平台。

本文 2019 年 4 月 21 日刊登在《人民日报》

# 中俄务实合作渐宽渐稳

## ——接受中国《经济日报》专访

2019 年 4 月 22 日

2019 年，中俄双方将以建交 70 周年为契机，继续加大高层交往力度，加强战略沟通，累积政治互信，推动双边关系不断深入发展。

**记者**：您如何看待中俄两国目前关系发展现状，以及对中俄两国的政治与经济产生了哪些深远影响？

**李辉**：近年来，在两国元首战略引领下，中俄全面战略协作伙伴关系不断巩固与深化。习近平总书记在党的十九大报告中明确了中国发展新的历史方位，描绘了全面建成社会主义现代化强国的"两步走"宏伟蓝图。普京总统也于去年 5 月 7 日签发了总统令，规划了 2024 年前俄国家战略发展任务和目标。发展振兴，就是中俄两国各自面临的最重要国内任务；和平稳定，就是中俄两国共同致力的重要国际使命。新时代的"背靠背"中俄关系焕发出强大的生机与活力，对两国政治、经济产生深远影响。

一方面，两国政治互信走深走实。当前，中俄双方高层交往机制日臻完善，包括元首定期会晤、多边场合会见，总理定期会晤、议会合作委员会以及能源、投资、人文、地方、执法安全、战略安全等各级别交往与合作机制运行高效、顺畅，且成果丰硕。

另一方面，两国经济合作渐宽渐稳。近年来，中俄双边经贸关系加速提质升级。2018年双边贸易额突破1000亿美元，创历史新高，今年第一季度继续保持良好势头。同时必须看到，中俄经济合作有政治保障，有互补优势，有合作意愿，这些都是我们的优势。俄罗斯是"一带一路"倡议的积极支持者和重要合作者。目前，"一带一路"建设和欧亚经济联盟建设对接合作已取得早期收获。

**记者："一带一路"倡议提出6年来，中俄两国深入开展务实合作，双边经贸具备了良好的基础和巨大的合作潜力。您认为两国需要着重培育和挖掘的新增长点有哪些？**

**李辉**：倡议提出6年来，"一带一路"建设在世界和平与发展大潮中不断升华，通过对话协商、共建共享、合作共赢、交流互鉴，得到了越来越多的国家和国际组织的信任和支持，谋求合作的最大公约数，把沿线各国人民紧密联系在一起，关键项目和示范性工程纷纷落地生根，沿线国家人民有了越来越多真实获得感。

俄罗斯不仅是中国的全面战略协作伙伴，也是"一带一路"倡议的重要合作伙伴，同时"一带一路"倡议也助力了中俄务实合作高质量发展。在两国元首战略引领下，"一带一路"建设与欧亚经济联盟建设对接合作，以及"冰上丝绸之路"等合作模式结出累累硕果。除传统合作领域外，双方还着重培育新的增长点。

一是加强农业合作。两国在农产品进出口结构上具有较强的互补性，尤其是 2015 年中俄两国元首签署了"一带一路"建设与欧亚经济联盟建设对接合作的声明后，两国在农产品、农业产业投资、农业科技交流等方面的合作取得了深入发展。

二是加强电商合作。"一带一路"建设倡导的互联互通促进了中俄跨境电商发展，中俄经贸往来日益紧密和多样化。俄跨境商品 90% 来自中国，俄邮政已为此增加了飞往中国的航线和频率，预计 2019 年来自中国的邮包数量还将继续增长。

三是加强地方合作。国家间的合作要依托地方、落脚地方、造福地方。在新的时代背景下，两国元首将 2018 年和 2019 年确定为"中俄地方合作交流年"。双方充分利用两国政府间和地方间合作机制，加强政策、法规等方面的沟通与协调，营造良好的营商环境。同时，还要充分激发两国地方政府和企业合作热情，挖掘合作潜力，带动更多地方、企业、民众加入中俄友好事业中，为双边关系持续健康稳定发展提供更加强劲的动力。

**记者**：2016 年至 2017 年是"中俄媒体交流年"，2018 年至 2019 年是"中俄地方合作交流年"，2019 年是中俄建交 70 周年。在这些活动中，双方媒体都发挥了重要作用，今后您希望两国媒体在哪些方面发挥更大作用？

**李辉**：我完全同意你的评价。中俄两国媒体在报道中俄两国重大新闻事件时相互协作，为全面、客观、及时、准确地报道中俄政治经济社会发展最新情况发挥了不可替代的重要作用，为中俄全面战略协作伙伴关系的持续发展提供了良好的舆论环境和有力的舆论支持。两国新闻采访内容质量高，传播渠道广，成果丰硕，媒体已成为中俄两国民众走近对方、了解彼此的坚固桥梁。

一是要在报道好两国政治关系方面发挥更大作用。恰是得益于两国元首多年来高瞻远瞩的战略引领和顶层设计，中俄关系取得了长足发展，恰是两国高层的密切交往为中俄关系发展注入了强劲动力。2019 年，中俄双方将以建交 70 周年为契机，推动两国全面战略协作伙伴关系迈上新的台阶。普京总统将应邀来华出席第二届"一带一路"国际合作高峰论坛，习近平主席也准备应邀对俄罗斯进行国事访问。这些是中俄政治关系日程的大事，希望中俄两国媒体继续紧紧围绕中俄全面战略协作伙伴关系这一核心关键词，加强沟通与配合，构建全方位、全天候的报道网络。

二是要在推进两国务实合作方面发挥更大作用。去年，中俄双边合作潜力被进一步激发，双边贸易额突破了 1000 亿美元，大项目合作稳步推进，中小企业、跨境电商蓬勃发展。接下来，两国将进一步稳定 1000 亿美元的规模，并逐步向 2000 亿美元的目标迈进。希望中俄两国媒体花大力气在中俄务实合作亮点式项目上，把真正精彩的故事讲好，进一步提振两国企业合作的信心，同时多在"一带一路"建设和欧亚经济联盟建设对接合作成果等方面着笔墨，突出这些合作给各方带来的市场效应、利益效应，让中俄合作真正落实到两国人民的心坎里去。

三是要在做深打实两国民间交往方面发挥更大作用。中俄两国扎实的民意基础是中俄关系持续高水平发展源源的不竭动力，是两国人民世代友好不可动摇的根基，关乎中俄关系未来。这几年中俄民间活动非常红火，尤其是去年和今年举办的"中俄地方合作交流年"，更是带动了两国民间地方交往的热情和频率。这就需要两国媒体抓住时代机遇，深挖新闻"富矿"，创新报道方式，丰富两国社会、文化、艺术等层面的报道内容。

我相信，随着两国媒体合作的进一步加强，两国新闻报道将达到一加一大于二的效果。

# 中俄带动欧亚大陆共同繁荣

## ——接受"今日俄罗斯"（RT）电视台专访

2019 年 6 月 1 日

> 中俄合作不是权宜之计，更不受时局变幻的影响，而是双方在两国人民根本利益基础上作出的战略选择和时代发展赋予两国的历史责任。

**记者：**普京总统同习近平主席的会晤次数高于同其他国家领导人，为何两国经贸合作没有如此紧密？

**李辉：**俄罗斯是习近平主席 2013 年 3 月就任国家元首后出访的第一个国家。6 年多来，习近平主席同普京总统在双多边框架内会面多达 30 次，体现了中俄关系的高水平和特殊性，也彰显了两国元首亲密的个人友谊。中俄元首外交成为两国关系的一大亮点，始终引领着中俄全面战略协作伙伴关系不断向前推进。

近年来，在双方共同努力下，中俄经贸合作提质增速，成为中俄关系快速发展的内生动力。客观的数据最能说明问题。2018 年，中俄双边贸易额达 1070.6 亿美元，首次超过 1000 亿美元，创历史新高，增幅达 27.1%，增速在中国前十大贸易伙伴中位列第一位。同时，中俄能源、航空航天、基础设施等领域的大项目合作进展顺利，"一带一路"建设和欧亚经济联盟建设对接合作已取得早期成果。中俄务实合作正携手走向更宽更广的未来。

**记者**：西方对俄制裁影响了中国对俄投资。华盛顿和布鲁塞尔是否会限制中国做出对俄有利的决定？

**李辉**：我想强调的是，无论是华盛顿，还是布鲁塞尔，抑或其他国家，都不可能限制中俄作出有利于自身利益的事、有利于中俄关系的事。

近年来，中俄金融领域合作稳步推进。多家中国银行在俄开设分行，俄央行也把海外第一家代表处设在北京，这些充分显示了双方对金融合作的重视。两国银行及金融业之间保持了良好合作，中资银行和相关金融机构大力支持俄能源、基础设施建设等领域发展，信贷支持覆盖了俄众多支柱产业，包括电信、航空航天、机械制造、有色金属、电力能源、钢铁和化工等，支持了一大批社会效益和经济效益俱佳的重点项目。下一步，双方还将在亚投行、金砖国家开发银行框架内加强合作，用好圣彼得堡国际经济论坛、中俄博览会、东方经济论坛等重要平台，聚焦产业链整合方面的金融创新与服务，助力两国实体经济发展。

**记者**：欧亚经济联盟与中国的"一带一路"倡议实现对接合作意味着什么？

**李辉**："一带一路"建设与欧亚经济联盟建设对接合作意义重大。一方面，对接合作意味着中俄合作空间得到了极大拓展。两国均从战略高度为双边关系发展做出新规划，两国高水平的政治关系优势正转化为越来越多的务实合作成果。在对接合作框架下，两国合作潜力得到进一步释放，各项合作全面展开。

另一方面，对接合作意味着中俄带动整个欧亚大陆共同繁荣。"一带一路"建设将促进沿线各地区深挖经济合作潜能，共同建设互联互通基础设施。而欧亚经济联盟迫切希望加快联盟成员国之间的经济互联互通，增强联盟的整体实力。二者对接合作无疑将为欧亚大陆的经济发展提档升级。

**记者**：中国打算吸引哪些欧洲国家参与到共建"一带一路"倡议中来？

**李辉**："一带一路"倡议提出近 6 年来，国际合作成果丰富，远超预期，已成为全世界覆盖范围最广、最受关注的公共产品。贸易畅通给沿线国家人民带来了实实在在的好处，同时也促进了沿线国家之间的民心相通，民生工程、文化项目纷纷在当地落地开花。

前不久，意大利正式加入"一带一路"倡议，为更多欧洲国家打开了一扇合作之窗。意大利和中国签署的文件公开后，越来越多的欧洲国家意识到，协议的内容都符合欧盟标准，对该项目的兴趣也越来越浓厚。中国的立场和态度是一贯的，"一带一路"倡议对所有国家都是开放的。欢迎包括欧洲国家在内的其他国家与中方一道，让共建"一带一路"成果更多惠及沿线人民。

**记者**：请您介绍一下中方参与北极开发情况？

**李辉**：中国是北极事务的重要利益攸关方。中国参与北极事务由来已久。1925 年，中国加入《斯匹次卑尔根群岛条约》，正式开启参与北极事务的进程。此后，中国关于北极的探索不断深入，在北极地区逐步建立起海洋、冰雪、大气、生物、地质等多学科观测体系。作为国际社会重要成员，中国对北极国际规则的制定和治理机制的构建发挥了积极作用。中国发起共建"一带一路"重要合作倡议，愿与各方共建"冰上丝绸之路"，为促进北极地区互联互通和经济社会可持续发展带来合作机遇。

中俄两国在北极地区利益一致、优势互补，北极合作正成为双边合作新的增长点。中俄两国共同参与开发的亚马尔液化天然气项目已见成效，成为中俄互利共赢合作的典范。此外，两国还有许多关于北极的联合科研项目。随着中俄全面战略协作伙伴关系的进一步深化和发展，两国在北极地区的合作将更为密切。

**记者：**俄中两国在安全和打击国际恐怖主义领域的合作情况如何？

**李辉：**中国和俄罗斯作为欧亚大陆相邻的两个大国，存在共同的安全问题。打击恐怖主义，维护国家稳定和公民安全符合两国和两国人民的共同利益。中俄反对一切形式的恐怖主义，主张对危害人类安全的国际恐怖主义予以严厉打击，不能搞双重标准。近年来，中俄在双边和多边框架下开展了密切的反恐与安全合作，取得显著成果。

双方签署了打击"三股势力"协定，多次举行联合反恐演习，共同提高应对恐怖主义威胁的能力。双方还建立了专门的反恐磋商工作机制和执法安全合作机制，至今已举行多轮磋商，就反恐的各种问题以及执法、安全和司法领域的务实合作深入交换意见，协调立场。

在多边合作层面，在中俄引领下，上海合作组织成员国在研究制定集体的共同行动方面，建立了较为完整的反恐法律体系和反恐数据库，联合反恐演习实现了机制化，有效震慑和打击了本地区的"三股势力"和各类犯罪，促进了成员国内部和本地区的长治久安。

当前，国际安全形势依然严峻、恐怖主义和跨国犯罪更加突出。中方愿继续与包括俄方在内的各国进一步加强在反恐等安全问题上的政策协调与交流合作，共同维护地区和世界的和平与稳定。

中俄携手并肩　共同应对挑战

# 今日中国与中俄关系

## ——在俄中友协等机构庆祝中华人民共和国成立
## 62周年专题纪念会上的讲话

2011年9月29日

> 中俄在国际事务中进一步深化战略协作，不仅符合两国的根
> 本利益，也是建立公正合理国际新秩序的需要。

尊敬的季塔连科院士，

女士们、先生们、朋友们：

很高兴受邀出席由俄中友协、俄罗斯科学院远东研究所和俄中友
好、和平与发展委员会共同为庆祝中华人民共和国成立62周年举办
的专题纪念活动。多年来，俄中友协、远东研究所和俄中友好、和平
与发展委员会等机构站在中俄民间和学术交流的前沿，为增进中俄两
国人民之间的了解、友谊、信任与合作做了大量工作，为推进中俄
战略协作伙伴关系的健康稳定发展作出了重要贡献。我愿借此机会向
一贯积极支持中俄友好合作事业的各位朋友表示崇高的敬意与衷心的
感谢。

一、中华人民共和国成立以来走过的 62 年，是中国人民不懈探索走向富强、民主、文明、和谐之路的艰苦历程。特别是实行改革开放政策以来的 30 多年，中国在发展国民经济、改善人民生活方面取得举世瞩目的伟大成就。

中国改革开放的总设计师邓小平在中国改革开放之初提出中国现代化进程分"三步走"的战略构想。第一步要解决的是中国人民的温饱问题。第二步是要在中国全面建设小康社会。第三步是在 21 世纪中叶使中国基本实现现代化，达到世界中等发达国家的水平。当前，中国人民正行进在全力建设小康社会的伟大实践之中。

经过在改革开放道路上 30 多年的探索与实践，有中国特色的社会主义事业取得举世瞩目的成就。2010 年与改革初期的 1978 年相比，国内生产总值从 2165 亿美元增加到 5.8 万多亿美元，经济总量跃居世界第二位。今天，中国已经成为全球第二大经济体、第二大贸易体和第一大出口国。中国已成为世界经济增长的重要引擎，近 5 年对世界经济增长的贡献率均超过 20%。自 2001 年中国加入世界贸易组织以来，中国的年均进口额达 7500 亿美元，为相关国家和地区创造了 1400 多万个就业机会。未来 5 年，中国进口规模累计有望超过 8 万亿美元，将给世界各国带来更多商机。得益于改革政策，中国的产业结构优化升级，农业基础不断加强，中西部地区发展加快，各具特色的区域发展格局初步形成。中国的各项社会事业蓬勃发展，城乡居民收入大幅提高，人民生活水平明显提高。中国的经济实力、综合国力、人民生活水平迈上新台阶，国家面貌发生了翻天覆地的变化。

特别需要指出的是，在 2008 年爆发的国际金融危机中，中国政府以高度负责的态度及时采取有效的宏观调控措施，扩大内需，深化改革，改善民生，确保经济增长。中国出台了为期2年、规模达4万亿元人民币（约合6180亿美元）的大型投资计划，内容涵盖基础设施建设、经济结构调整、改善人民福利和保护环境等领域。2008年、2009年、2010年，中国经济分别增长9.6%、9.2%、10.3%。在全球经济尚未摆脱金融危机消极影响的背景下，中国的经济增长来之不易，不仅保持了中国自身经济的可持续发展，更为全球经济早日脱困提供了强劲动力。2011年，中国经济继续保持良好的运行态势。上半年，中国国内生产总值同比增长9.6%，贸易顺差减少17.6%。内需对经济的拉动作用明显增大。中国的经济增长模式正由政策刺激式向自主增长式转变。

2011年是中国"十二五"规划的开局之年。"十二五"是中国全面建设小康社会的关键时期。中国"十二五"规划的核心目标是：加快转变经济发展方式，实现科学发展，让全体人民共享改革发展的成果。一是中国将坚持实施扩大内需战略，着力调整和优化产业结构，增加消费需求对经济的拉动效果。二是中国将坚持优先发展教育事业，全面提高人的素质，把经济发展建立在提高人力资本质量的基础上。三是中国将坚持创新驱动，加快建设国家创新体系，大力增强科技对经济社会发展的拉动作用。四是中国将坚持节约资源和保护环境，走绿色、低碳、可持续的发展道路，大力提高资源利用率和应对气候变化的能力。五是中国将坚持以人为本，更加重视保障改善民生，走共同富裕的道路。六是中国将继续深化改革开放，坚持破除体制和机制性障碍，进一步增强可持续发展动力。

中国的现代化建设进程虽取得重要进展，但中国在发展过程中的不平衡、不协调和不可持续性问题仍然突出，还存在不少制约科学发展的机制性和体制性障碍。尽管面临十分复杂的内部和外部环境，中国政府和人民仍有信心、有条件、有能力继续保持自身经济平衡较快发展。

实践证明，中国过去 30 多年快速发展靠的是改革开放，中国未来的发展进步也必须依靠改革开放。中国的发展离不开世界，世界的发展同样需要中国。中国长期对外开放的基本国策不会变。坚持走和平发展道路，是中国政府和人民根据时代潮流和自身利益做出的战略抉择，是中国有效参与经济全球化、最终实现现代化的必由之路。中国的和平发展，对世界不是威胁，而是机遇。中国愿同国际社会一道，继续推动国际体系朝着更加公平、公正、包容的方向发展，致力建设一个和谐的世界。

二、在维护世界和平、促进共同繁荣、推动世界多极化和国际关系民主化的进程中，在推进本国实现现代化、改善人民生活的实践中，中国始终把俄罗斯看作可以信赖的好邻居、好朋友、好伙伴。中俄战略协作伙伴关系堪称国与国关系的典范。

苏联是世界上第一个承认中华人民共和国并与其建立外交关系的国家。中华人民共和国成立 62 年的历史，也是中俄关系不断走向成熟与稳定、中俄两国人民相互了解与友谊不断走向深化的过程。中国人民未曾也不会忘记苏联在新中国成立之初提供的大力支援。

62 年来，中俄关系经历了各种复杂国际环境的考验，成为日臻成熟的信任与合作关系。1996 年，两国领导人决定建立战略协作伙伴关系，中俄关系的历史由此翻开新篇章。2001 年，《中俄睦邻友好合作条约》签署，成为中俄关系史上具有里程碑意义的重大事件。当前，中俄之间已形成全方位、多层次、高质量的合作格局。中俄关系处于历史最好时期。

中俄间定期高层会晤及其他各层级交流机制规格之高、组织之健全、涉及领域之广泛，在中国对外关系中是独一无二的，在大国关系中也是十分罕见的，这些机制的有效运作为中俄关系的健康发展提供了稳定的机制和组织保障。从近年统计的情况看，中俄元首一年内至少会晤四次，其他层级的交流也密切而有序地进行。

彻底解决边界问题和签署《中俄睦邻友好合作条约》为欧亚大陆两个最大国家的持久和平奠定了坚实基础。中俄彻底解决了历史遗留的边界问题，清除了长期困扰中俄关系的重大障碍，长达 4300 公里的中俄边界不再是纷争和对立的前沿，而是成为和平、友好、合作的纽带。10 年前签署的《中俄睦邻友好合作条约》使"世代友好，永不为敌"的和平思想在中俄两国越来越深入人心。

中俄在政治上相互尊重、相互信任，在涉及对方主权、安全、发展利益特别是核心利益的问题上相互理解、相互支持，增进了两国战略互信，提高了中俄在国际上维护自身合法权益的能力。

中俄在互利互惠精神指导下的务实合作成效显著。2010 年，中俄贸易额接近 600 亿美元，是 2000 年中俄贸易额的 6 倍多，已恢复到金融危机前的水平。中俄贸易的结构不断改善，相互投资、合作生产加工等方面合作呈现新的良好发展态势，边境和地方合作成为新的增长点。中国已成为俄最大贸易伙伴。今年上半年，中俄贸易额达到 358.89 亿美元，同比增长 39.6%。

中俄人文合作不断向纵深方向发展。继 2006 年和 2007 年中俄互办"国家年"活动之后，两国在 2009 年和 2010 年又成功互办"语言年"。这些活动涉及政治、经贸、科技、文化、教育、军事、卫生等各个领域，在内容丰富程度、民众参与程度、社会反响的热烈程度方面均创下中俄交往的新纪录。2012 年和 2013 年，中俄还将互办"旅游年"，相信这些活动将进一步增进两国人民之间的了解与友谊，促进各方面的合作再上新台阶。

三、跨入新世纪，世界政治经济格局正在经历大调整、大变革。在新的历史时期，中俄均面临推进国家现代化的现实任务，在双边层面有巨大合作空间，在国际上有广泛的共同利益。确保中俄战略协作伙伴关系继续健康稳定发展，需要我们重点做好以下几方面工作。

（一）中俄需要继续本着《中俄睦邻友好合作条约》的精神，坚持平等互信，坦诚相待，继续保持两国高层领导人交往势头以及各层级合作传统，坚定支持对方走根据本国国情选择的发展道路，早日实现振兴和现代化，坚定支持对方维护本国核心利益的努力。2011 年 6 月，中俄签署了《关于当前国际形势和重大国际问题的联合声明》，并就《中俄睦邻友好合作条约》签署十周年发表联合声明。中国领导人指出，条约确立的宗旨、原则、精神符合中俄两国根本利益，具有强大生命力，是经得住时间考验的。在条约原则和精神指导下，中俄战略协作伙伴关系得到前所未有的大发展。俄领导人认为，条约为加强俄中经贸合作创造了良好条件，为推动两国人文交流合作发挥了重要作用，互信、平等、相互尊重的俄中关系已成为当今国际合作的典范。下个月，两国总理将举行第 16 次定期会晤，期待此访对增进中俄战略互信、深化互利合作、共同应对危机起到巨大的推动作用。

（二）中俄需要以共同克服国际金融危机为契机，进一步拓展互利共赢的全面务实合作，充分发挥各自优势与潜力，提升原来合作水平，积极探索新的合作领域。一是要继续扩大双边贸易，在 2015 年前实现双边贸易额达到 1000 亿美元目标，制定 2020 年前后实现双边贸易额达到 2000 亿美元的规划。二是全面加强能源合作，扩大在核电、煤炭、电力、新能源、新技术领域的合作，在互利基础上构建战略性、长期性的能源伙伴关系。三是加强两国在金融和投资领域的合作，落实好《中俄投资合作规划纲要》。四是积极探索新的科技和创新合作模式，在基础研发和科研成果产业化等各个环节开展全面合作。五是落实好《中国东北地区与俄罗斯远东及东西伯利亚地区合作规划纲要（2009—2018 年）》，加快相应的制度和基础设施建设进程。

（三）中俄在应对重大国际政治、安全、经济问题过程中需继续加强战略协作。当前国际政治经济格局正在发生深刻复杂变化，国际金融危机的影响仍在发酵，新挑战、新威胁层出不穷。中俄同为安理会常任理事国，对国际和平与安全肩负特殊责任。中俄又是"金砖国家"重要成员，是推进世界多极化和国际关系民主化的重要力量，在推进国际金融体系改革以增加新兴发展中国家代表性问题上拥有广泛共同利益。中俄关系的影响早已超出双边关系的范畴。中俄两国无论是作为个体，还是中俄关系都已成为对当代国际关系有举足轻重影响的重大因素。中俄在国际事务中进一步深化战略协作，不仅符合两国的根本利益，也是建立公正合理国际新秩序的需要。

（四）中俄加强人文交流，深化民众彼此了解与信任仍任重道远。

推进中俄友好合作事业需要两国政府在官方层面大力倡导，但要做到持之以恒，则需要在民间有广泛的支持者，需要两国民众在心理上真正接受对方。这需要时间，更需要双方做耐心细致的工作。中俄作为毗邻而居的两个大国，有着漫长的友好交往历史。关注网上民意的朋友不难发现，中俄友好合作的和平思想在两国民众中均有良好的民意基础。俄中友协、远东研究所和俄中友好、和平与发展委员会多年来为推进中俄友好合作事业在官方和民间层面付出许多努力，收到显著效果。我们期待并将支持你们为中俄友好事业作出更大贡献，也期待中俄两国有更多民间团体加入推进中俄友好合作的伟大事业中来。

最后，我愿重申，不管国际形势如何变化，坚持走和平发展道路是中国政府和人民不变的政策选择，全面巩固和发展中俄战略协作伙伴关系是中国坚定不移的对外政策优先方向，中国的对外政策不会变，中国的对俄政策也不会变。中俄双方必将沿着友好合作的道路继续走下去，因为这不仅是两国根本利益的要求，也是国际社会的共同期望。

谢谢大家！

# 上海合作组织前景远大

## ——接受中俄媒体联合采访

2011 年 11 月 4 日

经过各方不懈努力，上海合作组织的凝聚力得到了加强，本地区在国际舞台的地位不断提高，影响日趋扩大。

**记者**：您对上海合作组织成立以来的主要成绩作何评价？

**李辉**：上海合作组织已走过十年发展历程。十年来，上海合作组织经历了国际风云变幻的考验，为维护地区安全与稳定、促进地区各国共同繁荣、推动国际关系健康发展作出重要贡献。上海合作组织本着"互信、互利、平等、协商、尊重多样文明、谋求共同发展"的"上海精神"，以新安全观、新发展观、新合作观和新文明观为指导，致力于构建新型国家关系、建立和谐地区，致力于打击"三股势力"，联手应对本地区各种新威胁、新挑战，有力地维护了本地区和平、安全与稳定。

上合组织积极推动地区经济一体化进程，促进成员国共同发展繁荣。与此同时，上合组织还积极开展对外交往与合作，与世界上许多国家和组织建立了合作关系，其国际影响和地位不断提升。

记者：上海合作组织能否在未来扩大自己在国际上的影响，通过什么来扩大影响？上海合作组织认为哪些是对地区和全世界和平与稳定最危险的挑战？

李辉：上海合作组织把维护本地区和平与安全、促进地区发展与繁荣作为本组织的主要任务。随着本组织框架内相关领域合作不断走向深入，上合组织的国际影响与日俱增，越来越多的国家希望提升与上合组织关系的水平，越来越多的国际组织希望同上合组织建立联系。上合组织各成员国均认为，恐怖主义、分裂主义和极端主义这三股恶势力始终是本地区和平与稳定的重大威胁。

中国愿同上海合作组织各成员国及伙伴国家一道努力，加强合作，共同应对各种危机与挑战，打造和谐地区，为欧亚地区和国际和平作出新贡献。

记者：在当前国际形势下，中方如何看待上海合作组织未来的发展前景及其在世界上的地位，中方将在哪些领域进一步加强与组织内各国的协调与合作？

李辉：上海合作组织已成为欧亚大陆不可或缺的重要建设性力量，是引领本区域各国携手并进、共谋和平、共促发展的旗帜。当前，国际关系正在经历深刻调整。上合组织面临的国际环境较其成立之初更为复杂多变，上合组织在保安全、促发展方面面临的任务更加艰巨。中方愿继续强化与各成员国的协调与合作。

一是坚持不懈地增进政治互信，不断提高应对各种问题和挑战的能力。二是始终如一致力于巩固安全合作，有效抵御"三股势力"等现实和潜在威胁。三是循序渐进推进各领域务实合作，尤其是经贸合作，全面提升可持续发展能力。四是灵活务实扩大人文交流，使睦邻友好合作的思想世世代代传承下去。

**记者：中国在上海合作组织中发挥了怎样的重要作用？对地区安全和区域经济发展产生了什么样的积极影响？**

**李辉：**中国是该组织创始成员国之一。积极推动上合组织框架内的政治、安全、经贸、人文合作，是中国政府坚定不移的优先政策目标。上合组织建立十年来，中方与组织其他成员国和伙伴国家一道，以"上海精神"为指针，同舟共济，精诚合作，经受住了各种复杂形势的考验。在合作过程中，中方坚持平等协商、互利共赢的原则，通过集体的力量解决共同面临的问题。中方坚持"以邻为伴、与邻为善"和"睦邻、安邻、富邻"方针，走共同发展之路。上合组织成员国是中国海外投资最重要、最优先的方向之一。

中方高度重视开展与上合组织成员国的经贸合作，为进一步加强上合组织区域经济合作提出多项倡议并积极投入，包括开展区域经济合作研究、开办区域经济合作网站，在能源、交通、电力、电信领域建设网络性基础设施项目等，得到了各方的高度评价。十年来，中国同上合组织成员国贸易额从 121 亿美元提高到约 900 亿美元，涨幅明显高于同期与世界其他地区贸易。根据 2009 年元首峰会期间中国国家主席提出的倡议，中方组织了赴上合组织成员国贸易投资促进团，先后赴俄、乌、哈、吉、塔各国，举办了多种形式的经贸论坛、企业洽谈和展览等活动，共签署合同和意向书愈 80 亿美元。

上合组织成立十年来，中方先后承诺向其他成员国提供 120 多亿美元的优惠贷款，有力推动了成员国间的务实合作。中方高度重视关于中方 2009 年宣布的向上合组织成员国提供的 100 亿美元信贷资金的落实工作。目前，中方与各方一道，正在积极研究利用上述资金推动区域内基础设施、工农业发展及民生项目。自 2009 年以来，100 亿美元信贷资金落实工作已取得积极成果，推动了一大批重大项目，为上合组织成员国抵御经济危机、维护经济稳定提供了重要保障。

我们认为，欧亚地区的持久和平与共同繁荣需要上合组织，需要上合组织所有成员国继续为此真诚合作。中方愿为这一伟大目标与所有伙伴共同努力。

**记者：今年以来上海合作组织框架内的务实合作有哪些新的进展，此次上海合作组织成员国总理会议将重点讨论哪些议题？**

**李辉：**经过各方不懈努力，上海合作组织在区域经济合作方面取得了重要成果，法律基础和组织机制不断完善，贸易和投资合作快速发展，一批大型经济技术合作项目已经启动。区域经济合作已成为推动上合组织发展的强大动力。加强成员国间经济联系、巩固组织现有和发展的物质基础，是世界各区域合作组织保持生机和活力的重要因素。随着经济合作的逐步深入，各成员国的经济发展已从中受益，上合组织的凝聚力得到了加强，本地区在国际舞台的地位不断提高，影响日趋扩大。

一是区域贸易仍保持良好发展趋势。我国与上合组织成员国间经贸合作稳步发展。从 2001 年的 121 亿美元增长到 2010 年的 840 亿美元，增长近 7 倍。2011 年以来，随着各国经济形势的恢复与发展，区域内贸易额大幅增长，1—9 月我国与上合组织其他成员国贸易总额 828 亿美元，增长 36.6%。

二是成员国间经济技术合作、网络型基础设施、民生项目取得积极进展。在各方共同努力下，各成员国间经济技术合作取得丰硕成果，在电信、交通、水利、电力、生产加工、工程承包等领域，以及关系社会民生的一批项目已经启动。上合组织信息高速公路的建设取得积极进展。随着区域内基础设施不断完善，连接本地区的基础设施网络正逐步形成。

三是各国企业界和金融界交流与合作进一步加深。各方通过举办各类展会、洽谈等平台增进了解、促进合作。继 2010 年在乌洽会举办首届上合组织商务日后，今年 9 月中方在首届中国—亚欧博览会期间举办了"上海合作组织商务日"系列活动，各国政府和企业界代表积极参加，加强了沟通与交流，取得了实实在在的成果。

四是金融合作逐步展开。上合组织银联体框架内各成员银行积极探讨地区融资领域合作，各国银行开展授信和融资额度已形成了相当规模，为本地区发展融资体系的建设奠定了良好的基础。

五是能力建设和贸易投资便利化取得成效。区域内贸易投资便利化建设是现阶段各方共同致力的方向，区域能力建设和制度安排的重点。在海关、质检、交通运输、信息支持、经济发展监测，人力资源培训等方面的工作正在积极推进。

此次上合组织总理会议是上合组织成立十周年之际的一次重要会议。十年来，上合组织各方按照共同确定的"近期推动贸易投资便利化，中期加强经济技术合作，远期实现区域内货物、资本、技术和服务的自由流动"的"三步走"目标，不懈努力和积极投入，推动区域经济合作取得了重要成果，并在共同应对全球金融危机中取得了积极的成效，区域经济合作已成为上合组织至关重要的合作领域。

今年 6 月阿斯塔纳峰会上，上合组织各国元首提出了许多关于共同推动经济发展的倡议。落实好成员国元首达成的重要共识，进一步推动上合组织区域经济合作，立足当前、谋划长远，复苏和繁荣本地区经济，是此次总理会议的重要任务。中方认为应采取积极措施发展上合组织区域经济合作：继续与各方一道积极推动区域贸易投资便利化进程，适时启动上合组织成员国关于建立自由贸易区可行性的联合研究；促进非资源领域经济技术合作，推动基础设施互联互通；推动融资渠道多元化，促进专门账户建立，以及股权融资、资本市场融资等模式的发展，积极研究建立上合组织开发银行；推动区域内工商企业交流合作；等等。

# 同舟共济，合作共赢，促进亚太发展与繁荣

2012 年 9 月 3 日

中俄作为最大邻国和世界及亚太地区重要新兴市场国家，都视对方发展为重要机遇，坚定不移地将发展相互合作作为主要优先方向之一。

亚太经合组织（APEC）第二十次领导人非正式会议即将于今年 9 月上旬在俄罗斯符拉迪沃斯托克市举行。届时，中国、俄罗斯等 21 个经济成员体领导人将共襄盛会，就促进亚太地区的发展与繁荣问题进行深入探讨。峰会期间，中俄元首还将举行双边会见，就两国全面战略协作伙伴关系发展和共同关心的国际与地区问题深入交换意见。

亚太经合组织是亚太地区最重要的经济合作机制，成立 20 多年来，秉持自主自愿、协商一致的精神，为推进本地区贸易和投资自由化便利化、深化区域经济一体化、加强经济技术合作、实现共同发展发挥了重要作用。当今世界经济全球化深入发展，各国经济相互依存不断加深，全球经济治理出现新变革。与此同时，世界经济形势复杂多变，国际金融市场动荡不已，世界经济复苏的不稳定、不确定性明显上升，

能源安全、气候变化、重大自然灾害等全球性挑战日益突出。在此背景下，即将举行的第二十次亚太经合组织峰会对各方深化合作，共克时艰，致力于建设一个和平、发展、繁荣、和谐的亚太地区具有重要意义。

俄罗斯是亚太经合组织的重要成员。多年来，俄不断致力于密切同亚太各国的经贸往来，在实现本国经济增长的同时，对亚太地区的发展作出了积极贡献。亚太经合组织峰会首次在俄罗斯举办，俄方为此一直致力于细致、周到的筹备工作，为举办一届高水平峰会做出了巨大努力。我们相信这次峰会的成功举办必将为俄罗斯加强与亚太经合组织各经济体的合作带来新的机遇和动力。

中俄经贸合作是亚太地区经济合作的重要组成部分。两国作为最大邻国和世界及亚太地区重要新兴市场国家，都视对方的发展为重要机遇，坚定不移地将发展相互合作作为主要优先方向之一。目前，中俄经贸务实合作快速推进。双边贸易额2011年达到832亿美元，今年继续保持高速增长的良好势头，正在向着2015年达到1000亿美元，2020年前后达到2000亿美元的目标迈进。两国能源、高科技、金融合作不断向纵深发展，相互投资稳定增长。中国东北地区和俄远东及东西伯利亚地区边境合作和地方合作成为双边关系新的增长点。中俄经贸合作不但有力地促进了各自的发展与繁荣，为两国和两国人民带来了实实在在的利益，也为亚太地区的整体发展和繁荣作出了实实在在的贡献。

中国始终坚持把自身发展与各国共同繁荣紧密结合起来，一贯高度重视并积极参与亚太经合组织各领域合作。中国参加了历届亚太经合组织领导人非正式会议，多次主办亚太经合组织重要会议，在亚太经合组织框架下成立了十多个合作机制，并设立"中国亚太经合组织合作基金"，为亚太经合组织经济技术合作提供资金支持，认真落实历次峰会成果，推动亚太地区经济合作和社会发展，获得各成员的高度赞赏，展示了负责任的大国形象。

从发展中俄全面战略协作伙伴关系出发，中方始终全力支持俄方办好这次亚太经合组织峰会。中国愿与俄罗斯及其他亚太经合组织成员一道，在亚太经合组织峰会框架下加强在贸易投资自由化便利化、区域经济一体化、创新发展、完善运输物流链、加强粮食安全等领域的合作，继续为促进亚太地区共同发展，实现亚太和世界经济平衡、包容、可持续、创新、安全增长做出不懈努力。

预祝 2012 年亚太经合组织峰会取得圆满成功！

本文 2012 年 9 月 3 日刊登在《中国青年报》

# 中俄携手前行，道路一片光明

2013 年 8 月 28 日

中俄在共同应对全球金融危机和提振世界经济信心方面有着广泛共识，这也是中俄共同面临的紧迫任务。

**记者**：二十国集团圣彼得堡峰会期间，中国国家主席习近平将同普京总统举行会晤。请您介绍一下此次会晤的日程及讨论的议题？两国元首是否会讨论联合国从阿富汗撤军问题和叙利亚局势？俄中在应对世界经济危机方面立场是否相近或相似？

**李辉**：应俄罗斯总统普京邀请，中国国家主席习近平将出席今年 9 月在圣彼得堡举行的二十国集团峰会，并将同普京总统举行会晤。这是今年两国关系中的一件大事，也是中方支持俄罗斯举办二十国集团峰会的重要举措。

中方高度重视习近平主席出席二十国集团圣彼得堡峰会并同普京总统举行双边会晤，全力为两国元首会晤做好各项准备工作。两国元首将就双边关系及重大国际和地区问题交换意见，进一步推动两国重大项目合作，提升两国在国际和地区问题上的战略协作水平。

今年 3 月早春时节，习近平主席对俄进行了首次国事访问，两国元首达成许多重要共识。时隔半年，习近平主席将在收获的季节与普京总统再次会晤，相信他们会对半年来中俄关系的发展和两国务实合作取得的成果进行总结，正可谓"春花秋实"。我相信，在两国元首共同关心和引领下，中俄全面战略协作伙伴关系一定会不断向前发展，造福两国和两国人民。

受金融危机的影响，世界经济仍不乐观。中俄在共同应对金融危机和提振世界经济信心方面有着广泛共识，这也是中俄共同面临的紧迫任务。当务之急就是开好二十国集团圣彼得堡峰会，落实好峰会达成的各项重要共识，特别是在经济增长和创造全球新就业机会方面取得现实进展。

中俄作为新兴市场国家，两国经济近年来保持了较快增长，成为影响世界经济与国际金融体系的重要因素。这本身就是对世界经济金融稳定发展的重要贡献。希望中俄在二十国集团中继续发挥重要作用，与国际社会一道，共度时艰，坚定信心，为世界经济发展作出应有贡献。预祝二十国集团圣彼得堡峰会圆满成功。

**记者：**中国新一届中央领导集体明确了发展同俄罗斯战略伙伴关系的方针，莫斯科也对深化两国关系做出承诺。您认为，近期两国如何在这条道路上成功前行？

**李辉：**回顾两国关系 20 多年的发展道路，中俄全面战略协作伙伴关系日臻成熟。正如你所说，中国新一届中央领导集体对俄方针没有改变，仍把发展中俄全面战略协作伙伴关系作为外交优先方向。习近平主席就任国家最高领导人后将俄罗斯作为首访国家，就充分体现了这一点。

中俄互为最主要、最重要的战略协作伙伴。在双方共同努力下，两国关系处于历史最好时期。两国高层交往日益密切，务实合作大幅提升，人文交流日趋活跃，在国际和地区事务中的合作不断加强。事实证明，中俄全面战略协作伙伴关系顺应时代发展潮流，符合两国和两国人民的根本利益，也成为当今国际关系中的重要积极因素。

下一步，把两国高水平的政治关系优势转化为实实在在的务实成果，实现两国的共同发展与繁荣，是中俄全面战略协作伙伴关系向纵深发展的新趋向。

深化政治互信是发展两国关系的重要保障。双方秉承《中俄睦邻友好合作条约》的原则和精神，把平等信任、相互支持、共同繁荣、世代友好的全面战略协作伙伴关系不断提升至更高水平，无论世界风云如何变幻，坚定支持对方自主选择发展道路和社会政治制度，在涉及对方主权、领土完整、安全等核心利益问题上坚定地相互支持。

推进务实合作是发展两国关系的物质基础。充分发挥两国政府间及各部门各领域合作机制，积极开展战略性大项目合作，联合研发、联合生产，共同提高各自经济实力和国际竞争力。以更加开放的理念和便利规范的环境，推动双边贸易规模在现有基础上再翻一番。同时，提高合作质量，统筹好两国地方合作，加快跨境铁路、公路桥等基础设施建设，加强在生态环境、跨境水资源保护等方面合作。

丰富人文交流是发展两国关系的有力补充。双方在互办"国家年""语言年"和"旅游年"的基础上，要规划和设计好 2014 年和 2015 年中俄"青年友好交流年"，鼓励两国高校交往，增加互派留学生名额，带动两国青年交流向纵深推进，让两国友好事业代代相传。发挥两国文化大国的优势，促进两国高水平的文艺团组交流，引起两国民众心灵和情感上的共鸣，夯实两国民意基础。

密切国际协作是发展两国关系的重要体现。面对复杂多变的国际形势和依然严峻的国际经济环境，双方继续加强在联合国、上海合作组织、金砖国家等框架内的战略协作，就亚太事务、朝鲜半岛和西亚北非局势保持沟通协调，坚决维护两国共同战略安全和国家利益，坚决维护联合国宪章宗旨和原则及公认的国际关系基本准则，维护国际社会的公平正义，促进世界的和平、稳定、繁荣。

总之，我对中俄关系未来发展前景充满信心。健康稳定的中俄关系，必将为两国人民带来福祉，必将为人类发展带来繁荣。

**记者**：习近平主席多次提到"中国梦"的概念。这对中国同包括俄罗斯在内的周边邻国加强合作有何意义？

**李辉**：每个人、每个民族都有自己的梦想和追求。以习近平同志为核心的党中央为中国人民描绘了一个实现国家富强、民族振兴、人民幸福的中华民族伟大复兴梦想，即"中国梦"。

"中国梦"是中国人民对美好生活的向往，而不是"政治口号"。"到中国共产党成立 100 年时全面建成小康社会"是一个实实在在的奋斗目标，就像俄罗斯政府现在所做的一样，就是让人民生活得更好。经过 30 多年的改革开放，中国政治、经济、人文等各个领域都发生了翻天覆地的变化，取得令世界瞩目的成就，为实现"中国梦"奠定了坚实的基础。

"中国梦"是中国人民对祖国富强的期盼，而不是"民族主义"。

中国是有五千年文明史的古国，曾为人类文明与社会进步作出杰出贡献。近代曾饱受帝国主义、殖民主义之害的中华民族深深懂得，只有国家强大，人民才会生活得好；只有民族团结，社会才会安定发展。弘扬中国精神，凝聚中国力量，是一种爱国主义的集中体现，而不是针对曾经侵略过中国的其他民族的复仇。

"中国梦"是中国人民对世界和平的向往，而不是"排他梦"。人类社会越来越成为你中有我、我中有你的命运共同体。"中国梦"对他国、对世界绝不是挑战和威胁，而是把中国人民的利益同世界人民的共同利益结合起来，以更加积极的姿态参与国际事务、共同应对全球性挑战。中国的发展不是自私自利、损人利己的发展，相反，中国越发展，对世界和平与发展就越有利。

远亲不如近邻。中国的发展依托于周边国家，也为周边国家发展注入强大动力。中国同周边国家地缘相通，人文相亲，经济互补，开展交往与合作具有得天独厚的条件，蕴藏巨大的潜力。所以，"中国梦"的实现离不开稳定和谐的周边环境，需要相互支持的睦邻伙伴，这决定中国必须坚定不移地走和平发展的道路，奉行"与邻为善、以邻为伴"的睦邻友好政策，同周边国家一道，共同致力于构建和平安全、合作共赢、共同繁荣的和谐地区。

中俄互为最大邻国，在治国理念上也有着许多相似之处。普京总统曾提出"到2020年俄国内生产总值跻身于世界五强，人均国内生产总值达到或接近发达国家水平"的计划。我相信，无论是"中国梦"，还是普京总统提出的俄罗斯计划，都旨在强国富民、推动世界和谐发展与共同进步。

梦想与追求相通，与信念相伴。尽管中国同周边国家发展道路会有不同，但"国家富强，民族振兴，人民幸福"是各族人民的共同梦想和追求。中国的发展离不开世界，世界的发展也需要中国。让心怀梦想的中俄两国携手并肩，为了民族的复兴、人民的幸福、世界的和平，共同书写人类历史的新篇章。

本文 2013 年 8 月 28 日刊登在俄罗斯《独立报》

# 务实合作促发展　携手共铸上合梦

## ——接受中俄媒体联合采访

2014 年 9 月 9 日

当前国际政治和经济形势复杂多变，各种不稳定不确定因素增多，维护好、发展好、巩固好中俄关系是双方共同的历史责任。

**记者**：9 月 11 日至 12 日，上海合作组织成员国元首理事会第十四次会议将在塔吉克斯坦首都杜尚别举行，中国国家主席习近平与俄罗斯总统普京都将出席本次峰会。这也将是两国元首今年内的第四次会晤。您认为，此次会晤对于推动俄中两国关系的进一步发展将有哪些重要作用？

**李辉**：正如你所说，中俄元首今年内已经进行 3 次会晤，分别是在习近平主席 2 月出席索契冬奥会开幕式、普京总统 5 月访华并出席上海亚信峰会、7 月在巴西福塔莱萨举行的金砖国家领导人第六次会晤期间。中俄同为联合国安理会常任理事国、世界经济中的新兴大国，两国元首经常见面、及时沟通、深入交流，对两国双边关系发展和下一步务实合作进行战略引领和顶层设计，符合两国和两国人民的根本利益，有利于双方进一步开拓思路、挖掘潜力，有利于推动中俄全面战略协作伙伴关系进一步发展，有利于维护世界和地区的和平、稳定与发展、繁荣。

近年来，在中俄双方共同努力和经营下，两国高层交往空前频繁，务实合作稳步推进，人文交流蓬勃发展，国际合作日益密切。可以说，中俄全面战略协作伙伴关系目前处于历史最好时期。

习近平主席和普京总统不仅将出席在塔吉克斯坦首都杜尚别举行的上海合作组织峰会并做主旨发言，还将举行双边会晤。中俄元首将回顾和总结一年来双边关系发展的成果，并就下一步双边关系发展深入交换意见，推动两国经贸、投资、能源、高科技、创新、跨境基础设施建设、地方合作等领域的务实合作，特别是战略性的大项目合作，进一步提升务实合作的规模与质量，争取早日实现双边贸易额2000亿美元的目标。两国领导人也会就共同关心的重大国际和地区问题深入沟通，共同维护和推动国际和地区稳定和发展。习近平主席已邀请普京总统今年11月来华出席亚太经合组织第二十二次领导人非正式会议。我们相信，普京总统金秋时节北京之行同样能取得丰硕成果。

我想强调，当前国际政治和经济形势复杂多变，各种不稳定不确定因素增多，中俄关系发展既面临机遇，也面临挑战。维护好、发展好、巩固好中俄关系是双方共同的历史责任。我们不能满足于现有成果，要始终不渝、坚定不移推动各领域合作不断取得更大成果，为邻国间、大国间、新兴经济体间和谐共处、合作共赢树立典范。

**记者**：您如何评价本次上海合作组织峰会及本组织未来发展前景？

**李辉**：再过几天，本组织成员国元首理事会第十四次会议即将举行。习近平主席将同其他成员国元首以及观察员国领导人、主席国客人和有关国际组织负责人再次聚首，就本组织未来发展、地区形势和重大国际与地区问题深入交换意见，协调立场，凝聚共识，与各方一道全面推进本组织框架内各领域务实合作。成员国元首还将对本组织下一步工作做出规划和部署，签署《上海合作组织成员国元首杜尚别宣言》和发表《上海合作组织成员国元首理事会会议新闻公报》，并将有望批准通过关于本组织扩员程序、《上海合作组织成员国政府间国际道路运输便利化协定》等重要文件。我对本次峰会顺利举行并取得丰硕成果充满信心。

上海合作组织历经 13 年发展，已成为维护地区安全稳定、促进成员国共同发展的有效机制和建设性力量。成员国睦邻友好历久弥坚，政治互信与日俱增，安全、经济、人文各领域合作方兴未艾，国际地位和影响力不断提升，在国际和地区事务中发挥的积极作用日益突出。我坚信，有意愿、有蓝图、有行动的组织定会有美好未来。只要成员国坚持弘扬互信、互利、平等、协商、尊重多样文明、谋求共同发展的"上海精神"，加强合作、携手共进，定会创造上海合作组织蓬勃发展的美好明天。

**记者**：日前举行的上合组织外长会议上还通过了关于接纳观察员国程序的文件草案，并将提交杜尚别峰会批准。请问，您如何看待上合组织的扩员？您认为，上合组织的扩员对于其未来发展有何作用和意义？

**李辉**：不久前召开的上海合作组织杜尚别外长会取得圆满成功，其中一个重要成果就是成员国外长就本组织扩员法律文件达成重要共识。

各方原则通过了两个扩员文件草案，等待提交杜尚别峰会批准。如获批准，这将标志着上合组织扩员法律基础基本完备，加入程序得以明确。

众所周知，上海合作组织奉行不结盟、不针对其他国家和地区及对外开放的原则，愿与其他国家及有关国际和地区组织开展各种形式的对话、交流与合作，在协商一致的基础上吸收认同本组织框架内合作宗旨和任务、其加入能促进本组织合作与发展的国家为新成员国。自成立以来，上合组织已吸纳伊朗、巴基斯坦、阿富汗、蒙古和印度5个观察员国，斯里兰卡、白俄罗斯、土耳其3个对话伙伴，并与联合国等多个国际组织建立合作关系。

上海合作组织具有独特的开放性和包容性，这对吸引更多力量维护地区稳定，促进地区发展，进一步提升本组织在国际舞台上的地位和影响力大有裨益。

**记者：打击恐怖主义一直是上合组织优先合作方向之一。您如何评价本组织成员国近年来在反恐领域的合作？面对全球当前日益突出的恐怖主义威胁，您认为本组织成员国今后应如何加强反恐合作？**

**李辉：**不久前，上海合作组织"和平使命—2014"联合反恐军事演习圆满结束，这是本组织框架下的第五次联合反恐军事演习，也是落实成员国元首共识、深化本组织防务安全领域合作的重大实际举措。此次演习规模和实战化程度超过以往，其目的是演练本组织框架下多边联席决策和联合反恐行动，促进反恐情报信息共享，提高联合反恐作战能力。成员国定期举行联合反恐军事演习，有利于震慑"三股势力"，切实维护本地区和平与稳定。

安全稳定是本地区各国开展互利合作、实现共同发展的首要条件。以反恐合作为重点的执法安全合作始终是本组织的工作重心之一。多年来，各方积极落实《上海合作组织反恐怖主义公约》《打击恐怖主义、分裂主义和极端主义上海公约》及合作纲要，在防范和打击"三股势力"、维护各成员国及地区安全与稳定方面取得显著成果。成员国以本组织地区反恐怖机构为平台，不断加强合作，在法律基础建设、联合反恐演习、禁毒、边防、大型国际活动安保及打击网络恐怖主义等方面都取得了重要进展，建立了情报交流和联合行动机制，并与观察员国、对话伙伴国以及有关国际组织建立了工作联系。

当前，传统安全威胁与非传统安全威胁相互交织，安全内涵和外延都在进一步拓展，迫切需要成员国不断加强双边和多边协作，以"零容忍"态度严打"三股势力"，并积极推动在打击跨国有组织犯罪、网络犯罪、禁毒等方面的合作，努力提高应对安全威胁与挑战的能力。此外，各方还应积极致力于完善本组织执法安全合作体系，丰富本组织常设机构职能，推动建立应对安全威胁和挑战综合中心。

**记者**：去年，习近平主席访问中亚国家期间提出了中国与周边国家和地区共建"一带一路"的构想。您认为，应该如何协调"一带一路"倡议同本地区其他合作机制之间的关系？

**李辉**：我注意到，习近平主席提出的"一带一路"构想，已受到多方高度重视和欢迎，特别是中亚、西亚一些国家，以及俄罗斯、阿富汗等国。"一带一路"是一个合作、发展的理念和倡议，它不是一体化机制，也不是实体组织，它将继承古丝绸之路的优良传统——开放包容，不搞封闭、固定、排外的机制。同时，"一带一路"也不是从零开始，它将充分依托中国与有关国家，特别是周边邻国现有的双、多边机制和区域合作平台，实现务实合作的进一步升级。有关各方可以将现有的、计划中的合作项目串接起来，形成一揽子合作，从而产生"一加一大于二"的整合效应。我们知道，上海合作组织6个成员国和5个观察员国都位于古丝绸之路沿线。所以，我们有责任把丝绸之路精神传承下去并发扬光大，造福沿线各国和各国人民。

俄罗斯是横跨欧亚大陆的世界大国，古丝绸之路的沿线国家，更是中国的好邻居、好朋友、好伙伴，因此俄罗斯是共建"一带一路"不可或缺的重要合作伙伴。当前，中俄之间的一些合作项目，例如油气管道、"渝新欧"铁路、中国西部—欧洲西部公路、中方参与俄远东和东西伯利亚开发等，都可以同"一带一路"建设有机结合起来。"一带一路"建设是中俄的共同利益所在，与欧亚经济联盟进程并行不悖、相辅相成，它的建设不仅不会与上海合作组织、欧亚经济联盟等既有合作机制重叠或竞争，还会增加这些机制的内涵和活力，完全可以成为欧亚国家间扩大经贸合作的新增长点。

# 合作与发展是本地区不变的主题

## ——就阿富汗问题接受俄罗斯国际文传电讯社采访

2014 年 10 月 30 日

中俄两国在双边和多边机制下就阿富汗局势保持了密切沟通，有效协作，为推动阿富汗和平重建取得积极进展做出自己应有的努力，也得到了阿方和国际社会的一致认可。

**记者**：阿富汗问题伊斯坦布尔进程第四次外长会将在中国举行，请您介绍一下有关背景情况和中方期待？

**李辉**：去年 9 月，时任阿富汗总统卡尔扎伊对中国进行了第五次国事访问。两国元首就双边关系、阿富汗局势及共同关心的国际和地区问题深入交换意见，就深化中阿战略合作伙伴关系达成重要共识，发表了《中阿关于深化战略合作伙伴关系的联合声明》，并签署了一系列双边合作协议。会晤期间，习近平主席表示，有关方面应该切实履行对阿富汗和平重建的承诺，在有关问题上尊重和照顾本地区国家合理关切，中方决定承办 2014 年阿富汗问题伊斯坦布尔进程第四次外长会。

本次外长会将于 10 月 31 日在北京举行，主题为"深化地区合作，促进阿富汗及地区持久安全与繁荣"。中国国务院总理李克强和阿富汗新任总统加尼将出席开幕式并发表重要讲话。中国外交部部长王毅将同阿富汗外长奥斯马尼共同主持会议，并会见中外记者。伊斯坦布尔进程各成员国和支持方的外长和高级别代表也将应邀出席会议。

我们知道，伊斯坦布尔进程是目前唯一由地区国家主导的涉阿富汗地区合作机制，为促进阿和平重建发挥了积极作用。此次中方承办的伊斯坦布尔进程第四次外长会，是中方首次承办涉阿大型国际会议，也是阿新政府成立之后举行的首个重要涉阿国际会议，具有重要意义，充分体现了中方对阿实现平稳过渡、重建发展以及对推进涉阿地区合作的具体支持和实际举措。中方愿与阿方及有关各方一道，本着相互尊重、平等互利、合作共赢的精神，根据"地区主导、地区所有"和协商一致的原则，通过此次会议，凝聚和扩大各方在涉及阿和本地区安全与发展等重要议题上的共识与互信，努力推动相关领域合作尽快取得实质性进展，充分发挥现有地区合作组织和机制的作用，为促进阿及本地区的和平、安宁与发展作出自己的贡献。

**记者：**您如何看待当前阿富汗局势？俄中两国对阿富汗局势有何影响？

**李辉：**当前，阿富汗处于政治、安全、经济多重过渡期，即将进入十年的转型期。2014年恰是阿实现过渡的关键年份。前不久，阿顺利完成总统选举进程，并组建民族团结政府。希望阿在新任总统加尼领导下，"阿人主导、阿人所有"的和解进程早日取得实质性进展。

近年来，阿富汗和平重建取得一定进展，但打击恐怖极端势力和经济社会发展仍任重道远。中方将继续尽己所能助阿早日实现和平、稳定、独立、发展。这不仅符合两国和两国人民的根本利益，也有利于地区的和平、稳定与繁荣。中方将始终坚持"与邻为善、以邻为伴"，坚持"睦邻、安邻、富邻"的理念，继续走和平发展道路，使中国的发展更多惠及包括阿富汗在内的周边国家，推动本地区实现长治久安、国家发展、人民幸福。

阿富汗是中国和俄罗斯的重要邻邦。作为联合国安理会常任理事国和本地区大国，长期以来，中俄两国在双边和多边机制下就阿富汗局势保持了密切沟通和有效协作，为推动阿富汗和平重建取得积极进展做出自己应有的努力，也得到了阿方和国际社会的一致认可。中俄双方均支持阿方维护国家独立、主权、领土完整，尊重阿富汗人民根据本国国情选择的发展道路，支持阿富汗实现平稳过渡，改善和发展同本地区国家关系。

**记者**：您认为，上海合作组织应在阿富汗问题上发挥怎样的作用？

**李辉**：上海合作组织历经 13 年发展，已成为维护地区安全稳定、促进成员国共同发展的有效机制和建设性力量。本组织成员国、观察员国及对话伙伴国之间的睦邻友好关系历久弥坚，政治互信与日俱增，安全、经济、人文各领域合作方兴未艾，使本组织的国际地位和影响力不断提升，在国际和地区事务中发挥的积极作用日益突出。作为本地区的重要国家，阿富汗始终积极参与本组织事务，并于 2012 年在北京举行的上海合作组织峰会上成功被吸纳为观察员国，与本组织的合作更加紧密。

安全稳定是本地区各国开展互利合作、实现共同发展的首要条件。阿富汗与本组织成员国比邻而居，更是本组织利益相关的命运共同体。

阿富汗的稳定与发展对本组织具有重要意义。多年来，本组织各方积极参与阿富汗和平重建进程，通过落实《上海合作组织反恐怖主义公约》《打击恐怖主义、分裂主义和极端主义上海公约》及合作纲要，举行联合反恐军事演习，共同打击"三股势力"、毒品走私、跨国犯罪，以实际行动给予阿方有力支持。我们也希望阿方充分有效利用上海合作组织这一重要平台，弘扬互信、互利、平等、协商、尊重多样文明、谋求共同发展的"上海精神"，加强同成员国的务实合作，共同维护阿及本地区安全稳定、和谐发展。我也相信，蓬勃发展的上海合作组织必将在阿富汗问题上发挥更大作用。

此外，习近平主席提出的"一带一路"构想，已受到包括阿富汗在内的多方高度重视和欢迎。阿富汗同本组织成员国都位于古丝绸之路沿线。所以，我们有责任把丝绸之路精神传承下去，实现本地区务实合作进一步升级，造福沿线各国和各国人民。

# 捍卫二战胜利果实，开创人类更好未来

## ——接受俄罗斯国际文传电讯社采访

### 2015 年 4 月 23 日

中国人民抗日战争是世界反法西斯战争的重要组成部分，开辟了世界反法西斯战争东方主战场，为世界反法西斯战争的胜利作出不可磨灭的历史贡献。

**记者：**中国如何评价第二次世界大战胜利的历史意义和苏联的作用？进行战争总结对构建世界新秩序和维护国际安全体系有何意义？

**李辉：**第二次世界大战是人类历史上一场空前的浩劫，给世界各国人民都造成了前所未有的灾难与破坏，以及严重的心灵创伤。这场战火遍及亚洲、欧洲、非洲和大洋洲，夺去了几千万人的生命，使无数家庭流离失所、城镇乡村变成废墟，人类积累的物质和精神文化成果遭到严重毁灭。同时，这场战争也是人类历史上一场正义战胜邪恶、光明战胜黑暗、进步战胜反动的伟大战争。第二次世界大战的胜利，彻底摧毁了法西斯主义和日本军国主义，使各国人民深刻反思，追求和平进步的思想深入人心；沉重打击了帝国主义国家，亚非拉民族解放运动高涨，帝国主义殖民体系逐步瓦解；使社会主义从一国发展到多国，形成了以苏联为首的强大的社会主义阵营，和平进步力量逐步壮大；客观上促进了第三次科技革命的发展。总之，第二次世界大战彻底改变了世界的面貌，深深地影响了世界历史的进程。

苏联在第二次世界大战中发挥了举足轻重的作用。第二次世界大战全面爆发后到 1941 年夏天，德国法西斯已横扫欧洲多个国家。苏联军民奋起自卫，伟大的卫国战争从此开始，苏联国土由此成为世界反法西斯战争的欧洲主战场。我清楚地记得，在莫斯科卫国战争博物馆中有 6 幅巨画，艺术地再现了二战期间苏联军民进行的 6 次最重要战役。在苏联共产党的坚强领导下，在苏联人民的战斗精神鼓舞下，苏联军民攻无不克、战无不胜，粉碎了希特勒发动的"闪击战"，扭转了欧洲战局，为二战最终胜利作出重大历史贡献，赢得了世界人民的尊重。

同时，中国人民抗日战争是世界反法西斯战争的重要组成部分，开辟了世界反法西斯战争东方主战场，为世界反法西斯战争的胜利作出不可磨灭的历史贡献。在世界反法西斯战争中，中国战场爆发时间最早、历时最长，中国人民抗日战争长期抗击和牵制日本军国主义的主要兵力，在战略上策应和支持了盟国在欧洲战场和太平洋战场的战略行动，制约了日本法西斯和德意法西斯的战略配合。中国人民抗日战争坚定了盟国与法西斯作战的信心，推动了世界反法西斯统一战线的形成。中国人民也为此付出了巨大的民族牺牲。据不完全统计，战争期间中国军民伤亡 3500 万人。

中俄都是联合国安理会常任理事国，应为维护国际和平与安全开展战略协调与合作。今年，中俄将各自举办一系列纪念反法西斯战争胜利 70 周年活动，目的是为了铭记历史、缅怀先烈、珍视和平、开创未来。我们要相互支持，共同维护国际正义和二战成果。我们要以此为契机，敦促各方以史为鉴，重申对《联合国宪章》宗旨和原则的坚定承诺；开辟未来，探索新形势下维护国际和平与安全的有效途径。通过举办一系列对世界反法西斯战争的总结活动，唤起每一个善良的人对和平的向往和坚守，避免历史悲剧重演，共同捍卫二战胜利果实，开创人类更加美好的未来。

**记者：部分国家的一定级别的人妄图重新看待二战进程和结果。中国对此有何评价？**

**李辉：**我们坚决反对任何试图篡改二战历史并进而挑战二战后世界秩序的图谋。令人遗憾的是，日本的一些高级别官员不能够正确认识和深刻反省其军国主义对外侵略和殖民统治历史，妄图模糊是非、颠倒黑白，把侵略说成正义，把战犯说成英雄，让世人心寒。特别是近年来有愈演愈烈之势，值得国际社会爱好和平的力量加以警惕。

去年初，我就在贵社发表了题为《拒绝正视历史，日本必将威胁亚洲乃至世界的和平》的署名文章，提醒有关国家历史不容篡改，正义不容歪曲，英雄不容遗忘，联合国宗旨和原则必须坚持。我们应牢记：在当今世界上，各国人民之间只有加强友好合作、团结互助，才能有力遏制霸权主义和新殖民主义，有效打击恐怖主义，维护世界和平与稳定，促进世界各国共同繁荣，实现人类文明共同进步。

我们知道，70 年前日本输掉了侵略战争，我们不希望 70 年后日本再输掉人类的良知。日本领导人对二战任何表态、对外发出怎样的信息，不仅事关日本同亚洲邻国能否真正实现和解，也将成为国际社会评判日本是否继续走和平发展道路的试金石。我们希望日方以史为鉴，正确对待和妥善处理有关历史问题，同军国主义彻底划清界限。在此基础上，中方愿同日方携手发展面向未来的友好关系。

**记者**：近期部分国家的新纳粹思潮比较活跃。您认为这会不会影响当今世界局势，会不会对全球和平发展带来挑战？

**李辉**：第二次世界大战后，国际秩序发生了深刻变化，和平与发展成为当今世界两大主题。但仍有部分国家出现了新纳粹或称新法西斯政治社会运动，这种政治思潮旨在延续纳粹精神，实施种族主义。而且一些国家的新纳粹分子规模越来越大，作案手段越来越残忍。他们否认德国纳粹对犹太民族的屠杀，大搞打、砸、抢，肆意纵火杀人，袭击难民、移民，仇外排外暴力活动不断升级。如再不采取果断措施，"新民族优越论""新纳粹主义""新法西斯主义"等极端种族主义将再次走上历史舞台，将严重影响国际新秩序的建立和全球和平发展，给人类带来灾难。这绝不是危言耸听，历史已多次证明了这一点。在人类庆祝反法西斯战争胜利 70 周年的今天，我们强调这一点尤为必要。

我们认为，要解决上述问题，各国应努力做好以下几个方面的工作：

一是更加重视发展权，使人人共享经济全球化成果。国际社会应更加注重生存权、粮食权、健康权等经济、社会和文化权利，推动国际合作。发达国家更应履行在资金、技术、减债、市场准入等方面的承诺，为切实推进发展权的广泛实现创造有利条件。

二是更加致力于消除歧视，构建公平正义的世界。国际社会应关注妇女、儿童、残疾人、移民工人和土著人等弱势群体的权利，积极推进相关国际公约的有效落实，在国家和国际两个层面对种族主义采取"零容忍"政策，不以任何理由为任何形式的种族主义提供生存和发展的条件。

三是更加重视消除政治化与对抗，维护国际人权领域对话的良好气氛。各国应充分利用联合国平台，以建设性方式讨论和解决人权问题，避免政治化、选择性和双重标准。一味示强、施压、制裁无益于促进和保护人权，反而会挑起对抗，加剧紧张关系。对于各国间的分歧，应通过合作与对话的方式加以解决。

# 为世界和平稳定注入正能量

2015 年 5 月 5 日

> 中俄关系为建立合作共赢的新型国际关系进行了成功实践，为促进地区乃至世界的和平与安全发挥着重要的稳定作用，并将拥有广阔的前景。

今年是中国人民抗日战争暨世界反法西斯战争胜利 70 周年。中国和俄罗斯作为第二次世界大战时亚洲和欧洲两个主战场，将在各自国家举办一系列庆祝活动，共同捍卫世界反法西斯战争胜利成果和国际正义。应普京总统邀请，中国国家主席习近平将出席今年 5 月 9 日在莫斯科举行的纪念卫国战争胜利 70 周年庆典并访俄，意义重大，举世瞩目。

一方面，两国元首将举行今年首次会晤，双方将全面回顾和总结过去一年来两国各领域战略协作与务实合作取得的积极成果，详细规划和确定两国下一步合作方向和深化领域，签署一揽子涉及领域更广泛、合作程度更深入、战略内涵更突出的双边合作文件，进一步夯实两国战略协作的经济基础与务实合作的内涵，不断推动中俄全面战略协作伙伴关系再上新台阶。

另一方面，习近平主席作为俄方重要客人出席纪念卫国战争胜利70 周年庆典活动，将在双边和国际层面均产生深远影响，再次证明中俄全面战略协作伙伴关系的高水平和特殊性，再次体现中俄作为联合国安理会常任理事国和二战战胜国在维护世界和平、稳定与发展问题上的坚定决心与十足信心，再次展示中俄两国人民对用鲜血凝结成的友谊无比珍视和携手共同创造美好未来的期待。

70 年前，世界反法西斯战争的胜利改变了中国，也改变了世界。中俄两国人民在这场战争中经历了最残酷的考验，为世界反法西斯战争的胜利作出了历史性重大贡献。中国战场爆发时间最早、历时最长，中国人民抗日战争长期抗击和牵制日本军国主义的主要兵力，在战略上策应和支持了盟国在欧洲战场和太平洋战场的战略行动，制约了日本法西斯和德意法西斯的战略配合，坚定了盟国对法西斯作战的信心，推动了世界反法西斯统一战线的形成。苏联军队在欧洲战场取得胜利后，又派出近百万大军协助亚洲战场对日作战，并向中国提供了大量的物资援助。无数苏军将士为中国抗日战争胜利献身捐躯，为中华民族解放事业作出了不可磨灭的贡献，赢得了中国人民和世界人民的尊重。

近年来，个别国家在历史问题上倒行逆施，引起国际社会警觉。在这种情况下，中俄两国共同举行二战胜利的庆典活动，对于铭记历史、警示未来、捍卫二战胜利成果、维护世界和平更具重要意义。我们要以此为契机，敦促各方以史为鉴，重申对《联合国宪章》宗旨和原则的坚定承诺；开辟未来，探索新形势下维护国际和平与安全的有效途径，唤起每一个善良的人对和平的向往和坚守，避免历史悲剧重演，开创人类更加美好的未来。

当前，中俄关系正处于历史上最好时期，并持续在高水平上运行。中俄关系的鲜明特点是不结盟、不对抗、不针对第三方，同时也不以意识形态划线。两国追求和重视的是相互尊重、相互支持、互利合作、共同发展。中俄关系为建立合作共赢的新型国际关系进行了成功实践，为邻国间、大国间、新兴市场国家间和谐共处、合作共赢树立了典范，为促进地区乃至世界的和平与安全发挥着重要的稳定作用，并将拥有广阔的前景。

习近平主席此访内容丰富、意义重大，必将推动中俄全面战略协作伙伴关系继续保持高水平运行，为维护世界和平与稳定注入正能量。

本文 2015 年 5 月 5 日刊登在《人民日报》

# 国际环境之"变"和中俄关系之"新"

## ——在"俄罗斯与中国：变革世界中的新型伙伴关系"研讨会开幕式上的致辞

### 2015 年 5 月 29 日

世界各国只有建立以合作共赢为核心的新型国际关系，同舟共济，才能共享尊严、共享安全、共同发展、共同繁荣。

尊敬的伊万诺夫主席、季托夫主席、季塔连科院士，

各位同事和朋友：

很高兴出席今天的研讨会。感谢主办方俄罗斯国际事务委员会和俄科学院远东研究所提出这一研讨倡议，感谢在座各位的参与和对中俄关系的长期关注与大力支持。我们围绕国际环境之"变"和中俄关系之"新"交换看法，对研究如何提升中俄合作水平、如何推动国际环境积极变化将大有助益。

我们正身处一个变革的时代。世界多极化、经济全球化深入发展，各国越来越成为你中有我、我中有你的命运共同体。新兴经济体和发展中国家力量壮大，多个发展中心在世界各地区逐渐形成，个别国家

或国家集团单独主宰世界事务的时代一去不返，人类比以往任何时候都更有条件朝和平与发展的目标迈进。与此同时，局部动荡仍此起彼伏，恐怖主义、重大传染性疾病等全球性问题不断增多，南北差距依然悬殊，世界还很不太平、很不和谐。

时代变迁、世界变化要求思想变革。冷战思维、零和博弈只能束缚手脚、加剧动荡、将人类命运引向未知，无法应对国际社会面临的共同挑战。世界各国只有建立以合作共赢为核心的新型国际关系，同舟共济，才能共享尊严、共享安全、共同发展、共同繁荣。

中俄是互利共赢新型国际关系的倡导者和践行者。中俄世代友好、永不为敌，充分照顾对方利益和关切，给两国人民带来了实利。中俄合作不针对第三方，共同推动国际关系民主化、法制化，有力维护了世界和平稳定，促进了国际公平正义。中俄关系也因此生机勃勃，历风雨而益固。

在中俄领导人的顶层设计和亲自推动下，中俄全面战略协作伙伴关系进入互相提供重要发展机遇、互为主要优先合作伙伴的发展新阶段。一是两国均以实际行动坚定支持对方维护本国核心利益，二是两国将各自国家和地区发展战略相互对接，不断创造利益契合点和合作增长点。这两大特质，将不断激发中俄关系的内生动力。

20天前，习近平主席成功访俄并与普京总统共同出席了伟大卫国战争胜利70周年纪念活动。两国元首商定，要继续保持中俄关系高水平运行。两国政府就落实领导人共识积极展开工作。双方今年最重要的任务，是启动"一带一路"建设和欧亚经济联盟建设的对接合作。最重要的协作，是维护好二战胜利成果和战后国际秩序，继续推动国际关系和国际秩序朝着更加公正合理的方向发展。

世界上总有一些人戴着有色眼镜，对中俄两国和中俄关系说三道四。我愿重申，中国坚定不移走和平发展道路，中国的发展壮大，带给世界的是更多机遇而不是什么挑战。同样，一个繁荣强大的俄罗斯，有利于亚太地区与世界的和平稳定。无论国际风云如何变幻，中国都愿同俄罗斯守望相助，愿同其他伙伴国家精诚合作，共护和平、共促发展，为当代国际关系注入正能量。

我相信，今天的研讨不仅将为中俄合作献计献策，更能对外传递合作声音，加深国际社会对中俄的客观认知。此类研讨会应予机制化。中国驻俄使馆愿于今年下半年在莫斯科成立"友谊街俱乐部"，为中俄官方和智库交流提供平台，也真诚欢迎使团朋友参与相关活动。

最后，预祝研讨会圆满成功。

谢谢大家！

# 金砖与上合携手前行

## ——接受"今日俄罗斯"国际新闻通讯社专访

2015 年 6 月 30 日

中俄愿在上海合作组织、金砖国家等多边合作机制内，进一步加强合作，形成合力，为地区和世界的安全稳定做出应有贡献。

**记者**：中国对金砖国家和上海合作组织扩员的可能性有何看法？是否认为有必要在近期扩员，还是为时尚早？

**李辉**：中方一贯认为，必须认真做好金砖国家合作机制和上海合作组织扩员准备工作，不断完善组织的机制建设。当前，金砖国家合作机制和上海合作组织生命力和吸引力不断增长，扩员是大势所趋。但要本着"积极稳妥、循序渐进"的原则做好相关工作，履行必要的法律程序。要进一步加强同观察员国和对话伙伴合作，完善合作机制，增强非成员国的参与度，共同促进组织发展。

金砖国家合作机制和上海合作组织具有独特的开放性、互补性和包容性，这对吸引更多力量维护地区安全稳定，促进区域经济发展，进一步提升本组织在国际舞台上的地位和影响力大有裨益。

中方视金砖国家和上海合作组织为外交优先方向，愿同各国共同努力，建设好、经营好、发展好多边大家庭，并借力反哺和促进双边关系深入发展，形成双、多边良性互动的大好局面。中方愿与各方一道，以今年7月乌法峰会为契机，推动本组织各领域合作取得新突破，为金砖国家合作机制和上海合作组织取得更大发展做出新贡献。

**记者**：金砖国家银行是否会成为国际货币基金组织和世界银行等金融机构的竞争对手？

**李辉**：2014年7月15日举行的金砖国家领导人第六次会晤期间，金砖国家财政部长在五国领导人见证下签署了成立金砖国家开发银行的协议。成立金砖国家开发银行，不仅有助于解决金砖国家在基础设施等领域的资金短缺，而且有助于新兴经济体抵御市场的波动性和不确定性，也对全球经济的稳定发展起到重要作用。这无疑对金砖国家合作机制建设具有非常重要的战略意义。

金砖国家开发银行的设立，标志着以金砖国家为代表的新兴经济体在金融领域的合作取得实质性进展，从过去宏观层面的政策磋商提升至经济金融层面的具体合作，为满足金砖国家和其他发展中国家的特定投资需求提供了新的选择，并以此推动世界经济的多极化发展。作为世界第二大经济体，中国积极参与和推动设立金砖国家开发银行，彰显了中国负责任的发展中大国形象。

尽管此前在新兴经济体的呼吁和共同行动推动下，国际金融秩序的传统主导者世界银行和国际货币基金组织启动了改革步伐，但进展缓慢。而金砖国家倡导建立的开发银行恰是对其他现有多边金融机构的有益补充，是适应现有国际经济格局变化的必然选择，有助于推动建立公正平等的国际经济金融新秩序。

金砖国家开发银行跨越四大洲，是一个名副其实的国际性金融机构，业务覆盖全球。他既可以对现有多边开发银行形成有效补充，也可以对现有多边金融机构的治理结构和业务决策产生影响，逐步改变新兴市场和发展中经济体的国际金融环境，从而维护以金砖国家为代表的新兴经济体的经济金融稳定与合作发展。

正是基于上述原因，许多人将金砖国家开发银行的成立视作对现有国际金融秩序的直接挑战。我认为，它是世界银行和国际货币基金组织的良性互动者、有益互补者。但金砖国家开发银行从成立到成为国际金融秩序的重要力量，还有很长的路要走。

**记者：中国是否担心激进组织"伊斯兰国"恐怖主义对上海合作组织成员国构成威胁？是否有必要放弃"上海合作组织不是军事集团"的立场，以便有效应对来自中东和中亚日益增长的恐怖主义威胁？**

**李辉：**中方历来反对一切形式的恐怖主义。中方愿同上合组织成员国，以及国际社会加强合作，共同打击恐怖势力，维护地区和世界安全稳定。

随着全球化和科技信息的迅速发展，恐怖主义作为非传统安全问题日趋凸显，恐怖主义已经成为一种国际现象，其危害已超过跨国犯罪、毒品走私，严重影响着世界的和平与稳定。近年来，中国也不同程度地受到国际恐怖主义活动的影响，以"东伊运"为代表的"东突"恐怖势力不仅一直蓄意对中国境内目标实施恐怖袭击，还与国际恐怖势力勾连，派员到战乱地区参战，对地区国家乃至国际社会安全稳定也带来严重危害。

安全稳定是任何地区、任何组织开展互利合作、实现共同发展的首要条件。以反恐合作为重点的执法安全合作是上合组织工作重心之一。多年来，各方积极落实《上海合作组织反恐怖主义公约》《打击恐怖主义、分裂主义和极端主义上海公约》及合作纲要，在防范和打击"三股势力"、维护各成员国及地区安全与稳定方面取得显著成果，受到国际社会的广泛赞誉。

我们愿与俄方一道，在双边合作机制和上海合作组织、金砖国家等多边合作机制内，进一步加强合作形成合力，以"零容忍"态度严打恐怖势力，形成对恐怖主义的高压态势，并积极推动在打击跨国有组织犯罪、网络犯罪、禁毒等方面的合作，努力提高应对安全威胁与挑战的能力，为地区和世界的安全稳定作出应有贡献。

**记者**：显然，除了金砖国家和上海合作组织框架内的多边会议，俄中正在准备双边谈判。双方能否在军事技术领域达成合作协议？俄中是否准备建立军事联盟？

**李辉**：中俄是友好近邻，也是战略协作伙伴。中俄两军友好合作关系的任何进展，都是丰富中俄全面战略协作伙伴关系内涵的务实行动。中方愿与俄方加强包括军事技术合作在内的全方位、深层次合作，不断深化两国的务实合作和两国人民的友好往来。

我想强调的是，中俄双方曾多次指出，中俄无意建立任何形式的军事联盟，两国军事合作是依据国际法的基本准则进行的，不针对任何第三方，不涉及第三国利益。中俄同为联合国安理会常任理事国，维护地区的和平与稳定是双方的共同目标，类似的交流合作越多，我们的经验越多，专业水平越高，安全也越有保障。

　　中俄两军关系既是两国关系的重要支柱，也是两国战略合作水平的重要体现。深化中俄两军关系，对于增进两国政治互信、提高两军战略协作水平、共同维护地区的安全和稳定，具有积极意义。军技合作是中俄两军关系的一个重要方面和战略协作的体现。目前，中俄军技合作正保持着健康发展的良好势头，中俄两国都有完整的国防工业体系和较强的装备研制生产能力，两国军技合作有着广阔的前景和发展空间。双方还将在以往军技合作成果的基础上，进一步扩大合作领域，实现互利共赢，在确保自身安全的同时，积极致力于地区和世界的和平与稳定。

# 中俄是世界稳定的"压舱石"

## ——接受俄罗斯《独立报》和国际文传电讯社采访

### 2015 年 7 月 3 日

> 无论国际风云如何变幻，中国都愿同俄罗斯守望相助，精诚合作，共护和平，共促发展，为当代国际关系注入正能量。

**记者**：您如何评价上海合作组织的发展？您认为各成员国应如何进一步加强在这一组织框架内的合作？

**李辉**：14 年来的发展历程充分证明，上海合作组织为保障成员国共同安全提供了可靠平台，为各方实现合作共赢带来了重要机遇。14 年来的发展历程充分展示，成员国睦邻友好历久弥坚，政治互信与日俱增，安全、经济、人文各领域合作方兴未艾，国际地位和影响力不断提升，在国际和地区事务中发挥的积极作用日益突出，已成为维护地区安全稳定、促进成员国共同发展的有效机制和建设性力量。

面对当前新形势、新挑战，本组织成员国应坚持弘扬互信、互利、平等、协商、尊重多样文明、谋求共同发展的"上海精神"，继续团结一致，深化务实合作，做大、做实、做强本组织。首先，要落实好《上

合组织至 2025 年发展战略》，规划好本组织中长期发展方向，进一步
增强成员国之间团结协作的行动力，为实现本地区和平稳定、共同发
展发挥自己的作用。其次，要进一步深化成员国间的政治互信，坚决
维护成员国的主权、安全和发展利益，就重大国际和地区问题积极协
调立场，共同推动国际秩序朝着更加公正、合理的方向发展。第三，
要不断巩固和深化安全合作，严防恐怖极端势力在上合组织地区扩张
渗透，加紧商签有关合作文件，增强地区反恐怖机构能力建设。第四，
要全面提升成员国间的务实合作水平，将成员国优势互补潜力转化为
实实在在的经济效益，利用好丝绸之路经济带和欧亚经济联盟对接的
机遇，实现惠及各方的多边合作项目。

中方高度重视上合组织建设与发展，视其为中国外交优先方向之
一。中方愿同各方共同努力，以更加坚定的决心、明确的规划和有力
的措施，推动上合组织继续沿着高效、务实、健康的方向快速发展。

**记者：中方希望在本次上海合作组织和金砖国家领导人峰会上解决
哪些问题？**

**李辉：**金砖国家领导人峰会和上海合作组织峰会将于今年 7 月上旬
先后在俄罗斯乌法举行。经过十余年的发展，金砖国家合作机制已成
为推动全球经济复苏和可持续增长的重要引擎，是世界主要新兴经济
体开展对话与合作、积极参与全球治理的重要平台。上海合作组织为
保障成员国共同安全、实现合作共赢带来了重要机遇，在维护地区和
世界和平、稳定和安全方面发挥了重要作用。中方对上述峰会取得重
要成果充满期待。

关于金砖国家领导人峰会，一是要深化政治互信，打造金砖国家

命运共同体，共同维护世界和平稳定和国际公平正义，推动国际秩序朝着更加公正合理的方向发展。二是要深化务实合作，打造金砖国家利益共同体，加快筹建金砖国家开发银行和应急储备安排，尽快投入运转，争取早期收获。三是要加强国际合作，打造金砖国家责任共同体，推动完善全球经济治理，促进发展中国家和发达国家共同发展、平衡发展。四是要携手推动共同发展，不断推进金砖国家合作的历史进程，以实现国家繁荣富强和民族振兴为基础，为世界和平、稳定与发展作出贡献。

关于上海合作组织峰会，首先，以落实好《上合组织至 2025 年发展战略》为引领，规划好本组织中长期发展方向，进一步增强成员国之间团结协作的行动力，为实现本地区和平稳定、共同发展发挥自己的作用。其次，以深化政治互信为基础，坚决维护成员国的主权、安全和发展利益，就重大国际和地区问题积极协调立场，共同推动国际秩序朝着更加公正、合理的方向发展。第三，以巩固安全合作为保障，严防恐怖极端势力在上合组织地区扩张渗透，加紧商签有关合作文件，增强地区反恐怖机构能力建设。第四，以提升务实合作水平为目标，将成员国优势互补潜力转化为实实在在的经济效益，利用好"一带一路"建设和欧亚经济联盟对接的机遇，实现惠及各方的多边合作项目。

**记者：**金砖国家坚持维护国家主权、反对干涉他国内政的原则。这是否可以说明金砖国家理念相近？

**李辉：**如今，金砖国家人口占世界的 42%，陆地国土面积占世界 26%，经济总量已占到全球的 27%，十年间对全球经济增长的贡献超过 50%，成为推动全球经济复苏和可持续增长的重要引擎。在经济实力增长的同时，金砖国家已成为世界主要新兴经济体开展对话与合作、积极参与全球治理的战略平台，成为维护世界和平、促进共同发展的重要力量。

金砖五国均为各自大陆的主要大国，同为联合国、二十国集团等主要国际组织和多边机制的重要成员，并在许多区域性组织中扮演关键角色。五国就世界经济金融危机、气候变化等一系列重大国际问题和一些地区热点问题保持密切协调与合作，旨在维护发展中国家整体利益、增加新兴市场国家和发展中国家在国际事务中的代表性和话语权。在联合国成立 70 周年和世界反法西斯战争胜利 70 周年之际，金砖国家要进一步致力于促进多边主义，加强联合国权威和作用，推动国际秩序朝着更加公正合理的方向发展，维护好新兴市场和发展中国家的共同利益。

**记者：**俄罗斯联邦安全会议秘书帕特鲁舍夫在前不久金砖国家安全事务高级代表第五次会议指出，需要加强金砖国家在军事技术领域的合作。中国如何看待这一建议？

**李辉：**金砖国家自成立以来，始终尊重彼此重大利益关切，在涉及各国主权和核心利益等问题上相互给予理解和支持，传递出金砖国家团结一致、维护世界和平与安全、推动国际关系民主化和法治化的积极信号。金砖国家代表在本次会议上达成重要共识：一是要打造金砖国家利益共同体，加快筹建金砖国家新开发银行和应急储备安排，尽快投入运转，争取早期收获。二是要在 2015 年后发展议程、气候变化谈判、反恐、网络安全、国际货币基金组织改革等全球治理重点和热点问题上共同发声，维护新兴市场和发展中国家的共同利益。三是要共同推动金砖国家领导人第七次会晤取得积极成果，不断推进金砖国家合作的历史进程。

无独有偶，上海合作组织的发展为区域组织合作树立了典范。军事技术合作是上合组织重要的合作领域之一，成员国通过多次军事联合演习促进了彼此交流与借鉴，为地区稳定、安全与和平做出了突出贡献。我相信，金砖国家间的合作也将是多层次、宽领域、全方位的。

**记者**：2008 年金融危机以来，世界经济复苏仍任重道远。目前，有一些唱衰金砖国家经济发展的杂音，你对此有何看法？金砖国家合作可否逆势而上？

**李辉**：任何事物的发展都不会一帆风顺，金砖国家的发展道路也不会一马平川。近年来，由于金砖国家面临的内外发展困难增多，经济增速有所放缓，使国际舆论中"看空""唱衰"金砖的声音迎风而起，有些人开始担心"金砖褪色""金砖变暗"，合作搞不下去。我认为，这些质疑有夸大其词之嫌，没有从事实出发。

首先，金砖国家合作适应了历史潮流。世界经济深度调整，全球复苏进程缓慢艰难，增长动力仍然不足，实现经济强劲、可持续、平衡增长任重道远。金砖国家均为各自大陆的主要大国，同为联合国、二十国集团等主要国际组织和多边机制的重要成员，并在许多区域性组织中扮演着关键性的角色，金砖国家通过加强团结合作、抱团取暖，进一步激活彼此发展活力和凝聚力，同时拉动世界经济增长，为世界的和平、稳定与发展作出自己的贡献。

其次，金砖国家合作经受住了实践考验。进入 21 世纪以来，新兴经济体以群体崛起的姿态，改变了两百年来世界经济主要依靠发达经济体驱动的历史。金砖国家虽由来自不同大陆的新兴市场国家组成，但均主张强化联合国的作用、恪守国际法基本准则，尊重彼此重大利益关切。金砖国家虽受国际金融危机影响，但十年间对全球经济增长的贡献超过了 50%。目前，增速虽有所放缓，但要看到，金砖国家经济发展的基本面还是好的。

第三，金砖国家合作具有独特的优势。金砖国家原本就具有充足的劳动力、丰富的资源和多元的市场，同时产业结构和发展道路具有多样性和互补性。近年来，加快改革和创新步伐，经济社会发展成就显著，应对挑战、解决问题的能力不断增强，综合实力日益提升。目前，金砖国家正积极转变发展模式，调整经济结构，稳定金融和财政，推进创新驱动发展。随着有关工作的推进，加上整体国际经济形势逐步好转，金砖国家必将重拾快速发展势头。

第四，金砖国家合作拥有巨大的潜力。金砖国家合作机制以领导人会晤为战略引领，逐步形成多层次、宽领域的合作架构。金砖国家开发银行和应急储备基金的成立，为金砖国家经济发展提供了有力的资金支持与保障。此外，金砖各国对外贸易总额虽占全球的 16%，但相互之间的贸易额仅为 3360 亿美元，占全球贸易总额的 1.5%，这说明各国经济合作潜力尚未完全释放。世界 500 强企业中有 118 家来自金砖国家，而企业商机多、发展快、信心足。

我相信，只要发展方向正确、举措得力，金砖国家合作前景充满光明。

**记者：北约从阿富汗撤军后，恐怖主义对中亚威胁可能进一步升级。俄中是否将联合打击该地区的恐怖主义？**

**李辉**：中方历来反对一切形式的恐怖主义。中方愿同包括俄罗斯在内的上海合作组织成员国和金砖国家，以及国际社会进一步加强执法合作，共同打击恐怖势力，维护地区和世界安全稳定。

随着全球化和科技信息的迅速发展，恐怖主义作为非传统安全问题日趋凸显，恐怖主义已经成为了一种国际现象，其危害已超过跨国犯罪、毒品走私，严重影响着世界的和平与稳定。近年来，中国也不同程度地受到国际恐怖主义活动的影响，以"东伊运"为代表的"东突"恐怖势力不仅一直蓄意对中国境内目标实施恐怖袭击，还与国际恐怖势力勾连，派员到战乱地区参战，对地区国家乃至国际社会安全稳定也带来严重危害。

安全稳定是任何地区、任何组织开展互利合作、实现共同发展的首要条件。以反恐合作为重点的执法安全合作是上合组织工作重心之一。多年来，各方积极落实《上海合作组织反恐怖主义公约》《打击恐怖主义、分裂主义和极端主义上海公约》及合作纲要，在防范和打击"三股势力"、维护各成员国及地区安全与稳定方面取得显著成果，受到国际社会的广泛赞誉。

上合组织将按照联合国宪章宗旨和原则以及其他公认的国际关系基本准则，在本组织相关条约、协定的框架内，进一步加强合作，在打击恐怖主义方面形成合力，以"零容忍"态度严打恐怖势力，形成对恐怖主义的高压态势，并积极推动在打击跨国有组织犯罪、网络犯罪、禁毒等方面的合作，努力提高应对安全威胁与挑战的能力，为地区和世界的安全稳定做出应有贡献。

**记者**：目前，北约加强在东欧军事存在，而美国奉行重返亚太战略并在靠近中国的海上边界加强军事存在，中方是否打算在上述安全领域与俄加强合作？

**李辉**：当今世界，和平与发展是时代的主题，但霸权主义和强权政治依然存在，传统安全和非传统安全均面临严峻的挑战。中俄作为联合国安理会常任理事国，无论在双边还是多边框架内，在安全领域保持了密切沟通与有效协作，为维护地区和世界和平、稳定与安全作出了自己的积极贡献。

中俄是互利共赢新型国际关系的倡导者和践行者。中俄发展全面战略协作伙伴关系，充分照顾对方利益和关切，给两国人民带来了实利，也有利于世界的和平与稳定。今年是世界反法西斯战争胜利70周年，双方将通过举办一系列纪念活动，唤起每一个善良的人对和平的向往和坚守，避免历史悲剧重演，同时也敦促各方以史为鉴，重申对《联合国宪章》宗旨和原则的坚定承诺，积极探索新形势下维护国际和平与安全的有效途径，携手共同捍卫二战胜利果实，开创人类更加美好的未来。

我愿重申，中国坚定不移走和平发展道路，中国的发展壮大，带给世界的是更多机遇而不是什么挑战。同样，一个繁荣强大的俄罗斯，有利于亚太地区与世界的和平稳定。无论国际风云如何变幻，中国都愿同俄罗斯守望相助，愿同其他伙伴国家精诚合作，共护和平，共促发展，为当代国际关系注入正能量。

# 发扬合作共赢的伙伴精神

## ——接受俄罗斯《尊严》杂志采访

2015 年 12 月 28 日

以更无畏的勇气、更深广的合作、更协调的政策与行动来推动解决世界经济的突出问题，为实现强劲、可持续、平衡增长目标而努力。

**记者：**尊敬的大使先生，20 世纪末世界地缘政治格局发生深刻变化，21 世纪又给我们带来许多新的挑战。在这些因素的影响下，中国在全球经济和政治环境中的地位和作用发生了哪些突出变化？

**李辉：**在过去 30 年尤其是进入 21 世纪以来，中国在世界形势的发展与变化中，越来越成为一个重要的参与者、积极的推动者。尽管对中国会有不同的声音，持不同的立场和态度，但世界越来越关注中国，中国在世界媒体的报道中是出现频率最高的国家之一。

变化之一：中国的综合国力和国际影响力显著提升。中国现在是世界上发展速度最快的国家之一，也是国际舞台上最为活跃的国家之一，中国的发展与变化正对世界产生广泛而深刻的影响。中国在 30 多年的改革开放过程中，将现代化规律和本国国情有机结合，走出了一条中国特色社会主义道路。目前已成为世界第二大经济体，综合国力的增长奠定了中国国际地位提升的基础。中国同国际社会建立起广泛的联系，积极参与国际和地区事务，履行应尽的国际义务，为维护世界和平、促进共同发展发挥着"中国作用"。

变化之二：中国对世界经济增长的贡献率与日俱增。中国应对全球金融危机所采取的措施，不仅对本国经济，而且对地区乃至世界经济都产生了积极影响。全球金融危机以来，中国及时调整宏观经济政策，形成了进一步扩大内需、促进经济增长的一揽子计划，取得显著成效，率先走出危机并带动世界经济逐步复苏。2007年，中国对世界经济增长的贡献率首次超过美国，跃居世界首位。为推动恢复世界经济增长做出应有贡献。可以说，中国一直在向世界传递着战胜金融危机的"中国信心"。

变化之三：中国参与国际体系改革的进程更加深入。从金砖国家迅速崛起到发展中国家在二十国集团占有一席之地，以中国为代表的新兴国家开始发出自己的声音。作为世界第一大外汇储备国、第一大商品贸易国、第二大经济体同时也是对世界经济增长贡献率最大的国家，中国在国际金融体系改革中的话语权不断提高。在联合国改革、气候变化谈判、反恐、粮食和能源问题等其他重要国际议题方面，发挥着负责任的建设性作用，推动国际秩序向更加公正、合理的方向发展，国际社会高度关注"中国主张"。

变化之四：中国以自身发展推动全球发展的多样化。中国特色社会主义的活力和影响力提高了中国在国际事务中的话语权。中国特色社会主义既突破了传统计划经济的条条框框，又不盲目照搬西方资本主义的模式，而是将社会主义的基本制度与市场经济的运行方式相结合，处理好政府和市场的关系，使市场在资源配置中起决定性作用和更好地发挥政府的监督作用，既可让市场更有活力，又可有效规避危机与应对危机。中国为发展中国家在全球化背景下实现现代化提供了一种真正可行的"中国模式"。

**记者**：今年以来，国际上发生了大量突发事件，如乌克兰危机加剧、欧盟难民危机、俄空袭伊斯兰国恐怖组织、美国海军舰只出现在中国南海争议岛屿附近。您对此有何看法？在不久的将来还会发生哪些突发事件？

**李辉**：当今世界，和平、发展、合作是时代的主题，但霸权主义和强权政治依然存在，传统安全和非传统安全均面临严峻的挑战。中俄作为联合国安理会常任理事国，无论在双边还是多边框架内，在安全领域保持了密切沟通与有效协作，为维护地区和世界和平、稳定与安全做出了自己的积极贡献。

世界多极化、经济全球化深入发展，各国越来越成为你中有我、我中有你的命运共同体。新兴经济体和发展中国家力量壮大，多个发展中心在世界各地区逐渐形成，人类比以往任何时候都更有条件朝着和平与发展的目标迈进。我愿重申，无论今后发生怎样的突发事件，中国都坚定不移走和平发展道路，中国的发展壮大，带给世界更多的是机遇而不是什么挑战。同样，一个繁荣强大的俄罗斯，有利于亚太地区与世界的和平稳定。

**记者**：美国正在建立 TPP。美国此举意在对抗影响力不断上升的中国，您如何评价此背景下金砖国家（主要是中国和俄罗斯）的前景？

**李辉**：今年 10 月，美国倡导的泛太平洋战略经济伙伴关系协定（TPP）谈判取得突破性进展，美国、日本和其他 10 个泛太平洋国家就 TPP 达成一致。TPP 不仅是一份贸易协议，还涵盖了知识产权、市场监督、资本和劳动力流动、投资保护等新的合作模式，必将对全球多边贸易体制发展和世界贸易规则重构带来深远影响。

中方对符合世贸组织规则、有助于促进亚太区域经济一体化的制度建设均持开放态度。但区域贸易安排不能取代多边贸易机制，相反，应成为多边贸易机制的有益补充。在此背景下，作为新兴经济体代表和区域一体化的重要参与者，中俄应进一步加强两国在多边框架内的协作，继续维护全球多边贸易体制的主渠道地位，增强世贸组织的作用，进一步推进该地区的区域全面经济伙伴关系协定谈判。

事实上，金砖国家合作机制已成为世界主要新兴经济体开展交流与对话、深化务实合作与战略互信的重要平台，并已形成多层次、宽领域、全方位的合作架构，为金砖国家带来了实实在在的利益，也为世界经济复苏做出了自己的贡献。中方将一如既往地深化同金砖国家的友好合作，积极致力于建设面向全球的高标准自由贸易区网络，维护全球自由贸易体系和开放型世界经济。

**记者**：俄中作为上海合作组织和金砖国家重要成员国，如何在上述组织框架内加强协作？

**李辉**：上海合作组织是邻国间关系的典范，是地区国家维护安全、共同发展的重要机制。上海合作组织自成立以来已建立起一系列行之有效的组织制度和机构，确定了安全与经济两个轮子同时推进的运作模式，既有效应对了安全挑战，维护了地区和平稳定，也积极推动了各成员国间的经贸往来，展现了日益广阔的发展前景。

金砖国家作为新兴市场国家和发展中国家的领头羊，经过十余年发展，已成为世界主要新兴经济体开展交流与对话、深化务实合作与战略互信的重要平台，并已形成多层次、宽领域、全方位的合作架构，为金砖国家带来了实实在在的利益，也受到国际社会的广泛关注与好评。金砖五国在开放、团结、平等、相互理解、包容、共赢的原则指导下，继续保持良好合作发展势头，不断深化战略协作，推动在国际法基础上构建公正合理的国际秩序。

中俄无论是在上合组织还是金砖五国机制内，均为创始国，也是在国际舞台上发挥重要作用的大国，在两大机制平台上起到了火车头的带动作用。多年以来，中俄不断深化彼此及同相关国家在两大机制中的合作，加强同成员国之间的睦邻友好和政治互信，弘扬"上海精神"，构建金砖国家更紧密伙伴关系，在涉及重大国际问题上共同发声，使和平、发展、合作、共赢的时代潮流更加强劲，为促进地区乃至世界和平与稳定发挥了重要作用。

在当前世界经济复苏缓慢、新旧动能转换的大背景下，中俄应继续在两大机制框架内保持高水平战略协作，深化在安全、经济、金融、人文等领域合作，就共同关心的全球问题加强协调与配合，推动上述机制促进成员国团结协作，在成员国共同关心的问题上发挥作用，建设上合组织和金砖国家更紧密、更全面、更牢固的伙伴关系，维护好新兴市场国家和发展中国家利益。

明年，中国将主办金砖国家领导人第九次会晤。作为金砖机制的坚定支持者和参与者，中方将同各成员国一道，携手努力，落实好《果阿宣言》，规划金砖国家下一步发展新蓝图，促进世界的和平、稳定、繁荣。

**记者：**"伊斯兰国"恐怖组织在叙利亚、巴黎、马里先后制造了恐怖暴力活动，引起国际社会动荡。您对此有何看法？上海合作组织将如何加强反恐合作？

**李辉：**中方坚决反对一切形式的恐怖主义，反对在反恐问题上持"双重标准"，主张国际社会按照《联合国宪章》宗旨和原则及其他公认的国际关系基本准则开展联合反恐合作。各方应加强协调沟通，化解分歧，综合施策，切实落实安理会有关反恐决议，共同打击国际恐怖主义，维护地区和世界的和平、安全与稳定。

叙利亚问题久拖不决，导致恐怖组织在叙境内的暴力活动更加猖獗，并迅速向全球蔓延，造成国际人道危机不断加剧。中方支持包括俄罗斯在内的各国为维护国家安全所作的努力，理解和支持符合国际法、得到当事国同意的国际反恐行动，对前不久赴叙执行反恐任务的俄一架战机被击落并造成人员遇难深表同情，呼吁国际社会在反恐问题上切实加强合作，避免此类事件再次发生。普京总统在其国情咨文中也呼吁在联合国主导下建立反恐统一战线。

安全稳定是任何地区、组织开展互利合作、实现共同发展的首要条件。以反恐为重点的执法安全合作是上合组织工作重心之一。多年来，各方积极落实《上海合作组织反恐怖主义公约》《打击恐怖主义、分裂主义和极端主义上海公约》及合作纲要，在防范和打击"三股势力"、维护各成员国及地区安全与稳定方面取得显著成果，受到国际社会的广泛赞誉。中方愿与俄方一道，在双边机制和本组织框架内进一步加强合作，以"零容忍"态度严打恐怖势力，形成对恐怖主义的高压态势，积极推动在打击跨国有组织犯罪、网络犯罪、禁毒等方面的合作，努力提高应对安全威胁与挑战的能力，为地区和世界的安全稳定做出应有贡献。

今年是联合国成立 70 周年，习近平主席出席了相关系列峰会，在维和峰会上发表题为《中国为和平而来》的重要讲话，主张维和行动应恪守联合国宪章和哈马舍尔德原则，任何国家不能越权行事，既要同预防外交、建设和平纵向衔接，也要同政治斡旋、推进法治、民族和解、民生改善等横向配合；呼吁联合国更多听取当事国和出兵国意见，同相关地区组织建立更协调的维和伙伴关系，欢迎联合国实施新的"维和能力待命机制"。在发展峰会上发表题为《谋共同永续发展，做合作共赢伙伴》的重要讲话，认为唯有发展才能消除冲突根源、保障人民基本权利、满足人民对美好生活的热切向往，建议我们争取公平的发展，让发展机会更加均等；坚持开放的发展，让发展成果惠及各方；追求全面的发展，让发展基础更加坚实；促进创新的发展，让发展潜力充分释放。

当今世界，和平、发展、合作是时代的主题，但传统安全和非传统安全仍给我们带来严峻挑战。世界各国只有建立以合作共赢为核心的新型国际关系，同舟共济，才能共享尊严、共享安全、共同发展。

**记者**：中国将于 2016 年举办 G20 峰会。哪些问题将成为这次峰会的主要议题？

**李辉**：二十国集团峰会机制诞生于 2008 年国际金融危机最紧要关头。作为发达国家和新兴市场国家及发展中国家开展合作的重要论坛，二十国集团在引领和推动国际经济合作、努力营造世界经济企稳复苏方面具有举足轻重的影响和作用。中国将主办二十国集团峰会，这既体现了国际社会对中国的高度信任，也展示了中国愿为国际社会做出贡献的真诚愿望。在安塔利亚峰会期间，习近平主席已向与会的各国领导人发出邀请，希望大家齐聚中国，共商大计，继续发扬同舟共济、合作共赢的伙伴精神，共同开创国际经济合作新局面。

当前，世界经济增长乏力，潜在产出增速放缓，国际金融市场波动增大，全球贸易和投资在低位徘徊，高失业问题依然突出，不平等、不平衡现象困扰着许多国家。主要国家经济走势和政策取向差异加大，宏观政策协调难度上升。世界经济呼唤新的动力。这就需要二十国集团谋大势、做实事，以更无畏的勇气、更深广的合作、更协调的政策与行动来推动解决世界经济的突出问题，为实现强劲、可持续、平衡增长目标而努力。作为 2016 年二十国集团主席国，中方愿同各方一道，共同构建"创新、活力、联动、包容"的世界经济。这也是 2016 年二十国集团峰会的主题。

"创新"是世界经济持续增长的动力。二十国集团应当倡导创新驱动发展和结构性改革，鼓励包括科学技术、发展理念、体制机制、商业模式等在内的全面创新与改革，要让生产要素和资源在全球范围内更加有效、便捷地流动，打造世界经济新增长源。

"活力"是要释放世界经济增长的潜力。二十国集团应当继续完善全球经济治理，努力推动全球经济治理朝着更加公平、合理、高效的方向发展，进一步提高各国经济增长的内生动力和质量效益，提高世界经济抗风险能力，让世界经济的潜能充分释放。

　　"联动"是互联互通和良性紧密互动。全球化时代，各国增长与发展的联动性突出。二十国集团应当树立全球利益共同体、命运共同体意识，建设"你中有我，我中有你"的开放型世界经济，合作应对挑战，合作实现共赢，推动世界经济共商共建、共同发展。

　　"包容"是让发展红利惠及各国人民。世界各国的发展水平有高有低，但发展的鸿沟只能缩小，不能扩大，发展的成果只能共享，不能垄断。二十国集团应当继续致力于使增长更具包容性，通过实际行动减少全球发展的不平等、不平衡现象，从而惠及各方。

　　愿景决定目标，目标引领行动。2016年二十国集团峰会相关工作已启动，协调人会议、财长和央行行长会议及农业、能源、贸易、就业、旅游等部长会议，妇女、劳动、智库、青年、工商等峰会均在筹备中。中方将同各方加强协调合作，共同为构建"创新、活力、联动、包容"的世界经济做出不懈努力。我相信，在大家共同努力下，2016年二十国集团峰会将呈现给世界一份别样的精彩。

# 世界呼唤"中国方案"

## ——接受俄罗斯新媒体记者团采访

### 2016 年 10 月 10 日

> "创新、协调、绿色、开放、共享"五大发展理念,是对当前世界经济面临的重大突出问题综合施策、标本兼治的"中国方案"。

**记者**:不久前二十国集团领导人杭州峰会成功举行,给国际社会留下深刻印象。大使先生,您对此次峰会如何评价?

**李辉**:二十国集团领导人杭州峰会是在世界经济复苏乏力、面临形势错综复杂、各方抱有高度期待的背景下召开的。中国领导人对此次峰会高度重视,从中央各部门到杭州市政府都付出了巨大努力,这体现在议程设置、活动安排、组织保障等方方面面。杭州峰会向世界展现了中国的智慧与担当,峰会提出的中国理念得到高度赞扬,形成的杭州共识获得高度评价。可以说杭州峰会在国际上树立起新的"全球标杆",给世界交了一份很好的答卷。

针对当前世界经济中的突出问题,峰会上习近平主席提出了共同构建创新型、开放型、联动型和包容型世界经济的主张。这同中国的"创新、协调、绿色、开放、共享"五大发展理念一脉相承，是对当前世界经济面临的重大突出问题综合施策、标本兼治的"中国方案"，其核心和实质，就是要以创新为动力，以完善全球经济治理为手段，沿着开放的路径，本着联动的精神，追求包容的目标，让增长和发展惠及所有国家和人民。

杭州峰会倡导坚持合作共赢、共同发展的道路。一是要构建开放型世界经济，反对保护主义。峰会制定了《二十国集团全球贸易增长战略》和《二十国集团全球投资指导原则》，继续支持多边贸易体制和多边投资计划。二是要坚持共同发展、共享繁荣的理念。峰会首次把发展问题置于全球宏观政策框架突出位置，就落实联合国2030年可持续发展议程制定行动计划、推动《巴黎协定》尽早生效等达成共识，为全人类共同发展贡献力量。

总之，杭州峰会成果丰硕，许多理念、方案和计划在二十国集团历史上都是首创之举，有望使全球经济增长重现活力。中国愿同包括俄罗斯在内的世界各国一道，以落实杭州共识为重要契机，共同推动世界经济早日实现长久稳定、可持续发展。

**记者：**不久前，中方出席了第71届联合国大会系列高级别会议，大使先生，请您介绍一下有关情况，中国就实现世界可持续发展目标提出了哪些具体主张？

**李辉：**中国是联合国创始会员国和安理会常任理事国，是联合国事业的坚定支持者。中方派高级代表团出席了第71届联大系列高级别会议，着重阐述了中国在如何实现世界可持续发展目标问题上的立场和主张。

一是必须维护《联合国宪章》的宗旨和原则。世界能保持 70 多年的和平，足以说明以联合国为核心的现行国际体系和以《联合国宪章》为基础的国际关系准则行之有效，必须坚决予以维护。

二是必须坚持政治解决热点问题的大方向。化解地区热点，政治解决是根本之道。冲突各方应摒弃零和思维，以对话解争端、以协商化分歧、以宽容求和解。国际社会斡旋调解要主持公道正义，劝和不挑事，帮忙不添乱。

三是必须携手促进世界经济稳定复苏。当前世界经济既面临总需求不足的问题，又存在突出的结构性矛盾。为此，世界各国要同心协力，统筹运用多种有效政策工具，做到需求管理与供给侧改革并重、短期政策与长期政策结合。要坚定维护以世界贸易组织为代表的自由贸易体制，反对一切形式的保护主义。

四是必须着力解决人类面临的全球性挑战。要着力解决世界各国发展不平等、不平衡问题，更加关注和支持最不发达国家，着力帮助发展中国家。立足标本兼治，着力解决难民问题。坚持共同但有区别的责任原则、公平原则和各自能力原则，共同应对气候变化，推动《巴黎协定》获得普遍接受和早日生效。

**记者**：近段时间，法国尼斯、德国维尔茨堡、哈萨克斯坦阿拉木图接连发生恐怖袭击事件，您对此做何评价？

**李辉**：我们对发生在法国尼斯、德国维尔茨堡、哈萨克斯坦阿拉木图的恐怖袭击事件表示强烈谴责，向遇难者致以深切哀悼，向受伤人员和遇难者家属表示诚挚慰问。

　　上述恐怖袭击事件再次为我们敲响警钟，恐怖主义就在我们身边。恐怖主义是人类公敌，反恐没有国界，需要国际社会共同应对。中国是国际反恐行动的重要参与方，反对一切形式的恐怖主义，支持国际社会采取的反恐努力。近些年来，国际反恐形势复杂、严峻，我们强烈呼吁国际社会进一步加强协调与沟通，特别是个别国家要摒弃冷战思维，放弃"双重标准"，在联合国框架下形成反恐合力。国际社会应落实安理会有关决议，加强在阻止恐怖分子跨境流动、切断秘密恐怖融资、网络反恐等领域的合作。中方愿与国际社会共同努力，打击恐怖主义，维护世界和平与安宁。

　　长期以来，中俄两国通过双边机制，上海合作组织、金砖国家领导人会晤机制等多边平台在反恐领域展开了紧密而卓有成效的合作。两国间反恐演习、联合训练机制化，联合反恐训练水平和作战能力不断提高。接下来，我们愿同俄方等有关各方一道，进一步加强在反恐领域的务实合作，坚决打击国际恐怖主义势力，共同维护国际和地区和平稳定及人民生命财产安全。

　　此外，美国在韩国部署"萨德"系统的行为同样引起了热爱和平人们的不安，这不仅无助于半岛和平稳定，无助于解决半岛核问题，而且对包括中国在内本地区国家的战略安全利益和地区战略平衡造成了严重损害，中方对此给予强烈谴责，并会采取相应措施维护自身利益。

　　**记者：2016 年金砖国家峰会即将在印度召开，您对金砖国家发展有何评价及俄中两国如何在该机制下加强协作？**

　　**李辉：**新兴市场国家和发展中国家群体性崛起，是当代国际关系中意义最为深远的变化之一。金砖国家作为新兴市场国家和发展中国家的领头羊，经过十余年发展，已成为世界主要新兴经济体开展交流与对话、深化务实合作与战略互信的重要平台，并已形成多层次、宽领域、全方位的合作架构，为金砖国家带来了实实在在的利益，也受到国际社会的广泛关注与好评。

近年来，金砖五国在开放、团结、平等、相互理解、包容、互利合作等原则指导下，继续保持良好合作发展势头，不断加强战略伙伴关系，推动在国际法基础上构建平等公正的国际秩序。五国就世界经济金融危机、气候变化等一系列重大国际问题和地区热点问题保持密切协调合作，有力维护了发展中国家整体利益，增加了新兴市场国家和发展中国家在国际事务中的代表性和话语权。在今年 9 月于杭州举行的 G20 峰会期间，金砖国家领导人举行了非正式会晤，就金砖国家深化合作、共同应对当前挑战深入交换意见，为即将在印度举行的金砖国家领导人第八次会晤奠定了基础。

当前，世界经济正在经历新旧动能转换，复苏缓慢乏力，金砖国家所处的国际大环境总体保持稳定，但也波澜起伏。中俄作为该机制的重要成员国，有必要继续扩大务实合作，不断加强同成员国之间的政治互信，深化在安全、经济、人文等各领域合作，就共同关心的全球问题加强协调和配合，共同把金砖国家这个重要平台建设好、维护好、发展好，推动新兴市场国家和发展中国家在国际事务中发挥更大作用，在国际治理中占据更加主动有利的地位。

# 中俄战略协作远超双边范畴

## ——接受"今日俄罗斯"国际新闻通讯社和国际文传电讯社采访

### 2016 年 12 月 21 日

> 中俄合作以维护共同利益为基础，顺应和平发展、合作共赢的时代潮流，着眼维护世界和平稳定与国际公平正义。

**记者：**俄中两国如何在维护世界和地区的和平与稳定方面加强合作？如何在叙利亚、伊拉克、朝鲜等"热点问题"进行合作？在这些问题上俄中协调机制发挥了多大作用？

**李辉：**作为联合国安理会常任理事国，中俄在国际问题上保持密切沟通，共同应对挑战，展现了中俄作为负责任大国应有的担当，为维护世界的和平与发展发挥了重要作用。长期以来，中俄两国通过双边机制，以及上海合作组织、金砖国家、中俄印等多边机制在国际舞台上开展了密切而卓有成效的合作，协调讨论共同关心的国际和地区热点问题，努力推动国际格局朝着更加公正、合理，更加有利于世界和平、稳定、发展、繁荣的方向演进。

在一系列重大国际和地区热点问题上，中俄坚持与各方保持密切接触，坚决维护联合国宪章宗旨原则和国际法基本准则，支持联合国在国际事务中发挥核心作用，坚持一国内部事务应由该国决定，应尊重各国人民自主选择发展道路的权利，国际上的事情应由各国平等协商应对，地区争端应通过政治手段和平解决。总之，我们总的目标、总的原则就是希望这些问题均能以和平方式解决。中俄合作以维护共同利益为基础，顺应和平发展、合作共赢的时代潮流，着眼维护世界和平稳定与国际公平正义。面对纷繁复杂的国际形势，中俄两国今后还将在一些重大问题上继续保持密切协作，共同维护世界和平与稳定，为纷乱的国际形势注入了强劲的正能量。

**记者：**北京是否支持俄方在叙利亚的反恐行动？您认为如何解决叙利亚国内局势？

**李辉：**中方始终秉持客观公正立场，致力于维护叙利亚人民的根本利益，维护叙利亚及中东地区和平稳定。中方支持包括俄罗斯在内的各国为维护国家安全所作的努力，理解和支持符合国际法、得到当事国同意的国际反恐行动。

当前叙利亚局势仍是非常复杂敏感，暴力冲突不止，和谈前景不明。中方始终坚定支持政治解决叙利亚问题，支持由叙利亚人民自主决定叙利亚国家未来，并一直坚持不懈地做有关各方工作。我们呼吁各方共同努力推动重启不设置前提、不预断结果、所有冲突各方均能参加，并具有包容性的政治过渡进程，在国际社会的帮助下，在联合国安理会的支持下，最终由叙利亚人民以自主自愿的方式，决定国家的未来。我们也呼吁国际社会支持联合国的斡旋努力。中方愿与国际社会一道，继续为推动尽快重启和谈及叙利亚问题最终妥善解决发挥积极建设性作用。

**记者**：不久前，联合国安理会通过对朝鲜的新的决议，对平壤核导弹计划进一步加强制裁，这些措施是否有效？能否使朝鲜重新考虑在该问题的立场？

**李辉**：11 月 30 日，联合国安理会通过了第 2321 号决议，既表明了国际社会反对朝鲜发展核导计划、维护国际核不扩散体系的一致立场，也重申了维护朝鲜半岛和东北亚和平与稳定，以和平、外交和政治方式解决问题，支持恢复六方会谈和"9·19"共同声明等一系列承诺。决议既出台了新的措施，体现了安理会的决心，也指出要避免对朝鲜民生和人道需求造成不利后果，无意对正常经贸活动产生负面影响。中方主张，该决议应得到全面、平衡的执行。

中方始终坚持实现半岛无核化，坚持维护半岛和平稳定，坚持通过对话协商解决问题。当前半岛局势复杂敏感，当务之急是有关各方尽快恢复对话谈判，降低半岛紧张局势，尽快重启六方会谈，共同为推动半岛无核化进程、实现半岛和平稳定作出努力。中方呼吁有关各方避免采取任何加剧半岛局势紧张的言论和行动。中方反对在半岛部署"萨德"反导系统，敦促有关方面立即停止部署进程。

**记者**：您如何评价特朗普当选美国总统后的国际局势发展前景？特朗普针对中国的言论是否会对中美关系产生负面影响？

**李辉**：我想再次重申，台湾自古以来就是中国领土，台湾问题事关中国主权和领土完整，是中国核心利益。长期以来，一个中国原则得到国际社会广泛认可，即中华人民共和国政府是代表全中国的唯一合法政府，台湾是中国领土不可分割的一部分。这也是包括美国在内的世界各国发展与中国关系的政治基础。不管是蔡英文当局，还是世界上什么人、什么势力，如果试图破坏一个中国原则，损害中国核心利益，最终只能是搬起石头砸自己的脚。我们敦促美国信守奉行一个中国政策、遵守中美三个联合公报原则的承诺，谨慎、妥善处理涉台问题，以免中美关系大局受到不必要的干扰。

中美两国作为世界上最大的发展中国家和最大的发达国家，对维护世界和平、稳定、安全及促进世界发展都负有重要责任。中美关系保持健康稳定发展符合两国的根本和长远利益，也符合世界的利益。中美两国共同利益很多，可以合作、需要合作的领域很多。同时，两个大国之间确实也存在分歧和不同看法。多年以来，中美经贸关系的本质一直是高度互利共赢，否则不可能发展到今天这样。

所以就中方而言，我们愿同美新一届政府一道，本着不冲突不对抗，相互尊重、合作共赢的原则，继续深化我们的合作，同时以建设性方式妥善管控好两国之间的分歧。我们也希望美新一届政府能够同中方共同努力，本着负责任的态度，把一个持续健康稳定发展的中美关系呈现给两国和世界人民，这对两国和世界都有好处。

**记者**：您认为，如果俄美关系改善是否会对俄中关系发展带来影响？

**李辉**：中俄互为最大邻国和战略协作伙伴，中俄关系不受任何国际风云变幻的影响，成熟而稳定，是当今世界国家之间关系的典范。中俄双方已经建立起牢固的战略互信，在双边和多边层面均保持了密切合作。习近平主席和普京总统保持着高频度会晤，双方建立起良好的工作关系和深厚友谊，对两国关系发挥着重要引领作用。两国总理定期会晤机制、立法机关合作委员会和政府各级别磋商合作机制高效运行，全面推动落实双边签署的各项协议。两国文化、旅游、教育、新闻、地方等领域的民间往来越发频繁，两国民众对彼此国家的友好度持续攀升，民意基础得到不断巩固。

当前国际形势复杂深刻演变，世界经济复苏乏力，全球经济治理、国际恐怖主义、朝鲜半岛核问题、叙利亚局势等国际和地区热点问题热度不减，冷战思维、双重标准、霸权主义在国际事务中仍有恃无恐，世界持久和平与稳定发展所面临的挑战与风险有增无减。在这些困难与挑战面前，中俄两国要更加坚定地共同维护联合国宪章宗旨和原则及国际法准则，坚定推动构建以合作共赢为核心的新型国际关系，做好维护世界和平与稳定的"压舱石"。

# 携手打造金砖合作金色未来

2017 年 8 月 28 日

> 作为新兴市场大国和全球利益攸关方，金砖国家有能力、也有责任为应对全球挑战提供合理方案。

　　"金砖"作为一个新概念诞生以来，已发展成为由 5 个区域新兴市场大国领导人定期会晤为引领，包括部长级会议、工商论坛、智库论坛等一系列交流与对话活动在内的合作机制。十多年来，金砖国家不断加强对话，深化合作，成立新开发银行和应急储备安排，逐步实现了从概念向实体的转变，为拉动世界经济增长、改革和完善全球经济治理、促进国际关系民主化作出重要贡献。

　　金砖国家处在相近发展阶段，承担相似历史使命，具有相同发展目标，且金砖国家人口众多、市场庞大、经济互补性强，合作潜力巨大。在当前国际和地区形势复杂变化、世界经济复苏任重道远的背景下，进一步深化和拓展合作不仅直接影响到金砖五国的发展，也关系世界经济增长和国际秩序的发展。

　　一是携手打造金砖国家利益共同体。2013 年习近平主席提出的"一带一路"重大倡议，得到越来越多国家的认同和支持，也为金砖国家拓展战略合作空间、提升务实合作水平创造了重要机遇。俄罗斯是"一带一路"倡议的积极支持者，2015 年 5 月，中俄两国元首签署"一带一路"建设与欧亚经济联盟建设对接合作的联合声明，充分表明两国打造利益共同体的坚定意志。此外，中国与其他金砖国家发展战略和区域合作计划也在有序对接，中国投资和对外产能合作有助于推动金砖国家基础设施建设和产业转型升级，将各国和各国人民的利益紧紧连在一起。

二是携手打造金砖国家行动共同体。金砖国家均是各自所在地区的重要大国，有着强烈的责任感，希望推动建立一个基于多极原则、反映新的世界政治和经济发展状况的全球治理架构。金砖国家只有联合起来，才能对现有国际格局和全球治理体系产生实质性影响。通过领导人定期会晤，金砖国家可以就重大国际和地区问题深入交换意见，从而在国际事务中开展更多共同行动，维护联合国在国际事务中的核心地位，推动国际关系民主化进程，促进世界和平与发展。金砖国家努力提升话语权和影响力，向世界发出一致信号，在完善全球治理、加强多边主义等方面发挥了重要作用。

三是携手打造金砖国家责任共同体。习近平主席指出："金砖国家是新兴市场国家和发展中国家的领头羊，也是二十国集团重要成员。"当今世界仍很不安宁，贸易保护主义、霸权主义、强权政治等有所上升。金砖国家有义务在气候变化、国际货币基金组织改革、反恐、跨国犯罪、网络安全等全球治理重点问题上，维护新兴市场国家和发展中国家的共同利益。作为新兴市场大国和全球利益攸关方，金砖国家有能力、也有责任为应对全球挑战提供合理方案，在做好自身事情的同时，积极向国际社会提供更多公共产品。

　　9月的厦门汇聚世界的目光，以"深化金砖伙伴关系，开辟更加光明未来"为主题的金砖国家领导人第九次会晤召开在即。接任金砖国家主席国以来，中方朝乾夕惕，以引领金砖合作走向更宽、更深、更实为目标，努力开启金砖合作第二个"金色十年"的伟大航程。我深信，只要继续秉持开放、包容、合作、共赢的金砖精神，不断深化伙伴关系，提升凝聚力和行动力，金砖合作定将迎来金色未来。

　　　　　　　　　　　本文 2017 年 8 月 28 日刊登在《人民日报》

# 中国引领全球治理新时代

2018 年 1 月 31 日

> 中俄以踏实稳健的步伐推动着全球治理朝着更加健康、公平、有序的方向发展，并在其中发挥了具有国际担当的大国引领作用。

加强全球治理、改革全球治理体系是当前最为重要和迫切的议题。这不仅事关应对各种全球性挑战，而且事关给国际秩序和体系制定规则与方向；不仅事关各国的根本利益与民族的兴衰存亡，更关系到世界的和平与稳定、发展与繁荣，可谓当世之事，天下大事。在全球化、多极化、信息化高速发展的当今世界里，我们全球治理的能力与成效依然不足，并面临着严峻挑战。

首先，全球治理在主体上缺乏代表性。当前国际经济格局发生深刻调整，西方发达国家经济增长低速徘徊，新兴市场和发展中国家群体性崛起，占世界经济和国际贸易的比重不断增加，对全球经济增长的贡献率已达到 80%。虽然国际经济力量对比深刻演变，而全球治理体系未能反映新格局，仍由西方发达国家主导，新兴市场和发展中国家在国际货币基金组织和世界银行份额分配、国际贸易规则制定等方面的权利变化不大，无法有效参与市场决策，在单边制裁、关税壁垒等贸易保护主义行为面前无能为力，应有利益无法得到充分保障，导致贸易争端频发。

其次，全球治理在目标上欠缺一致性。世界各国在全球治理体系中极不平等的地位严重制约着全球治理目标的实现。富国与穷国、发达国家与发展中国家不仅在经济发展程度上和综合国力上存在着巨大的差距，在国际政治舞台上的作用也极不相同，因此，他们在全球治理的价值目标上存在着很大的分歧。发达国家的关注在国际贸易、核裁军、网络安全等领域，积极提出新倡议、新主张，试图树立相关领域的新规则，维护美西方的主导权。新兴市场国家和发展中国家的关注在经济、金融体系改革和气候变化等领域，使各国在全球治理具体问题上很难达成一致。

第三，全球治理在行动上亟待协调性。随着国际力量对比消长变化，新兴大国与发达国家在全球治理领域的较量激烈，大国矛盾上升，使"共治"前景暗淡，碎片化式的"分治"明显。大国关系中的对抗性因素上升，大国关系"不稳定期"与当前全球治理的"重构期"重叠，给亟待加强和完善的全球共同、合作、多元化的治理增加了难度。全球安全出现"小而杂、多又乱、效率低"的特征。主要经济体都在经营本地区或跨地区的大大小小"集团化"进程中。

第四，全球治理在责任上面临复杂性。复苏乏力的世界经济与复杂多变的国际政治局势交织影响，引发更多动荡与不安。从 2016 年持续爆出的"黑天鹅"事件，到日益高涨的"逆全球化"和民粹主义，都将世界政治和安全局势置于巨大的不确定性之中，现行全球治理机制在应对危机时已显得滞后与"力不从心"。在全球化、多极化、信息化高速发展的世界里，民族冲突、地区冲突频发，多个热点同时升温，气候变化、粮食安全、传染性疾病、恐怖主义、贫困、难民潮等全球性挑战此起彼伏，世界和平与稳定亟须更加公正、合理的国际新秩序来保障。

作为世界第二大经济体，中国是现行国际体系的重要参与者、建设者、贡献者。中国参与全球治理，旨在解决治理成果失效、治理手段失灵、治理方向偏差，不谋求在现有全球治理体系之外建立对抗性或替代性的国际机制，而是遵守现有全球规则，秉持共商共建共享的全球治理观，继续发挥负责任大国作用，积极参与全球治理体系改革和建设，不断贡献中国智慧和力量。

一方面是责任所需。中国是最大的发展中国家，是世界新兴市场和发展中国家的代表性力量，世界广大新兴市场和发展中国家渴望听到中国的声音。在亚太等特定的地区层面以及其他一些地区机制中，中国积极提供公共产品，发挥更具建设性的作用。中国并不谋求挑战美西方在全球治理中的主导地位，积极倡导构建人类命运共同体，旗帜鲜明地引领塑造以合作共赢为核心的新型国际关系。

另一方面是发展所需。可以说，包括中国在内的新兴大国都是当前国际治理机制与和平国际环境的受益者。二战以来，虽有局部动荡与战争，但国际大环境维持了和平与稳定，为世界多数国家提供了发展的机遇，中国、俄罗斯、东南亚及海湾国家、拉美国家的经济获得了长足发展。现有国际规则虽然正面临诸多挑战，但基本的框架和结构并未发生根本性的颠覆，改变的只是主要规制者的阵容与排序。因此，中国有机会在现有国际治理体系中扮演更重要的角色，从而继续与世界分享和平的红利、发展的红利。

从 16 年前加入世界贸易组织（WTO），再到 2016 年主办 G20 杭州峰会，中国在国际舞台的影响力和感召力不断提升。2017 年初习近平主席出席达沃斯论坛并作主旨演讲，充分体现了中国愿全面参与全球重大现实问题的解决和完善全球经济治理机制的积极态度。

一是提供理念支持。在全球治理中，中国坚持"共商共建共享"的原则，坚定维护以联合国宪章宗旨和原则为核心的国际秩序和国际体系，推动全球治理向更加公平、公正、高效的方向发展；倡导建立以合作共赢为核心的新型国际关系，提出打造人类命运共同体，打造遍布全球的伙伴关系网络，倡导共同、综合、合作、可持续的安全观等。这些新理念都顺应了时代潮流，符合各国利益需求，扩大了中国同各国利益的汇合点。

二是推动政策落实。二十国集团已逐步发展为全球治理的体系中心。中国充分利用举办二十国集团杭州峰会的契机，推动成员聚焦创新增长议题，共同制定了《二十国集团落实 2030 年可持续发展议程行动计划》，有力地促进了二十国集团由短期应对机制向长期治理机制转变。为扭转当前全球贸易疲软态势，峰会制定了《二十国集团全球贸易增长战略》和《二十国集团全球投资指导原则》，后一份文件是世界范围内首个多边投资规则框架，填补了全球投资治理领域的空白。此外，在就业、金融、能源等多个领域，峰会也制订了多个行动计划。

三是发挥引领作用。习近平主席提出的"一带一路"重大倡议是中国参与和完善全球治理体系的具体行动。在这一倡议下，中国发起成立了亚投行、丝路基金、金砖国家开发银行等机构。人民币加入到国际货币基金组织特别提款权货币篮子，中国先后成为世界银行和国际货币基金组织的第三大股东。2017 年 5 月，北京成功主办"一带一路"国际合作高峰论坛，引导各方为解决当前世界和区域经济面临的问题寻找方案，促进联动式发展。中国加快构筑立足周边、辐射"一带一路"、逐步构建面向全球的自由贸易区网络，促进了亚太一体化与经济全球化的发展。

深入参与和完善全球治理体系将是今后中国外交的主线。一是要扮演好"中国角色"。中国要在全球经济治理中扮演更积极、更重要的角色，但不是中国一家独当，而是尽力而为，量力而行。二是要发挥好"中国作用"。充分利用自身影响力与感召力，既要联合发达国家，更要加强同新兴市场国家和发展中国家团结合作，共同推动和完善全球治理体系变革。三是要阐释好"中国理念"。中国提出的"共商共建共享"原则、打造人类命运共同体等，得到国际社会广泛欢迎。我们要继续阐释这些理念，引导各方形成共识。四是要提供"中国方案"。借助"一带一路"建设，推动沿线各国发展规划和发展需求对接，开展国际产能合作，建立更广泛的国际合作框架，为全球经济发展提供新的发展方案。五是要贡献"中国力量"。巩固 G20 作为国际经济合作首要平台的地位，推动其在促进世界经济增长、协调各国宏观经济政策以及推进全球经济治理改革方面发挥更大作用。六是要体现"中国担当"。要努力提升新兴市场国家和发展中国家在全球经济治理中的代表性和发言权，变革全球治理体制中不公正不合理的安排，推动国际经济金融组织切实反映当今国际格局的变化，推动各国在国际经济合作中权利平等、机会平等、规则平等。

正如习近平主席指出，加强全球治理、推动全球治理体系变革是大势所趋。我们要抓住机遇、顺势而为，推动国际秩序朝着更加公正合理的方向发展，更好维护我国和广大发展中国家共同利益，为实现"两个一百年"奋斗目标、实现中华民族伟大复兴的中国梦营造更加有利的外部条件，为促进人类和平与发展的崇高事业作出更大贡献。

中俄全面战略协作伙伴关系在中国特色大国外交中占有特殊地位，是最稳定、最健康、最成熟的国家间关系的典范，是维护世界和平与稳定的重要力量，也是中国特色大国外交成功实践的一个缩影。

5年来，习近平主席6次访俄，同普京总统举行了20多次会晤，创下两国元首会晤纪录。恰是在两国元首的战略引领下，中俄全面、平等、互信的战略协作伙伴关系不断迈上新台阶。特别是去年5月，普京总统来华出席"一带一路"国际合作高峰论坛，对"一带一路"倡议给予高度评价，两国元首再次强调"一带一路"倡议与欧亚经济联盟建设对接的重要性和必要性，双方围绕"一带一路"合作的规划、部署和互动备受瞩目。去年7月初，习近平主席成功访俄，同普京总统举行富有成效的会晤。两国元首签署了《中俄关于进一步深化全面战略协作伙伴关系的联合声明》，批准了《中俄睦邻友好合作条约》新的实施纲要，对中俄关系发展作出了全面规划。去年9月初，在厦门金砖峰会期间，两国元首再次就深化中俄全面战略协作伙伴关系达成重要共识。

中俄之间高度的政治互信、紧密的经济联系、丰富的人文交流、相似的国际立场，都说明俄罗斯是中国深入参与全球治理的重要伙伴。

在国际事务中，两国倡导建立以合作共赢为核心的新型国际关系，坚决维护联合国核心地位，呼吁各方通过和平方式解决叙利亚危机、朝鲜半岛核问题等国际和地区热点问题。双方在二十国集团、亚太经合组织、金砖国家、上海合作组织、亚信、中俄印等机制内广泛开展合作，包括推进全球经济治理，提高新兴市场和发展中国家发言权、代表性，推进区域经济一体化，促进经济创新发展，打击三股势力、不扩散大规模杀伤性武器，打击国际恐怖主义等。双方密切沟通，有效协作，为维护世界和地区和平、稳定与发展作出了重要贡献。

值得一提的是，近年来中国举办的主场外交活动，得到俄方大力支持，普京总统均出席并明确表示赞同中方提出的方案与理念。2014年亚太经合组织峰会推动《北京反腐败宣言》的诞生，2016年二十国集团杭州峰会制定了《二十国集团落实2030年可持续发展议程行动计划》《二十国集团全球贸易增长战略》和《二十国集团全球投资指导原则》，去年金砖国家厦门峰会通过了《厦门宣言》，这些都彰显了中国有能力联合其他国家参与全球治理，推动重大全球和区域性现实问题的解决。

中俄均为联合国安理会常任理事国，又是二十国集团、金砖国家和上海合作组织的重要成员，有能力、也有责任承担起完善全球治理体系的重任。

一是进一步提升两国政治互信，为全球树立国家关系典范。继续秉承《中俄睦邻友好合作条约》的原则和精神，把平等信任、相互支持、共同繁荣、世代友好的全面战略协作伙伴关系不断提升至更高水平，将此作为本国外交的优先方向。支持对方自主选择发展道路和社会政治制度的权利，在涉及对方主权、领土完整、安全等核心利益问题上相互坚定支持。在双方保持密切、互信的高层交往背景下，把两国前所未有的高水平政治关系优势转化为经济、人文等领域务实合作的实实在在成果。

二是进一步拓展两国务实合作，为全球经济增长作出贡献。中俄作为新兴市场国家，两国经济近年来保持了较好发展，这本身就是对世界经济复苏与发展作出的重要贡献。双方要充分发挥两国政府间及企业间各领域合作机制，积极开展战略性大项目合作，联合研发、联合生产，共同提高各自经济实力和国际竞争力。发挥好两国互有优势和潜力，巩固好两国在传统领域的合作成果，广泛开展高科技产品等新领域合作，提升务实合作质量。统筹好两国地方合作，推动两国中小企业合作，培养新的增长点。

三是进一步加大两国战略对接，为全球经济治理提供方案。双方应以"一带一路"建设和欧亚经济联盟建设对接合作为契机，促进贸易投资便利化，优化双边贸易结构，重点实施大型投资合作项目，共同打造产业园区和跨境经济合作区；在物流、交通基础设施、多式联运等领域加强互联互通，实施基础设施共同开发项目；扩大本币结算，通过丝路基金、亚洲基础设施投资银行、上海合作组织银联体等金融机构，加强金融合作；吸收社会资本参与合作项目，共同打造多主体、全方位、跨领域的互利合作平台，夯实欧亚大陆核心地带的政治稳定和经济发展大格局。

四是进一步深化国际协作，为世界和平稳定注入正能量。双方要坚定维护以联合国宪章宗旨和原则为核心的国际秩序和国际体系，反对霸权主义，倡导建立以和平发展、合作共赢为核心理念的新全球伙伴关系，走"共同发展、共同安全、共同富裕、同舟共济"之路。继续发挥中俄在二十国集团、金砖国家、上海合作组织等多边平台中的作用，努力提升新兴市场国家和发展中国家在全球治理中的代表性和发言权，支持多边贸易体制，反对保护主义，推动形成更加公正合理的国际经济秩序。

中俄是现有国际体系的重要参与者，以踏实稳健的步伐推动着全球治理更加健康、公平、有序的发展，并在其中发挥了具有国际担当的大国引领作用。习近平主席指出："全球治理体系只有适应国际经济格局新要求，才能为全球经济提供有力保障。"中俄愿携手各国走开放发展、互利共赢之路，共同做大世界经济的蛋糕。

本文 2018 年 1 月刊登在俄罗斯《国际生活》杂志

# 贸易保护主义害人不利己

2018 年 4 月 11 日

> 希望美方迷途知返，顺应多边主义和全球化的大趋势，恪守
> 国际贸易规则，共同为世界经济增长注入正能量。

当今时代，世界多极化深入发展，经济全球化已成为世界经济发展的客观趋势和不可抗拒的历史潮流，为世界经济增长提供了强劲动力。在经济全球化进程中，多边贸易体制应运而生。回顾近 70 年来的历史，以世界贸易组织为主体的多边贸易体制在推动全球贸易自由化和便利化、促进各国贸易经济增长、抵御经济和金融危机冲击、增加各国民众福祉等方面发挥了不可替代的重要作用，得到了国际社会对此的广泛支持和积极维护。

G20 汉堡峰会承诺将继续对抗贸易保护主义，反对"不公平的贸易行为"；APEC 岘港峰会呼吁各成员经济体支持多边贸易体系；金砖国家力挺多边贸易体系，在加强贸易融合、联动发展方面达成广泛共识；WTO 第 11 届部长级会议发表联合声明，重申支持多边贸易体制；等等。作为世界上最大的发展中国家，中国始终是经济全球化和多边贸

易体制的参与者、建设者和贡献者。在达沃斯经济论坛、G20 杭州峰会以及首届"一带一路"国际合作高峰论坛、博鳌亚洲论坛 2018 年年会等重大场合，中国都高举多边贸易旗帜，发挥负责任大国引领作用，坚定支持开放型经济，促进贸易和投资自由化、便利化，推动经济全球化朝着更加开放、包容、普惠、平衡、共赢的方向发展。尤其是中国提出的"一带一路"倡议，为促进世界经济繁荣与平衡发展发挥了积极作用。

中美互为最重要的贸易伙伴，两国经济互相融合。2017 年，中美贸易总值为 3.95 万亿元人民币，同比增长 15.2%，中美两国成为引领国际金融危机后全球贸易复苏的两大引擎。作为世界前两大经济体，中美经贸关系的健康和谐发展不仅能为两国人民带来实实在在的利益，也将带动世界经济的增长。然而近期，美国总统特朗普基于一条制定于冷战时的保护条款，打响了对华贸易战第一枪。美国宣布将对从中国进口的商品大规模征收关税，并限制中国企业对美投资并购。中方对此坚决反对，认为美国的行为实际上是典型的单边主义和贸易保护主义，是对世贸组织原则的公然违反，是对多边贸易体制的践踏和蔑视。在当前世界经济形势依然脆弱、贸易投资低迷的背景下，美方的这一决定令人遗憾，也充分说明了美国在政治上的霸权主义和经济上的民族主义。

中国正在推进供给侧结构性改革，经济正处于转型升级的关键时期，美国经济正处在实质性复苏阶段。在这个关键时刻，进一步加强中美双方的交流与合作，对于两国来说都至关重要。造成中美贸易不平衡的原因是多方面的，解决这一问题不能相互关门，而是要更大力度地开门，扩大相互开放，只有这样才能实现互利共赢。中国曾多次表明对外开放的决心和诚意。在中共十九大报告中明确指出，中国支持多边贸易体制，推动建设开放型世界经济。在改革开放40周年之际，中国将举办首届中国国际进口博览会，主动为世界开放市场，分享发展机遇。

美国逆全球化的行为不得民心，将给世界经济复苏带来负面影响。作为回应，中方发布声明，对美国128项进口商品加征关税。我们的目的就是希望美方迷途知返，顺应多边主义和全球化的大趋势，恪守国际贸易规则，共同为世界经济增长注入正能量。

本文2018年4月11日刊登在俄罗斯塔斯社

# 在新起点上擘画未来

## 2018 年 5 月 28 日

> 包括中俄在内的上合组织成员国之间的合作意识不断加强、合作领域日益扩大、合作手段逐年创新，为共同应对全球经济形势和国际市场不利影响提供了源源不断的内生动力。

诞生于中国的上海合作组织，走过了 17 年历程。17 年来，它始终秉持"上海精神"，不忘初心，与时俱进，不断巩固成员国政治互信，大力推动安全、经济、人文等领域合作，广泛开展国际交往，为维护地区安全稳定、促进共同发展繁荣作出了重要贡献。能够见证这一过程，我深感荣幸。

即将于 6 月举行的青岛峰会，是上合组织扩员后的首次峰会，备受各界关注。扩员后的上合组织涵盖地域更广、人口更多、市场更大，这对其发展提出了新的更高要求。作为轮值主席国，中方将同所有成员国一道，在新起点上擘画未来，携手推动上合组织建设迈上新台阶，开启发展的新时代。

首先是要凝聚共识。面对扩员后的新局面，如何巩固和提升组织凝聚力是非常现实的问题。上合组织 17 年的成功发展经验告诉我们，始终秉持互信、互利、平等、协商、尊重多样文明、谋求共同发展的"上海精神"所产生的强大凝聚力是本组织发展的基本保证，更是本组织最为宝贵的经验和财富。以此次青岛峰会为契机，我们要继续凝聚共识，高举"上海精神"这面旗帜，在增进成员国彼此信任、拓展务实合作、深化睦邻友好的基础上，积极构建更加紧密的上合组织命运共同体。

其次是要着眼未来。中方将与各成员国一道，继续着眼本组织未来全方位发展的需要，推动《上海合作组织反极端主义公约》生效，加快商签《上合组织贸易便利化协定》《上合组织成员国长期睦邻友好合作条约》未来 5 年实施纲要、打击"三股势力"未来 3 年合作纲要，批准一系列涉及安全、经贸、环保和人文等领域的决议与合作文件，推动本地区交通、能源、信息和通信网络建设，助力成员国参与"一带一路"建设，办好上合组织文化艺术节、首届媒体峰会等大型人文活动。

最后是要扩大影响。自成立以来，上合组织在维护地区安全稳定、促进区域经贸合作、扩大成员国民心相通等方面发挥了不可替代的重要作用。扩员后，上合组织实力和影响力更加壮大，各成员国团结协作推进本组织框架内各领域合作的共识进一步增强，深挖合作潜力的愿望进一步提升，扩大国际影响力的声音进一步高涨。在此背景下，中方将和各成员国一道，积极回应国际社会的期待，就重大国际和地区问题发出更响亮的上合声音，为区域合作和全球经济治理发挥更积极的作用。

　　健康、成熟、稳定的中俄全面战略协作伙伴关系是世界上最重要的一组双边关系，更是最好的一组大国关系。同时，中俄也是上合组织的创始成员国，两国在上合组织内拥有广泛的共同利益。从上合组织创建之初，中俄两国始终本着相互尊重、平等协商、求同存异、共同发展的理念，保持密切沟通与协作，为推动本组织健康发展和深化成员国之间的务实合作发挥了重要作用。

　　我们欣喜地看到，包括中俄在内的上合组织成员国之间的合作意识不断加强、合作领域日益扩大、合作手段逐年创新，为共同应对全球经济形势和国际市场不利影响提供了源源不断的内生动力。我相信，上合组织青岛峰会在中方精心筹备下和有关各方大力支持下，一定会取得圆满成功，必将开启上合组织未来发展的新时代，也将为维护本地区安全稳定、实现共同发展作出更大贡献。

本文 2018 年 5 月 28 日刊登在《人民日报》

# 实现上海精神再弘扬　开启区域合作新征程

## ——接受俄罗斯《劳动报》采访

2018 年 6 月 1 日

> "上海精神"是上合组织发展壮大的力量源泉和宝贵财富，以实际行动开创了结伴而不结盟的国际关系新模式。

**记者：2018 年上海合作组织峰会将在青岛举行。您认为上合组织成立 17 年来取得了哪些重要成果？**

**李辉：**上海合作组织成立 17 年来，始终秉持"上海精神"，不忘初心，与时俱进，不断巩固成员国政治互信，大力推动安全、经济、人文等领域合作，广泛开展国际交往，为维护地区安全稳定、促进共同发展繁荣作出了重要贡献。印度和巴基斯坦加入后，上合组织已成为世界上人口最多、地域最广、潜力巨大的综合性区域组织，将在地区和国际事务中发挥更加积极的作用。

一是团结互信的"上海精神"更加深入人心。上合组织走过了不平凡的发展历程，正是在互信、互利、平等、协商、尊重多样文明、谋求共同发展的"上海精神"指引下，合作机制更加完善全面，协调沟通更加默契顺畅，促进地区安全与稳定的作用更加突出。"上海精神"是上合组织发展壮大的力量源泉和宝贵财富，以实际行动开创了结伴而不结盟的国际关系新模式。

二是促稳维和的安全合作更加全面高效。打击"三股势力"、维护本地区安全和稳定是上合组织成立的主要目的之一。17年来，上合组织安全合作在完善合作机制、扩大合作范围、提升合作效率等方面进展显著，积累了丰富经验，成员国就重大国际和地区热点问题保持着相互协调与密切配合，赋予上合组织安全合作更多内涵，在维护地区和平与稳定方面作出了巨大贡献。

三是互利共赢的经济合作更加务实成熟。促进本组织区域内经济发展、打造互联互通新格局始终是上合组织深化合作的重要内容之一。近年来，本组织在推动区域经济合作方面成效显著，双多边贸易投资形势明显向好，贸易投资便利化机制建设进一步成熟，并有望尽快签署相关协议，"一带一路"倡议为成员国发展战略对接注入强大动力，开启了互联互通建设的新篇章。

四是欣欣向荣的人文交流更加枝繁叶茂。人文交流合作是上合组织顺利发展的"助推器"。迄今为止，上合组织已签署多份关于教育、文化、旅游卫生等领域合作文件，多次成功举办电影节、教育周、艺术节等丰富多彩的活动，在巩固成员国传统友谊和互利合作的同时，以文明交流促进民心相通，以民心相通助力文化相融，让睦邻友好团结的上合组织永葆青春活力。

**记者**：面对当前出现的逆全球化思潮和贸易保护主义，上合组织应如何应对？

**李辉**：正如你所说，当前逆全球化思潮涌动，贸易保护主义抬头，这些都无益于世界经济的复苏，任何国家都不可能关起门来谋发展。中国取得的经济发展就是得益于开放的经济模式，自由贸易、贸易便利化、对外投资、吸引外资和产能合作等措施始终是推动中国经济增长的重要因素。上合组织的健康发展和不断壮大就是得益于"上海精神"，恰是互信、互利、平等、协商、尊重多样文明、谋求共同发展的"上海精神"使本组织成为了一个和谐共荣的大家庭，有效地促进了成员国之间的互联互通和贸易往来，为各成员国发展创造了更多合作机会。

面对新形势新挑战，上合组织成员国积极综合施策，主张开展广泛国际合作，推动区域经济一体化和经济全球化进程，加快商签《上合组织贸易便利化协定》，推进本地区交通、能源、信息和通信网络建设，助力成员国参与"一带一路"建设，消除贸易关税壁垒，支持开放性世界经济，给贸易保护主义开出了一剂"上合药方"。

**记者**：在上合组织平台内，如何进一步加强俄中两国在"一带一路"建设方面的合作？

**李辉**：上合组织成立伊始就尝试开创一种新型区域合作模式，努力打造一个新型区域合作多边机制。在 17 年的发展历程中，上合组织取得了丰硕的成果，启动了十几个部长级机制，签署了上百个多边合作文件，建立了完善的组织机制和坚实的法律基础，从而为成员国之间的各领域务实合作奠定了良好的前提和基础。同时，上合组织为推进"一带一路"提供了广阔平台，反过来"一带一路"也丰富着"上海精神"内涵。利用好上合组织平台，有利于中俄两国在"一带一路"建设领域的对接合作。

首先要凝聚共识，打通理念。"一带一路"倡议应遵循共商共建共享的原则，中俄合作强调平等互利、合作共赢的理念，与"上海精神"相得益彰。上合组织成员国均为"一带一路"建设的支持者和参与者，中俄不仅要在合作理念上引领各方达成共识，还要起到示范作用。

其次要用好平台，打造模式。要充分利用上合组织机制多、渠道广的优势，继续发挥上合组织在促进区域融合发展方面的重要平台作用，以"一带一路"建设和欧亚经济联盟建设对接合作为契机，推动形成两国发展战略的融合发展格局，打造更广泛的区域型合作模式。

最后要加强协调，打响品牌。在具体项目实施上，中俄要充分考虑区域内各相关方的关切，做好多边层面的沟通协调，不急躁冒进，不急功近利。充分考虑工作实际中面临的具体困难和风险，坚持抓重点方向、重点项目，成熟一个推进一个，循序渐进，久久为功。

**记者**：您认为"上海精神"当下具有哪些现实意义？如何更好地继承和发扬"上海精神"？

**李辉**：当今世界，国际形势正经历冷战结束以来的大变局，世界多极化格局正逐步建立，和平与发展始终是时代主题。互信、互利、平等、协商、尊重多样文明、谋求共同发展的"上海精神"就是崇尚尊重多样文明、共建和谐地区，也就是我们常说的"构建人类命运共同体"。另一方面，恐怖主义、分裂主义、极端主义等全球性挑战依然存在，各国唯有携手合作，才能妥善应对困难和危机，为各国自身发展与共同进步营造良好、安全、稳定的环境。

弘扬"上海精神"，就需要各方高举团结互信的旗帜。本着世代友好的宗旨，互不猜疑、互不敌视、互不干涉他国内政，努力建设持久和平、共同繁荣的和谐世界，不断夯实本组织的政治基础。弘扬"上海精神"，就需要各方遵循平等协商的原则。不论国家大小、实力强弱、贫富差异，都要平等相待，遇事通过协商的方式来解决，加强对话沟通，而绝不能恃强凌弱、以大欺小。弘扬"上海精神"，就需要各方坚持开放包容的态度。树立"美美与共"思想，承认并尊重各国的多样文明，通过相互交流与学习借鉴促进人类文明的共同进步。弘扬"上海精神"，就需要各方开辟精诚合作的绿色通道。充分挖掘合作潜力，深化各成员国在经贸、安全、文化等领域的交流合作，让友好合作的理念深入人心，不断造福各国和各国人民。

**记者**：您对本届上合组织青岛峰会有哪些祝福？对上合组织发展有何期待？

**李辉**：中国是上海合作组织的倡导者和创始国之一，此次青岛峰会是本组织扩员后的首次峰会，同时也是中国进入新时代之后的重大主场外交活动，具有里程碑意义。我相信，青岛峰会在中方精心筹备下和各方大力支持下，一定会取得圆满成功，一定会为深化成员国务实合作、推动本地区发展繁荣作出积极贡献。

首先，凝聚发展新动力。印度、巴基斯坦的加入不仅在面积和人口上为本组织发展增添了新的力量，同时也进一步提升了本组织的经济实力和国际影响力。八个成员国、四个观察员国及六个对话伙伴国的史上"最强阵容"必将给本组织未来发展带来最强劲的动力。

其次，开启合作新征程。青岛恰是"一带一路"建设中的重要支点，选择青岛作为此次峰会的举办地，旨在深化"一带一路"倡议和各成员国发展战略对接，推动各方在政治、经贸、安全等领域实现全方位、深层次、立体式合作，实现互利共赢，造福地区人民。

最后，实现精神再弘扬。"上海精神"是本组织发展之本和灵魂所在，倡导建立公正合理的国际新秩序。中国特色大国外交致力于推动构建新型国际关系和人类命运共同体，与"上海精神"相辅相成。此次青岛峰会将重温"上海精神"，携手打造"上合命运共同体"。

# 首届进博会展现中国担当

2018 年 11 月 7 日

> 中国愿意世界各国搭乘中国经济发展的快车、便车，更愿意
> 分享经济发展的经验和成果。

备受瞩目和期待的首届中国国际进口博览会 11 月 5 日在上海拉开大幕。这是去年 5 月中国国家主席习近平在"一带一路"国际合作高峰论坛上宣布举行的，也是在全球贸易保护主义抬头、经济复杂多变的形势下，首个以进口为主题的国家级博览会，是中国以自信态度、负责任气度打开家门，热情迎接八方来客的创世之举。

首届进博会是中国坚定支持经济全球化的政策宣示。当前，世界经济复苏面临的不确定性不稳定性依然突出。中方始终坚定认为，开放、包容、普惠、平衡、共赢的经济全球化才是解决世界经济问题的正确选择。中国是经济全球化的受益者，更是贡献者。中国举办首届进博会是一种国家担当，更是一种政策宣示，就是要为推动开放型世界经济的建设与发展、增进世界各国之间的经贸交流与合作、促进全球贸易与世界经济增长贡献更多中国方案。

首届进博会是中国构建对外开放新格局的标志性事件。改革开放40年来，中国社会各领域取得举世瞩目的成就。未来中国经济实现高质量发展也必须在更加开放的条件下进行。中共十九大报告明确指出，推动形成全面开放新格局。一方面，中国拥有全球最多的人口，是全球第二大经济体、第二大进口国和消费国。中国经济已经进入消费规模持续扩大的新发展阶段，消费和进口具有巨大增长空间。另一方面，中国从不刻意追求贸易顺差，而是更加注重进出口贸易平衡，进而更加主动地寻求扩大进口。未来5年，中国将进口超过10万亿美元的商品和服务，为世界各国企业进入中国大市场提供历史性机遇。

首届进博会是中俄深化全方位务实合作的重要平台。在当前中俄关系高水平运行的背景下，首届进博会无疑为拓宽中俄双边经贸合作渠道、打造务实合作新的增长点带来了难得机会和广阔平台。俄方是本届进博会规模最大的参与者之一，预定了2000平方米展位，包括食品、农产品、服装服饰、日用消费品及智能高端装备、医疗器械、医药保健等展区。近年来，中俄双方紧抓战略性大项目合作，以"一带一路"建设和欧亚经济联盟建设对接合作为引领，加速整体合作提质升级的步伐，通过扩展贸易范围、优化贸易结构、挖掘合作亮点，取得了极大成效，中国已连续8年保持俄罗斯第一大贸易伙伴国地位。进入2018年以来，双边贸易持续快速增长，前8个月双边贸易额达到675亿美元，同比增长25.7%，全年有望达到1000亿美元。此外，双方还积极探索在跨境电商、数字经济、中小企业、远东开发、北极开发等领域培育更多新的增长点。

以首届中国国际进口博览会为标志，中国开放的大门只会越开越大，进口的需求只会越来越多，中国愿意世界各国搭乘中国经济发展的快车、便车，更愿意分享经济发展的经验和成果。相信在各方共同努力下，包括俄罗斯企业在内的世界各国参展企业一定能取得理想收获。

本文 2018 年 11 月 7 日刊登在《人民日报》

# 合作有原则，谈判有底线

## ——接受"今日俄罗斯"（RT）电视台专访

2019 年 6 月 1 日

> 中俄同为联合国安理会常任理事国，面临当前一系列新威胁、新挑战，两国负有维护世界和平、稳定与发展的使命。

**记者：**习近平主席曾表示，中俄面临共同的挑战。您认为具体指什么挑战？俄中如何携手共同应对这些挑战？

**李辉：**当前世界经济缓慢复苏，但个别国家却出于一己私利，为满足自身国内政治需要，挥舞单边主义和贸易保护主义的大棒，公然挑战国际行为规则，似乎极限施压是解决所有问题的"法宝"，动辄制裁别国是大国身份的"象征"。这不仅于问题的解决无益，更于自身无益。

此外，中俄还面临一系列新威胁、新挑战。全球能源安全动荡不安、恐怖主义威胁阴霾不散、地区热点问题频发等等，都对世界稳定与和平构成了威胁。中俄同为联合国安理会常任理事国，负有维护世界和平、稳定与发展的使命。中俄应进一步加强国际协作力度，坚定维护以联合国宪章宗旨和原则为核心的国际秩序和国际体系，倡导国际关系民主化，促进国际事务和地区热点问题的政治解决进程，为建设相互尊重、公平正义、合作共赢的新型国际关系和推动构建人类命运共同体发挥积极作用。

**记者：您认为中美达成新协议的前景怎样？**

**李辉：** 中方一贯主张通过对话协商解决两国之间包括在经贸领域的分歧。但所有的对话和协商都必须建立在相互尊重、平等互利的基础上。也只有遵循这样的原则，任何对话才有可能、有希望、有意义。

40 年来，中美经贸关系已成为两国政治关系的"压舱石"、全球经济发展的"稳定器"，搞坏中美经贸关系对美方并没有好处。中方的立场始终是明确的。对于贸易战，中方不想打，不愿打，但也绝不怕打。中方有决心、有能力维护自身的合法正当权益。中方的贸易谈判大门依旧敞开。如果美方想要继续谈，就应该拿出诚意，中方在重大原则问题上绝不让步。我们希望美方同中方相向而行，在相互尊重、平等相待、诚信守诺的基础上，争取达成一个互利双赢的协议。

**记者：在美国制裁下，中伊石油协议未来如何？**

**李辉：** 中方坚决反对美方实施单边制裁和所谓的"长臂管辖"。包括中国在内的国际社会同伊朗在国际法框架内开展正常的能源合作合理、合法，必须得到尊重和保护。中方敦促美方切实尊重中方利益和关切，不得采取损害中方利益的错误行为，并将继续致力于维护本国企业的合法、正当权益。伊朗是全球重要的石油生产国，伊朗原油出口对国际能源市场稳定具有重要意义。美方此举势必加剧中东局势和国际能源市场的动荡，中方敦促美方采取负责任的态度，发挥建设性作用，而不是相反。

伊朗核问题全面协议是经联合国安理会核可的多边协议，有利于维护国际核不扩散体系及中东和平稳定，符合国际社会共同利益，应当得到全面、有效执行。

**记者**：美国退出《中导条约》，中国是否准备成为新的军控系统的一部分？

**李辉**：《中导条约》对于缓和国际关系、推进核裁军进程，乃至维护全球战略平衡与稳定均发挥了重要作用，在今天仍具有十分重要的意义。

该条约的本质是"双边"，多边化涉及一系列政治、军事、法律等复杂问题。中方反对条约多边化。此外，中国始终不渝走和平发展道路，奉行防御性国防政策。中国的国防投入合理适度，核力量始终维持在国家安全需要的最低水平。中方认为，当务之急是维护并执行好现有条约，而不是破旧立新。我们希望美俄双方珍视多年来之不易的成果，通过建设性对话，妥善解决分歧，尽快恢复遵约，为地区与全球安全贡献"正能量"。

**记者**：解决朝鲜危机的前景如何？俄中协作在解决朝鲜问题中发挥了怎样的作用？

**李辉**：去年3月以来，朝鲜半岛出现对话缓和势头。朝美领导人举行了历史性会晤并发表联合声明。中朝、朝韩、朝美、朝俄领导人分别举行会晤，努力推动半岛局势走向缓和与对话协商的道路。中方始终主张，朝鲜半岛问题只能通过政治对话和平解决，而且只能按照一揽子、分阶段、同步走的思路，由易到难，循序推进对话。平衡照顾各方合理关切是解决问题的关键。

中俄是全面战略协作伙伴，在朝鲜半岛问题上的立场高度一致，均主张推进朝鲜半岛无核化，坚决维护半岛的和平稳定。中方提出的"双轨并行"思路和"双暂停"倡议，既考虑了美国的利益，也顾及了朝鲜的诉求，同俄方有关建议不谋而合。可以说，中俄在朝鲜问题上的合作为实现半岛无核化和东北亚的安全稳定发挥了重要作用。

朝鲜半岛无核化及和平进程的每一次进展，都是各方共同努力的结果。尽管分歧犹存，但半岛和平机遇之窗依然敞开。我们希望各方尤其是朝美双方珍视机遇，相向而行，坚持对话，互谅协商，并行推进半岛完全无核化和建立半岛和平机制，让来之不易的希望变为现实。

# 文明要交流互鉴，而非隔阂与冲突

2019 年 7 月 4 日

> 文明因交流而多彩，文明因互鉴而丰富。中国主张文明多样
> 化，不同文明相互尊重、交流互鉴、和谐共处。

人类文明史正是人类发展与进步的历史。人类生活在不同文化、种族、肤色、宗教和不同社会制度所组成的这个现实世界里，在漫长的历史长河中创造和发展了多姿多彩的不同文明，而不同的民族、不同的国家又在不同的文明发展过程中不断寻求智慧、汲取营养，为本民族和国家发展提供了精神支撑和心灵慰藉。事实证明，文明因交流而多彩，文明因互鉴而丰富。中国主张文明多样化，不同文明相互尊重、交流互鉴、和谐共处。

当前，国际局势正处于一个复杂严峻时期，全球经济下行压力不断增大，不稳定、不确定性突出。民粹主义思潮泛滥，反建制、反精英、反全球化、反自由贸易、反移民等思潮的影响和声势日益扩大，已影响到西方的经济、政治、社会和文化的方方面面，也给世界带来了冲击和混乱。在此背景下，美国一些别有用心的人又将中美关系界

定为"文明较量"，并称美国政府正在制定基于"文明冲突"的对华关系框架。虽然美方炒作"中国威胁论"是常有的事，但将中美关系上升到所谓"文明冲突"，不仅令我们感到不解，更应引起我们的警惕。

我们知道，一个国家和民族的文明是一个国家和民族的集体记忆。中国是一个历史悠久的文明古国，也是人类重要文明的发源地之一。在数千年历史长河中，中华民族以不屈不挠的顽强意志、勇于探索的精神和卓越的聪明才智，谱写了波澜壮阔的历史画卷，创造了同期世界历史上极其灿烂的物质文明与精神文明。万里长城、大运河、兵马俑、明清故宫以及多姿多彩的各种出土文物，无不反映出中华文明的博大精深；2500多年以前，中国就诞生了老子、孔子等一批具有重要影响力的思想家、哲学家和文学家，他们的思想分别成了道家和儒家学派的渊源，并对中国社会乃至全世界都产生了深远影响；包括指南针、造纸术、火药和印刷术这"四大发明"在内的无数中国科技成就，中药、推拿、针灸、按摩以及太极、气功在内的中医学，不仅造福了中华民族，更使全人类获益匪浅。

我们知道，不同文明是在交流互鉴中变得更加灿烂多彩的。开放、包容、自信的中华文明，不仅为世界文明发展贡献了自己的努力与智慧，同时以海纳百川的胸怀，对西方社会的工业、法治、管理等许多领域的文明成果有效吸收和借鉴，大胆地打开国门，全面推进改革开放政策。这不仅没有威胁到中国的发展，反而让中国变得更加强大。而文化多元是美国社会一直以来引以为豪的价值观。美国能成为当今世界强国，很大程度上也是基于广泛接纳世界各国人才的结果。一个自信的文明，定然会对其他文明怀有包容、交流的心态。如唯恐其他文明威胁自身发展，显示出的其实是一种民族狭隘和文化不自信。

我们知道，中美两国客观上确实存在文明之间的一定差异和不同，但美方不应把这些差异和不同发展为"文明偏见""文明冷战"，进而不认同中国所坚持的中国特色社会主义道路、制度、理念和文化。要知道文明是平等的，各有千秋，没有高低、优劣之分。要想了解不同文明的真谛，就必须要秉持平等、谦虚的态度，偏见与冷战是发展与合作的最大障碍。作为世界前两大经济体，可以说中美之间的文明对话是全球文明对话的重要组成部分，对推动构建新型国际关系和人类命运共同体具有重要意义。正如习近平主席所指出的，"回顾中美建交以来的40年，国际形势和两国关系都发生了巨大变化，但一个基本的事实始终未变，那就是中美合则两利、斗则俱伤，合作比摩擦好，对话比对抗好。中美双方存在巨大利益交集，两国应该成为合作好伙伴，这有利于中国，有利于美国，也有利于全世界"。

相反，中俄两国同样是具有国际影响力的大国，同为联合国安理会常任理事国，但中俄两国之间的文明交流与对话，不仅丰富了两国的发展理念、扩大了人文合作领域、夯实了两国社会和民意基础，也为世界文明交流与对话树立了典范。近年来，中俄双方成功举办了一系列国家级"交流年"活动，高潮迭起、成果丰硕，两国社会反响热烈，有效促进了中俄不同社会阶层民众之间的相互了解，加深了中俄人民传统友谊。今年是中俄建交70周年，双方将以此为契机，举办一系列丰富多彩的庆祝活动，以实际行动书写中俄世代友好的故事，唱响和平与发展的主旋律。

目前，全中国人民正在为实现中华民族伟大复兴的中国梦而努力奋斗。每一种文明都延续着一个国家和民族的精神血脉，中国人民将按照时代的新进步，推动中华文明创造性转化和创新性发展，让中华文明同世界各国人民创造的丰富多彩的文明一道，为人类提供正确的精神指引和强大的精神动力。

本文 2019 年 7 月 4 日刊登在俄罗斯《劳动报》

# 合作共赢才是越走越宽的正道

2019 年 7 月 19 日

> 通过互利合作实现共同发展、共同进步，实际上是拓展了各国的发展空间、做大了共同利益"蛋糕"，符合所有人的利益。

习近平主席和美国总统特朗普在大阪就重启两国经贸磋商达成一致，美方不再对中国产品加征新的关税，两国经贸团队将就具体问题进行讨论。国际社会对此高度评价，期待中美双方能深化互利合作，为全球贸易和竞争营造一个公正公平的环境。

2017 年以来，中国积极回应美国经贸关切，以极大的诚意和耐心与美方开展了多轮磋商，力图弥合分歧、解决问题。但中方的诚意并没有得到美方的对等回应，美方经常做不利于谈判的事情，几次出尔反尔，完全缺乏磋商的诚意与决心，还对中国华为公司进行了不遗余力的"围剿"，禁止美国企业向华为出售技术或配件，并宣称华为设备存在安全隐患，要求各国与其联合抵制中国华为公司。

华为是一家自主发展的中国民营企业。作为全球第一大通讯设备供应商，华为与许多国家都开展了很好的合作。其产品的质量信誉包括安全性方面都受到了合作伙伴的充分肯定。到目前为止，没有任何一家拿出证据来说明华为在安全方面存在威胁。美国政府在对外大打贸易战的背景下，来讨论所谓的网络安全问题，毫无疑问是出于美国的政治利益原因。这一举动无疑是搬起石头砸自己的脚，反而会给美国本土及其西方盟友的公司带来不利影响。所幸，美方已认识到这一点，特朗普总统在与习近平主席会晤后宣布美企可继续向华为供货。美国商务部也于近日表示，将给部分美国企业发放许可。

面对美国的制裁，华为依然强劲发展。今年5月，华为智能手机的销量欧洲市场部分略微受到影响，但总体较之去年仍呈现上涨之势。同一时间，华为手机在国内市场的销量则大幅增长。不仅如此，在美国施压下，仍有很多国家不惧压力，毅然选择了华为。5月底，英国电信运营商EE表示将会继续使用华为设备。6月初，马来西亚与华为签署一系列合约。俄罗斯第一大运营商MTS也与华为达成战略合作。6月15日，西班牙电信运营商宣布与华为合作，开启本国5G网络建设。7月，摩纳哥成为欧洲乃至全世界第一个实现5G全覆盖的国家，这是该国主要运营商摩纳哥电信基于华为的技术实现的。

作为新一代移动通信技术，5G正在全球掀起新一轮信息技术革命和产业变革，将给人类社会、经济发展带来极为重要的影响。华为是在网络通信技术领域走得最远的中国民营企业，并站到了5G网络技术的前沿，是为积累人类科技进步作出了贡献的当代先行者之一。中国的5G发展必将影响到全球的5G进展。习近平主席在第二十三届圣彼得堡国际经济论坛上郑重表示，中国将不断扩大对外开放，放宽市场准入，营造公平竞争的市场环境。愿同各国分享包括 5G 技术在内的最新科研成果，共同培育新的核心竞争力。习近平主席的讲话向国际社会传递了积极讯息，表明了中方坚持共商共建共享的发展理念与决心。

与此相反，美国却在全球范围内大力推行"美国优先"政策。据不完全统计，美国已先后退出《跨太平洋伙伴关系协定》《巴黎气候协议》、"联合国教科文组织"、《移民问题全球契约》制定进程、《伊朗核协议》等多个重要的国际组织或协议。此外，美国相继对委内瑞拉、俄罗斯、伊朗、土耳其发动制裁，对中国挑起全面贸易战，对欧盟、日韩则是部分贸易战，将贸易保护政策发挥得淋漓尽致。

社会发展、人类进步是不可阻挡的历史潮流，在经济全球化的今天，通过互利合作实现共同发展、共同进步，实际上是拓展了各国的发展空间、做大了共同利益"蛋糕"，符合所有人的利益。在前不久召开的上海合作组织峰会和亚信峰会上，与会各国一致强调，倡议推动建设相互尊重、公平正义、合作共赢的新型国际关系，形成构建人类命运共同体的共同理念十分重要。各方同时反对国际贸易碎片化和任何形式的贸易保护主义。

中方愿与世界各国一道，秉持上述精神，坚定捍卫多边主义，维护当前国际秩序，为促进世界和平与发展肩负起我们应有的责任与担当。贸易战和保护主义违反世界贸易组织规则，严重干扰全球产业链和供应链，损害市场信心，给全球经济复苏带来严峻挑战。事实证明，中美合则两利、斗则俱伤。我们真诚希望美方能与我们一道，积极落实两国元首大阪会晤达成的共识，秉着平等、相互尊重的精神和互惠互利的原则，妥善解决两国关系现有及有可能出现的各种问题，共同推进以协调、合作、稳定为基调的中美关系，不断造福两国和世界人民。

本文 2019 年 7 月 19 日发表在俄罗斯国际文传电讯社

捍卫国家利益　讲好中国故事

# 发展靠人才，根本在教育

## ——在普列汉诺夫经济大学国际论坛上的致辞

### 2012 年 4 月 24 日

教育发展极大地提高了全民素质，推进了科技创新、文化繁荣，为经济发展、社会进步和民生改善做出了不可替代的重大贡献。

尊敬的格里申校长，

尊敬的各位来宾，各位朋友！

首先请允许我代表中国驻俄罗斯大使馆，向格里申校长及俄罗斯普列汉诺夫经济大学的所有师生表示衷心的祝贺。105 年是个非凡而且光荣的历程，在一个多世纪里普列汉诺夫经济大学实现了由学院改组为大学的完美蜕变，学校作为俄罗斯经济、商品学等领域高水平人才培养的基地和最大的教学和科研中心的地位从来没有改变过。在 105 年里，普列汉诺夫经济大学为苏联和当代俄罗斯经济的发展培养了大量的经济学专家，为俄罗斯经济的复苏和发展做出了巨大的贡献。我们希望，普列汉诺夫经济大学在今后的日子里能更加辉煌，祝愿各位老师、同学和校友身体健康、工作顺利!

当今的世界是经济迅猛发展的世界。各国在发展经济的同时，也在不断地发展各自的教育事业。中国在改革开放 30 余年里，政府在发展经济的同时，不断地发展本国的教育事业，提高国民教育水平，建成了最大规模的教育体系，保障了亿万人民群众受教育的权利。教育投入大幅增长，办学条件显著改善，教育改革逐步深化，办学水平不断提高。进入本世纪，城乡免费义务教育全面实现，职业教育快速发展，高等教育进入大众化阶段，农村教育得到加强，教育公平迈出重大步伐。教育的发展极大地提高了全民的素质，推进了科技创新、文化繁荣，为经济发展、社会进步和民生改善作出了不可替代的重大贡献。中国正在实现从人口大国向人力资源大国的转变。

当今世界格局正发生深刻和复杂的变化，科技进步日新月异，人才竞争日趋激烈。中国经济建设、政治建设、文化建设、社会建设以及生态文明建设全面推进，工业化、信息化、城镇化、市场化、国际化深入发展，人口、资源、环境压力日益加大，调整经济结构，转变发展方式的要求更加迫切。国际金融危机进一步凸显了提高国民素质、培养创新人才的重要性和紧迫性。中国未来发展，关键靠人才，根本在教育。

早在 1993 年，中国就制订了《中国教育改革和发展纲要》，这是指导我国 20 世纪 90 年代直至本世纪初教育改革和发展的纲领性文件。进入 21 世纪后，2009 年中国又制订出台了《国家中长期教育改革和发展纲要（2010—2020 年）》，旨在全面提高国民素质，促进教育事业科学发展，加快社会主义现代化进程。

今天，借此机会，我特别想向大家介绍一下，在《国家中长期教育改革和发展纲要（2010—2020 年）》实施一年以来，中国在教育改革发展过程中所采取的主要措施和目前的情况：

一、优先发展教育、保障教育投入。在制订国家和区域发展总体战略中，充分考虑各项事业发展对教育和人才的需求，适度超前部署教育发展、提高教育对国家战略、区域发展和产业升级的引领、支撑和推动作用。国家财政资金优先保障教育投入，从落实教育经费法定增长、拓宽缴费来源渠道、合理安排使用经费、加强经费管理等方面做出了全面的部署。据统计，2010 年，全国财政性教育经费支出占国内生产总值的比例为 3.66%，比 2009 年提高了 0.07 个百分点。从 2011 年初预算安排来看，全国财政教育支出比 2010 年预算执行数增长 14.6%。2012 年将实现国家财政性教育经费支出占国内生产总值比例达到 4%。

二、注重引导教师的责任感和使命感，培养学生的创新精神和实践能力。分别研究制订幼儿园教师、中小学教师和高校教师的专业标准，对教师的专业理念、师德作风、专业知识和业务能力明确具体要求。从 2010 年起，通过各地评选、媒体公示、网络投票等方式，组织开展"全国教书育人模范"推选活动，引导广大教师静心教书、潜心育人。深入实施素质教育，全面修订义务教育课程标准，开展义务教育各学科教材修订工作，进一步明确能力培养的基本要求，强化探究学习和实验教学，调整课程容量和难度，使其更加符合教育教学规律和人才成长规律。为加强实践环节，教育部与其他部委共同确定了 47 个国家级中小学社会实践基地。加强创新教育，2011 年参与创业的大学生达 17 万余人，比 2010 年增长 56%。

三、坚持促进公平，切实保障人民群众接受良好教育的机会。切实缩小校际差距，各地结合实际，划定学区和片区，统筹教学和人事管理，促进优质教育资源共享。加大教师交流力度，有些地方每年交流的教师数占符合交流条件教师总数的 15% 左右。

加快缩小区域差距，扩大对中西部地区的教育支援，组织 94 所高校对口支援新疆等 18 个省（自治区、直辖市）的 67 所高校。不断重视和支持民族教育事业，加大对民族教育的财政支持力度，加大内地学校培养少数民族人才的工作力度，2011 年新疆、西藏等各类内地民族班招生规模达 6.5 万人。

四、坚持提高质量，建立健全教育质量保障体系。逐步建立质量标准和监测机制。把促进人才的全面发展、适应社会需要作为衡量教育质量的根本标准，探索建立符合中国国情的教育质量标准体系。开展基础教育各学科学业质量标准的制订工作，推动建立普通本科和高职高专的教学质量国家标准，改进教学评估办法，强化高等学校质量保障的主体意识，加强学校自我评估；实行分类的院校评估，促进高等学校办出特色；加强专业认证及评估，增强人才培养与社会需求的适应性；在部分学科、专业开展国际评估。不断修订中等职业教育和普通高等学校本科专业目录，调整优化硕士培养结构，注重学科导向，引入竞争机制，对高校的特色和优势突出的学科给予支持。

五、官民并举，支持社会力量兴办教育机构。中国政府大力支持社会力量兴办教育机构，首部《民办教育促进法》于 2003 年 9 月 1 日正式施行。民办教育的发展，改变了单纯依靠政府办学的传统办学模式，增加了教育的总供给，满足了大批人民群众的受教育要求。截至 2010 年中国有民办学校近 12 万所，占全国学校总数的 22%。在校生 3400 万左右，占在校生总数的 13.1%。其中幼儿园最多，占 47%，其次是高等学校，占 20.9%。民办学校在中外合作办学方面也率先走出一条新路。多所国外大学通过与民办学校的合作走进中国，既丰富了中国的教育，也为学生找到一条深造的新途径。

在经济发展的大潮中，中国的教育改革虽然取得了一定的成就，但是也面临着很多的问题。如何从教育大国向教育强国、从人力资源大国向人力资源强国转变，中国需要吸收和借鉴国际上的先进经验和做法。中方愿与世界各国的教育和科研机构开展广泛的交流与合作，互通有无，相互学习，共同推动世界文明的繁荣与发展。

谢谢各位!

# 钓鱼岛：中国领土，不容侵犯

## ——接受俄罗斯国际文传电讯社采访

2012 年 10 月 25 日

> 钓鱼岛是中国的固有领土，中国对其拥有无可争辩的主权，中国有决心、有能力、有办法在任何情况下维护自己的领土主权都不受侵犯。

**记者**：日本宣布对钓鱼岛中的三个岛进行"国有化"引起中方强烈反应。我们注意到日本表示该岛是其固有领土，不认为与中国存在争议。那么中国主张对钓鱼岛主权的依据是什么？

**李辉**：9 月 10 日，日本政府宣布"购买"钓鱼岛中的三个岛，严重侵犯了中国的领土主权。钓鱼岛是中国的固有领土，中国对其拥有无可争辩的主权，具有充分的历史、地理和国际法律依据。

首先，钓鱼岛是中国台湾的附属岛屿，中国人最早发现并予以命名。目前所见最早记录钓鱼岛地名的中国史籍成书于 1403 年。早在明朝（1368—1644 年）初年，为防御东南沿海的倭寇，中国政府就将钓鱼岛列入防区。中国清朝（1644—1912 年）不仅继续把钓鱼岛列入海防范围内，而且明确将其置于台湾地方政府的行政管辖之下。而日本最早记载钓鱼岛的文献出现在 1785 年，而且将其列为中国领土。因此，1884 年，有日本人声称首次登上钓鱼岛，发现钓鱼岛为"无人岛"，完全不符合中国早就拥有并管辖该岛的历史事实。日本称根据"先占"原则拥有钓鱼岛主权，也完全站不住脚。

其次，日本从中国窃占钓鱼岛不具有任何法律效力。1884 年后，日本政府对钓鱼岛开展秘密调查，并试图侵占。在此过程中，日本十分清楚该岛属于中国，因顾忌中国的反应，始终未敢采取在该岛上建立"国标"等行为。直至 1894 年底，中国在中日战争中败局已定，日本政府认为"今昔形势已殊"，已可在钓鱼岛上建立国标，将其纳入版图。1895 年 1 月 14 日，日本政府秘密通过决议，将钓鱼岛"编入"冲绳县管辖。必须特别指出的是，日本从开始调查钓鱼岛，到正式将其"编入"版图，始终是以见不得人的偷偷摸摸的方式进行的，从未公开宣示，不具任何国际法律效力。1895 年 4 月，中国在战争中战败，被迫与日本签署不平等的《马关条约》，割让台湾岛及其所有附属岛屿。钓鱼岛作为台湾附属岛屿一并被割让给日本。

第三，基于第二次世界大战胜利的结果，钓鱼岛已经在国际法律上归还中国。1943 年 12 月的《开罗宣言》、1945 年 7 月的《波茨坦公告》、1945 年 9 月的《日本投降书》明文规定，日本从中国侵占和攫取的所有领土，均归还中国。这些文件是确定战后国际秩序的主要国际法律文书，依据这些文件，钓鱼岛作为台湾附属岛屿已经归还中国；钓鱼岛主权属于中国，具有无可辩驳的国际法律依据。

1951 年，美国等一些国家在排除中国、苏联的情况下，与日本片面缔结了旧金山和约。中国政府当时即声明该条约是非法、无效的。这明白无误地表明，中国从未承认"旧金山和约"关于中国领土的任何规定，其中自然包括钓鱼岛。这一立场也同样适用于美、日两国此后依据"旧金山和约"对钓鱼岛的非法托管等行为。因此，日本声称中国截至 20 世纪 70 年代初一直未提出对钓鱼岛的主权要求，完全是片面的自欺欺人。1971 年，美国将钓鱼岛与琉球群岛一并"归还"日本，遭到中国政府和全体中国人民（包括台湾）的强烈反对和坚决谴责。美国政府不得不澄清，其"归还"的仅是"施政权"，不影响其主权。

**记者**：中国强调，中日双方曾就钓鱼岛问题达成过"搁置争议"的谅解和共识，认为日本"购岛"是背信弃义的行为。而日本表示，两国之间不曾有过这样的谅解和共识。历史的真相究竟是什么？

**李辉**：1972 年的《中日联合声明》和 1978 年的《中日和平友好条约》结束了中日两国间的战争状态，实现了邦交正常化。在谈判这两个文件的过程中，当时的中日两国领导人，为了实现邦交正常化的这一主要目标，决定暂不提及钓鱼岛问题，留待以后解决。关于此，1972 年周恩来总理和田中角荣首相在北京的会谈记录，白纸黑字，写得明明白白。

1978 年 10 月，中国领导人邓小平访日，与日方交换中日和平友好条约批准书，同日本首相福田赳夫会谈后在记者会上就钓鱼岛问题表示："实现邦交正常化时，双方约定不涉及这个问题。这次谈中日和平友好条约时，我们双方也约定不涉及。我们认为，谈不拢。避开比较明智，这样的问题摆一下不要紧。我们这一代人智慧不够，这个问题谈不拢，我们下一代人总比我们聪明，总会找到一个大家都能接受的好办法，来解决这个问题。"对此，日方没有任何人提出异议。

正是因为有了这样的共识和谅解，在建交以来的近 40 年里，钓鱼岛问题才没有给中日两国关系造成大的影响，两国各领域合作才得以顺利发展。日本现在背弃两国搁置争议的谅解和共识，实施所谓"国有化"，是图谋改变钓鱼岛现状，强化对钓鱼岛的实际控制并实现所谓"合法化"。

**记者**：日本关于钓鱼岛问题的立场能在多大程度上影响整个地区的形势？

**李辉**：如上所述，根据《开罗宣言》《波茨坦公告》和《日本投降书》，钓鱼岛已经归还中国。因此，日本"购买"钓鱼岛，不仅是对中国领土主权的严重侵犯，也涉及整个亚太地区甚至全世界，对二战胜利结果的公然否定，是对基于二战胜利结果所建立的国际秩序的公然挑战。

日本之所以公然否认二战胜利成果，是因为它至今都没有对其发动侵略战争的罪行进行严肃认真地反省、认罪和悔改。相反，日本国内否认和美化侵略历史的思潮和行动越来越多，甚至有些政客和政治势力展开了"竞赛"，比谁在否认和美化侵略历史方面跑得更快、更远。日本不断有政客和内阁成员参拜供有 14 名甲级战犯牌位的靖国神社，把它作为增加自己政治资本的王牌，就是明显的例证。日本当前否认侵略历史和政治右倾化的趋势如进一步发展下去，会对地区和国际形势造成什么影响，值得所有人高度警惕。

**记者**：日本"购买"钓鱼岛后，中国连续举行军事演习。中国军舰还途经钓鱼岛附近海域往返太平洋进行训练。日本也表示在钓鱼岛问题上不会退让。中日两国之间会不会发生军事冲突和战争？

**李辉**：中国一贯主张通过谈判和平解决国家间的争端，包括领土主权争议。中国始终是这样做的，与许多国家和平解决了历史遗留的领土问题。在钓鱼岛问题上，中国也遵循这一精神。但与此同时，事态如何发展，不完全取决于中国，中国有决心、有能力、有办法在任何情况下维护自己的领土主权都不受侵犯。

**记者**：鉴于美日之间签有《美日安全保障条约》，您认为美国干涉中日钓鱼岛争端的可能性有多大？日本媒体报道，美日曾计划不久后在钓鱼岛附近海域举行"夺岛"演习，现已决定取消。中国如何看待美国在钓鱼岛问题上的作用？

**李辉**：中方注意到，美国政府多次表示，在中日领土争端问题上不持立场，不选边站队。希望美方言行一致，说到做到。美国有人声称《美日安保条约》适用于钓鱼岛争端，中方坚决反对。任何外来压力也不会动摇中国维护领土主权的意志，不会吓倒中国。二战时中美两国是共同对日作战的盟国。在当前局势下，维护亚太地区的安全稳定，防止日本美化侵略历史和政治右倾化的趋势进一步发展，也符合美国本身的利益。

**记者**：针对日本"购岛"，中国采取了一系列措施。中日两国间的钓鱼岛争端将会如何结束？中国接下来准备采取什么行动？有无可能通过相互妥协解决问题？

**李辉**：针对日本"购岛"这一严重背信弃义、侵犯中国领土主权的行为，中国采取了一系列坚决措施，如发表关于钓鱼岛及其附属岛屿领海基线的声明并向联合国交存相关文件，向联合国大陆架界限委员会提交东海部分海域200海里以外大陆架划界案，公务船在钓鱼岛邻近海域进行常态化维权巡航。

当前围绕钓鱼岛出现的事态，完全是日本一手挑起的。今后事态如何发展，首先取决于日本如何纠正自己的错误。"球"现在日本一边。

但目前可以明确的是，日本不要指望中国会吞下其"购岛"的苦果，不要指望用"拖"的办法可以使事态平息，不要指望钓鱼岛及其邻近海域仍旧像从前那样由其单方面非法控制。无论今后日本采取什么行动，事态如何发展，中国都会奉陪到底，都有办法对付。

中日关系正处于建交以来从未有过的严峻局面。要缓和结束这一局面，日本必须正视现实，承认争议，纠正错误，回到谈判解决争议的轨道上来。中日双方目前通过一些外交途径保持沟通和磋商，希望日方拿出解决问题的诚意。

**记者**：据说钓鱼岛海域蕴藏有丰富的油气资源。中国是否有计划开发这些资源？

**李辉**：在本国主权管辖海域内开发油气等资源，是中国的主权和内部事务。至于是否和何时开发某一海域的资源，中方会根据实际情况进行研究、决定。

**记者**：鉴于钓鱼岛区域形势日趋紧张，中国是否会与俄罗斯就钓鱼岛形势进行磋商？中国如何评价俄罗斯在钓鱼岛问题上的立场？

**李辉**：中俄作为战略协作伙伴，已在各个级别上建立了涵盖所有领域的交流和磋商机制，并在国际和地区问题上保持着密切的沟通与协调。

中俄两国同是二战战胜国，苏联还出兵中国东北，打败了日本关东军。许多苏联红军将士牺牲在中国土地上，中国政府和人民永远铭记和感谢他们的功绩。

中俄两国在维护二战胜利成果方面拥有共同利益和一致立场。2010 年 9 月，两国元首在北京发表《关于第二次世界大战结束 65 周年的联合声明》，强调中俄两国坚决谴责篡改二战历史、美化纳粹和军国主义分子及其帮凶的图谋；坚决反对篡改《联合国宪章》和其他国际文件对二战作出的定论。随着国际和地区形势的发展，这一声明越发显示出其重要性和迫切性。中俄双方应继续予以落实。

# 立足基本国情，开拓广阔前景

## ——就中共十八大在俄罗斯外交学院发表演讲

2012 年 12 月 17 日

当前的中俄全面战略协作伙伴关系，无论从形式还是从内容上都最符合两国和两国人民的根本利益，都是两国的最佳选择。

尊敬的巴扎诺夫院长，

各位老师和同学们，各位同事：

大家好！

很高兴有机会来到著名的俄罗斯外交部外交学院发表演讲。在此，谨对巴扎诺夫院长的盛情邀请表示衷心感谢！

中国共产党第十八次全国代表大会不久前胜利闭幕。这次重要会议不仅对中国未来发展具有深远意义，也同样引来了国际社会极为关切的目光。相信俄外交部外交学院的师生们也在密切关注着这次大会，关注着俄最大邻国改革建设事业的发展方向。我有幸回国列席了此次大会，亲眼目睹并亲身感受了此会盛况，深受鼓舞。借此机会，我愿向大家简要介绍一下中共十八大所确定的中国内政外交方针政策，希望有助于大家进一步了解中国人民的奋斗目标和中国未来的发展道路。

## 一、中共十八大的重要意义

中共十八大是在中国进入全面建成小康社会决定性阶段和深化改革开放、加快转变经济发展方式攻坚时期召开的一次十分重要的大会。大会在全面把握当前世情、国情、党情，全面把握中国发展新要求和人民新期待的基础上，鲜明地宣示了中国举什么旗、走什么路、以什么样的精神状态、朝着什么样的目标继续前进这四个重大问题，向全中国和全世界展现了中国未来发展的清晰构想、迎接挑战的坚定决心以及完成使命的扎实举措。

一是选举产生了新一届中央领导集体。中共十八届一中全会选举习近平为中共中央总书记，选举习近平、李克强等七人为中央政治局常委，选出了新一届25位中央政治局委员。

二是进一步明确了坚定不移走中国特色社会主义道路的决心和信心。中国特色社会主义道路，就是在中国共产党领导下，立足基本国情，以经济建设为中心，坚持四项基本原则，坚持改革开放，解放和发展社会生产力，建设社会主义市场经济、民主政治、先进文化、和谐社会和生态文明，促进人的全面发展，逐步实现全体人民共同富裕，建设富强民主文明和谐的社会主义现代化国家。十八大报告指出，在改革开放三十多年的接力探索中，中国坚定不移高举中国特色社会主义旗帜，既不走封闭僵化的老路、也不走改旗易帜的邪路。中国特色社会主义道路，中国特色社会主义理论体系，中国特色社会主义制度，中国将倍加珍惜、始终坚持、不断发展。中国坚定道路自信、理论自信、制度自信，争取中国特色社会主义建设的新成就。

三是规划了全面建成小康社会和全面深化改革开放的新蓝图。十八大报告提出确保到二〇二〇年中国共产党成立一百年时实现全面建成小康社会宏伟目标，并对这一发展目标给予了更为全面的阐述：经济持续健康发展，转变经济发展方式取得重大进展，在发展平衡性、协调性、可持续性明显增强的基础上，实现二〇二〇年国内生产总值和城乡居民人均收入比二〇一〇年翻一番；人民民主不断扩大；文化软实力显著增强；人民生活水平全面提高；资源节约型、环境友好型社会建设取得重大进展。十八大报告的表述从过去的"建设"到现在的"建成"，一字之变，体现了中国发展阶段的重大变化。十八大报告首次提出"城乡居民人均收入"十年翻番，并提出居民收入增长和经济发展同步、劳动报酬增长和劳动生产率提高同步，充分体现了发展成果由人民共享的理念。第二个百年奋斗目标，是在新中国成立一百年时建成富强民主文明和谐的社会主义现代化国家。这两个百年目标必将成为中国特色社会主义建设的两座里程碑。

四是对全面提高党的建设科学化水平作出新部署。十八大报告首次提出要"牢牢把握加强党的执政能力建设、先进性和纯洁性建设这条主线"。在新的历史条件下，中共面临着执政、改革开放、市场经济、外部环境"四大考验"；面临着精神懈怠、能力不足、脱离群众、消极腐败"四大危险"。经受考验、化解危险，最根本的是要加强党的自身建设，以改革创新精神全面提高党的建设科学化水平。

## 二、中共十八大指明中国科学发展的方向

十年来，中国经受住了各种困难和考验，改革发展稳定、治党治国治军、内政外交国防等各项工作持续取得新进展，国力、财力、国际影响力显著提高，国家面貌发生新的历史性变化。

十年间，中国经济总量从 12 万亿元增加到 47 万亿元，占世界份额由 4.4% 提高到 10% 左右，以年均 10% 以上的速度增长，连续赶超意、英、法、德、日五国，跃居世界第二大经济体；人均国内生产总值从 1135 美元增加到 5432 美元，进入中等偏上收入国家行列；粮食生产"九连增"，农民收入连年增长；国家创新体系加快构建，科技开发园区建设成果丰硕，自主创新能力大幅提升，经济结构和发展质量进一步优化，"中国创造"日益增多；城镇新增就业连续 5 年超过千万；社会保障框架日益健全，基本实现了社会养老保险制度全覆盖城乡居民；参加各种医保人数超过 13 亿，建立起世界上最大的医疗保障体系。十年间，中国的航天事业有了很大发展，下一步将实现登月计划。目前，中国的高速铁路运营里程达到 6800 多公里。

以上成就的取得，与中国党和政府立足国情世情，牢牢把握科学发展这个主题和加快转变经济发展方式这条主线，坚持正确的改革发展道路密不可分。一是将发展作为执政兴国的第一要务。出台和实施了一系列改革发展的重大战略决策，聚精会神搞建设，一心一意谋发展。二是不断提升驾驭复杂局面的能力。科学决策，沉着应对，团结带领全国人民战胜汶川大地震等一系列严重自然灾害，排除"藏独""疆

独"等邪恶势力干扰破坏，妥善应对席卷全球的国际金融危机，经受住了一次又一次重大考验和挑战，有效维护了国家的长治久安。三是坚持以人为本，着力保障和改善民生。2003 年至 2011 年，全国财政用于教育、医疗卫生、社会保障和就业、保障性住房等方面的支出累计达 16.47 万亿元；在城市——连续 8 年提高企业退休人员基本养老金；在农村——于 2006 年元旦废止农业税条例，终结了在中国延续 2600 多年的"皇粮国税"，中国的发展成果正在不断惠及全体人民。四是加强党的执政能力建设和先进性建设，不断提高党的领导科学化水平。逐步健全完善民主决策和民主监督制度，成立预防腐败机构，大力加强巡视工作，深入推进党务公开、政务公开，惩治和预防腐败体系建设加快推进，权力运行进一步规范，坚决查处了一批重大违纪违法案件。据不完全统计，十年中，中国共查出 60 多万件腐败案件，当事人受到了严厉的法律处罚。中国共产党的执政能力随着时代的进步不断提高。

中国党和政府清醒地认识到，尽管中国改革建设取得了举世公认的发展成就，但中国仍处于并将长期处于社会主义初级阶段的基本国情没有变，人民日益增长的物质文化需要同落后的社会生产之间的矛盾这一社会主要矛盾没有变，中国是世界最大发展中国家的国际地位没有变。国家发展中不平衡、不协调、不可持续问题依然突出，制约科学发展的体制机制障碍较多，城乡区域发展差距和居民收入分配差距依然较大，一些基层党组织软弱涣散，一些领域消极腐败现象易发多发，反腐败斗争形势依然严峻。

如何立足基本国情，破解现存矛盾和问题对中国改革发展的束缚，努力开拓中国特色社会主义更为广阔的发展前景，中共十八大作出了一系列战略部署，概括起来有：加快完善社会主义市场经济体制和加快转变经济发展方式，坚持走中国特色社会主义政治发展道路和推进政治体制改革，推进社会主义文化强国建设，在改善民生和创新管理中加强社会建设，大力推进生态文明建设，加快推进国防和军队现代化。

中共十八大提出的一系列新的方针政策和发展目标，回答了党和国家未来发展的一系列理论和实践问题，既反映了中国广大人民对于国家发展的新期待，更体现了执政党与时俱进的胸怀理想，为中国未来发展指明了方向。我坚信，在中共十八大精神指引下，中国人民将克服发展道路上的一切艰难险阻，继续为实现中华民族伟大复兴，全面建设小康社会而努力奋斗，并为人类作出新的更大贡献。

## 三、当前国际形势和今后一个时期的中国外交政策

十八大报告认为，当今世界正在发生深刻复杂变化，和平与发展仍然是时代主题。世界多极化、经济全球化深入发展，文化多样化、社会信息化持续推进，科技革命孕育新突破，全球合作向多层次全方位拓展，新兴市场国家和发展中国家整体实力增强，国际力量对比朝着有利于维护世界和平方向发展，保持国际形势总体稳定具备更多有利条件。同时，世界仍然很不安宁。国际金融危机影响深远，世界经济增长不稳定不确定因素增多，全球发展不平衡加剧，霸权主义、强权政治和新干涉主义有所上升，局部动荡频繁发生，粮食安全、能源资源安全、网络安全等全球性问题更加突出。

面对错综复杂的国际形势和中国周边安全挑战，世界上很多人都在猜测未来中国外交将向何方发展。中共十八大对此作出了明确回应。

### （一）"三要三不要"构成是中国外交战略的核心

十八大报告指出，人类只有一个地球，各国共处一个世界。历史昭示我们，弱肉强食不是人类共存之道，穷兵黩武无法带来美好世界。要和平不要战争，要发展不要贫穷，要合作不要对抗，推动建设持久和平、共同繁荣的和谐世界，是各国人民共同愿望。这是中国对人类社会发出的最响亮的呼吁和倡议，也是中国对世界人民作出的和平发展的庄严宣告。

### （二）倡导平等互信、包容互鉴、合作共赢的新国际观

十八大报告主张，在国际关系中弘扬平等互信、包容互鉴、合作共赢的精神，共同维护国际公平正义。平等互信，就是要遵循联合国宪章宗旨和原则，坚持国家不分大小、强弱、贫富一律平等，推动国际关系民主化，尊重主权，共享安全，维护世界和平稳定。包容互鉴，就是要尊重世界文明多样性、发展道路多样化，尊重和维护各国人民自主选择社会制度和发展道路的权利，相互借鉴，取长补短，推动人类文明进步。合作共赢，就是要倡导人类命运共同体意识，在追求本国利益时兼顾他国合理关切，在谋求本国发展中促进各国共同发展，建立更加平等均衡的新型全球发展伙伴关系，同舟共济，权责共担，增进人类共同利益。

### （三）重申中国坚持走和平发展道路

十八大报告明确提出，中国将继续高举和平、发展、合作、共赢的旗帜，坚定不移致力于维护世界和平、促进共同发展。这从根本上回答了外交工作举什么旗帜，走什么路的问题，为中国外交指明了发展方向。

中国向世界承诺，始终不渝走和平发展道路，坚定奉行独立自主的和平外交政策。坚决维护国家主权、安全、发展利益，决不会屈服于任何外来压力。根据事情本身的是非曲直决定自己的立场和政策，秉持公道，伸张正义。中国主张和平解决国际争端和热点问题，反对动辄诉诸武力或以武力相威胁，反对颠覆别国合法政权，反对一切形式的恐怖主义。中国反对各种形式的霸权主义和强权政治，不干涉别国内政，永远不称霸，永远不搞扩张。中国将坚持把中国人民利益同各国人民共同利益结合起来，以更加积极的姿态参与国际事务，发挥负责任大国作用，共同应对全球性挑战。

### （四）突出外交为国家全面建成小康社会服务的导向

十八大报告专门就经济外交政策作出原则性的决断，为中国推动建立国际经济新秩序，突出外交为国家全面建成小康社会服务提出更高的要求。十八大提出，中国将始终不渝奉行互利共赢的开放战略，通过深化合作促进世界经济强劲、可持续、平衡增长。中国致力于缩小南北差距，支持发展中国家增强自主发展能力。中国将加强同主要经济体宏观经济政策协调，通过协商妥善解决经贸摩擦。中国坚持权利和义务相平衡，积极参与全球经济治理，推动贸易和投资自由化便利化，反对各种形式的保护主义。

### （五）中国的外交战略布局更加明晰

十八大报告所提出的外交战略布局涵盖了全方位外交、建立大国新型关系外交、推行睦邻安邻外交政策、强化发展中国家合作、加强多边外交、公共外交、文化外交、政党外交、民间外交，必将成为未来推行外交战略的指针。

中国主张，坚持在和平共处五项原则基础上全面发展同各国的友好合作。将改善和发展同发达国家关系，拓宽合作领域，妥善处理分歧，推动建立长期稳定健康发展的新型大国关系。将坚持与邻为善、以邻为伴，巩固睦邻友好，深化互利合作，努力使自身发展更好惠及周边国家。将加强同广大发展中国家的团结合作，共同维护发展中国家正当权益，支持扩大发展中国家在国际事务中的代表性和发言权，永远做发展中国家的可靠朋友和真诚伙伴。将积极参与多边事务，支持联合国、二十国集团、上海合作组织、金砖国家等发挥积极作用，推动国际秩序和国际体系朝着公正合理的方向发展。将扎实推进公共外交和人文交流，维护我国海外合法权益。将开展同各国政党和政治组织的友好往来，加强人大、政协、地方、民间团体的对外交流，夯实国家关系发展社会基础。

中国人民热爱和平、渴望发展，愿同各国人民一道为人类和平与发展的崇高事业而不懈努力。相信在中国新一代领导集体领导下，中国外交在推动世界和平、发展、合作方面将继续做出自己的努力，为全面建成小康社会和实现民族复兴营造更加有利的外部环境，为推进人类和平与发展事业做出更大贡献。

尊敬的巴扎诺夫校长，老师和同学们！

普京总统曾指出，俄罗斯需要一个繁荣和稳定的中国，而中国则需要一个强大和成功的俄罗斯。中俄作为世界政治、经济大国并互为最大邻国，中国的发展需要俄罗斯，俄罗斯的发展也需要中国。目前，中国正在向全面建成小康社会的目标迈进，俄罗斯也正在实现经济现代化，两国之间加强友好关系和各领域务实合作必将造福于两国和两国人民。中俄关系的发展前景广阔，希望大家能够积极致力于中俄关系发展，成为促进两国世代友好、共同繁荣发展的生力军。

谢谢大家！

# 中俄关系发展新机遇

## ——接受俄罗斯《独立报》专访

### 2013 年 12 月 23 日

中俄两国都在强国富民的道路上加快前进，梦想和计划如此接近、如此具体，使两国人民对各自国家未来发展更加期待。

**记者**：国际社会认为，中共十八届三中全会通过了长远规划的政治和经济决定。如何理解全会提出的"全面深化改革"？其重点是什么？将采取哪些具体措施？完成这些计划的具体期限？

**李辉**：2013 年 11 月 9 日至 12 日，中国共产党胜利召开十八届三中全会，并通过《中共中央关于全面深化改革若干重大问题的决定》，把改革创新精神贯彻到治国理政各个方面和各个环节，对全面深化改革从总体要求、基本原则、重大举措等方面进行了顶层设计、作出了重大战略部署，这是中国共产党在新的历史起点上和新的形势下全面深化改革的纲领性文件。如果说，十一届三中全会拉开了中国大地改革的历史序幕，那么 35 年后的十八届三中全会，必将继续谱写中国改革灿烂新篇章，具有划时代的意义。

本次全会具有几个鲜明的特点：一是目标具体。就是完善和发展中国特色社会主义制度，推进国家治理体系和治理能力现代化。二是领域全面。改革包括了经济、政治、文化、社会、生态文明、国防和军队、党的建设制度等15个方面。三是主线清晰。经济、政治、文化、社会、生态文明、党建是改革的主线。四是重点明确。经济体制改革是重点，要发挥其对其他领域改革的"火车头"牵引作用。这些特点充分体现了新一届中央领导集体的实事求是、与时俱进、求真务实的精神，换句话说，改革顺应民心，尊重民意，凝聚民智，回答了社会主义初级阶段全面深化改革的重点和难点，回应了中国百姓关心的利益诉求。

为了落实全面深化改革，中央决定成立全面深化改革领导小组，负责改革总体设计、统筹协调、整体推进、督促落实。可以说，这个领导小组是新时期中国推进全面深化改革的"总牵头人"。这充分体现了中央对改革的高度重视，也表明了中央的改革决心。同时，为了使地方更深入透彻理解掌握《决定》的精神和内容，中央成立了宣讲团到地方宣讲，今后还会通过一些培训、发送辅导材料等方式，向地方把相关政策解读好。全会明确提出，到2020年完成《决定》提出的改革任务，这使改革进程可检查、可评估。

我相信，全会提出的全面深化改革目标，必将给中国发展带来历史性的深刻变化，也必将使中国特色社会主义事业呈现出更加广阔的前景，且无疑将进一步促进中俄全面战略协作伙伴关系向纵深发展。

**记者**：如何理解《决定》提出的混合所有制经济？是否预示着将来民资、外资可以兼并控股国有企业？

**李辉**：混合所有制经济与以前我们讲的各种所有制经济共同发展应

该是一脉相承的，但同时又有创新和突破。

各种所有制共同发展，更强调不同所有制经济自我发展。在中国当前发展阶段，混合所有制经济则更强调不同所有制形式之间直接结合、交叉持股、融合发展，更有利于国有资本放大功能、保值增值、增强竞争力，更有利于民营资本顺利地进入基础设施、基础产业、公用事业等领域，更有利于各种所有制资本取长补短、互相促进、共同发展，更有利于改善企业产权结构，促进企业建立真正适应市场经济要求的现代企业制度，更有利于各种资本形式优化重组、放大资本效益。

《决定》提出的"三个允许、三个鼓励"正回答了你最后一个关心的问题，即允许更多国有经济和其他所有制经济发展成为混合所有制经济，国有资本投资项目允许非国有资本参股，允许混合所有制经济实行企业员工持股，形成资本所有者和劳动者利益的共同体。鼓励非公有制企业参与国有企业改革，鼓励发展非公有资本控股的混合所有制企业，鼓励有条件的私营企业建立现代企业制度。

**记者：据说，中国国企改革受到各种利益集团阻挠。您对此有何评论？您认为该如何克服这些困难？**

**李辉：**改革开放以来，国有企业改革深入推进，取得了很大成绩，市场化程度不断提高，规模和实力不断提升，活力、控制力、影响力显著增强。

全会对国有企业改革作出了重要部署，认为国有经济和非公有制经济，都是中国市场经济的重要组成部分，都是中国经济社会发展的重要基础。目前，国有企业总体上已同市场经济相融合，已成为独立的市场主体。为适应市场化、国际化，我们将以规范经营决策、资产保值增值、公平参与竞争、提高企业效率、增强企业活力、承担社会责任为重点，进一步深化国有企业改革。积极发展国有资本、集体资本、非公有资本等交叉持股，相互融合的混合所有制经济，促进各种所有制资本取长补短、相互促进、共同发展。

**记者**：全会把市场在资源配置中的作用从"基础"变为"决定"的提法有何意义？是否弱化甚至否定了政府的作用？

**李辉**：从"基础"到"决定"的改变，是中国社会主义市场经济内涵"质"的提升。它将极大解放和发展生产力，助推中国顺利跨越中等收入陷阱。"决定"的意思是，其他力量可以影响和引导资源配置，但决定者不是别的，只有市场。

在现代经济中，市场和政府的作用同样重要，没有市场或没有政府，经济发展都会孤掌难鸣。市场作用与政府作用内涵不同。就资源配置而言，政府是引导和影响资源配置，而不是直接配置资源。《决定》清晰界定了政府职能和作用，就是宏观调控、公共服务、市场监管、社会管理、环境保护。

**记者**：中国改革主要涉及经济领域，缺乏政治体制改革具体措施。您对此有何评论？

**李辉**：我们始终把政治体制改革作为全面深化改革的重要组成部分，始终随着经济社会发展不断推进。我们保证人民通过人民代表大会行使国家权力，健全社会主义协商民主制度，完善基层民主制度，全面推进依法治国，健全权力运行制度和监督体系。

全会在政治体制改革方面提出，将紧紧围绕坚持党的领导、人民当家作主、依法治国有机统一深化政治体制改革，加快推进社会主义民主政治制度化、规范化、程序化，建设社会主义法治国家，深化司法体制改革，维护宪法法律权威，深化行政执法体制改革，确保依法独立公正行使审判权、检察权，完善人权司法保障制度，发展更加广泛、更加健全的人民民主。随着改革的不断深化，中国社会主义民主政治一定会展现出更加旺盛的生命力。

**记者**：中国最近召开了周边外交工作会议。不知道这次会议将对俄中关系未来发展有何影响或有什么推动作用？

**李辉**：周边外交工作座谈会于 10 月 24 日至 25 日召开，确定了今后 5 年至 10 年中国周边外交工作的战略目标、基本方针、总体布局，明确了解决周边外交面临的重大问题的工作思路和实施方案。旨在为自身发展争取良好的周边环境，使自身发展更多惠及周边国家，实现共同发展。

远亲不如近邻。无论从地理方位、自然环境还是相互关系看，周边对中国未来发展都具有极为重要的战略意义。中俄互为最大的邻国，同时互为最重要、最主要的战略协作伙伴。中俄高层互访频繁，经贸合作紧密，人文交流活跃，国际合作密切。这些都决定了俄罗斯在中国外交和周边外交中处于优先方向和不可替代的位置。习近平主席就任国家最高领导人后将俄罗斯作为首访国家，就充分体现了这一点。

中俄在治国理念上意气相投。都以提高本国人民生活水平、实现民族复兴为己任，积极发展经济，推进务实合作。习近平主席提出了"中国梦"，普京总统提出了"到 2020 年俄国内生产总值跻身于世界五强，人均国内生产总值达到或接近发达国家水平"的计划，两国都在强国富民的道路上加快前进，梦想和计划如此接近、如此具体，使两国人民对各自国家未来发展更加期待。

我相信，周边外交工作座谈会提出的"深化同周边国家互利合作的战略契合点，积极参与区域经济合作。同周边国家加快基础设施互联互通，建设好'一带一路'。以周边为基础加快实施自由贸易区战略，扩大贸易、投资合作空间，构建区域经济一体化新格局"的具体目标，必将为中俄关系发展和务实合作带来巨大机遇，必将带动中俄高层互动更加密切，经济纽带更加牢固、金融合作更加深化、人文联系更加紧密。

**记者**：习近平主席多次提到"中国梦"的概念。这对中国同包括俄罗斯在内的周边邻国加强合作有何意义？

**李辉**：每个人、每个民族都有自己的梦想和追求。以习近平同志为核心的党中央为中国人民描绘了一个实现国家富强、民族振兴、人民幸福的中华民族伟大复兴梦想，即"中国梦"。

"中国梦"是中国人民对美好生活的向往，而不是"政治口号"。"到中国共产党成立100年时全面建成小康社会"是一个实实在在的奋斗目标，就像俄罗斯政府现在所做的一样，就是让人民生活得更好。经过30多年的改革开放，中国政治、经济、人文等各个领域都发生了翻天覆地的变化，取得令世界瞩目的成就，为实现"中国梦"奠定了坚实的基础。

"中国梦"是中国人民对祖国富强的期盼，而不是"民族主义"。中国是有五千年文明史的古国，曾为人类文明与社会进步做出杰出贡献。近代曾饱受帝国主义、殖民主义之害的中华民族深深懂得，只有国家强大，人民才会生活得好，只有民族团结，社会才会安定发展。弘扬中国精神，凝聚中国力量，是一种爱国主义的集中体现，而不是针对曾经侵略过中国的其他民族的复仇。

"中国梦"是中国人民对世界和平的向往，而不是"排他梦"。人类社会越来越成为我中有你、你中有我的命运共同体。"中国梦"对他国、对世界绝不是挑战和威胁，而是把中国人民的利益同世界人民的共同利益结合起来，以更加积极的姿态参与国际事务、共同应对全球性挑战。中国的发展不是自私自利、损人利己的发展，相反，中国越发展，对世界和平与发展就越有利。

远亲不如近邻。中国的发展依托于周边国家，也为周边国家发展注入强大动力。中国同周边国家地缘相通，人文相亲，经济互补，开展交往与合作具有得天独厚的条件，蕴藏巨大的潜力。所以，"中国梦"的实现离不开稳定和谐的周边环境，需要相互支持的睦邻伙伴，这决定中国必须坚定不移地走和平发展的道路，奉行"与邻为善、以邻为伴"的睦邻友好政策，同周边国家一道，共同致力于构建和平安全、合作共赢、共同繁荣的和谐地区。

中俄互为最大邻国，在治国理念上也有着许多相似之处。普京总统曾提出"到2020年俄国内生产总值跻身于世界五强，人均国内生产总值达到或接近发达国家水平"的计划。我相信，无论是"中国梦"，还是普京总统提出的俄罗斯计划，都旨在强国富民、推动世界和谐发展与共同进步。

梦想与追求相通，与信念相伴。尽管中国同周边国家发展道路会有不同，但"国家富强，民族振兴，人民幸福"是各族人民的共同梦想和追求。中国的发展离不开世界，世界的发展也需要中国。让心怀梦想的中俄两国携手并肩，为了民族的复兴、人民的幸福、世界的和平，共同书写人类历史的新篇章。

# 坚定不移推进改革开放
# 不断深化中俄友好合作

## ——在莫斯科大学亚非学院的演讲

2014 年 4 月 30 日

坚持走和平发展道路，是中国对国际社会关注中国发展走向的回应，更是中国人民对实现自身发展目标的自信和自觉。

尊敬的萨多夫尼奇校长、阿贝尔加季耶夫院长，

各位老师、同学，

在座的各位朋友们：

大家好！

春天是万物更新的季节。我非常高兴有机会应阿贝尔加季耶夫院长的邀请来到美丽的莫斯科大学亚非学院，同各位老师、同学们见面。

这次，阿贝尔加季耶夫院长给我出了一个题目，他建议我来给大家讲一讲中国共产党十八大以来中国改革发展的有关情况，以及中国对外政策和中俄关系。这个题目很大，涉及的内容很多，对研究当下的中国很重要。当我看到这个题目后的第一反应是，院长先生对中国

有着持续的关注、深入的研究，他触到了中国社会发展的脉搏。我本人愿意就这方面的有关情况同大家一起分享。

现在，我想从以下几个方面来谈这个问题。

首先，中国将坚定不移地继续走改革开放的道路。1978年中国共产党十一届三中全会开启了改革开放的序幕。35年来，经过中国几代领导人的不懈努力，中国的改革开放取得了举世瞩目的成就。党的十八大以来，以习近平同志为核心的党中央确定了中国未来发展的"两个一百年"目标：一是到2021年，即中国共产党成立100年时，国内生产总值和城乡居民人均收入在2010年的基础上翻一番，人均GDP预计将达到近1万美元（2010年人均GDP为4682美元），全面建成惠及十几亿人口的小康社会；二是到本世纪中叶，即中华人民共和国成立100周年时，建成富强民主文明和谐的社会主义现代化国家。我们也形象地把这个目标称为"中国梦"。

2013年11月9日至12日，中国共产党十八届三中全会胜利召开，并通过了《中共中央关于全面深化改革若干重大问题的决定》，开始了中国全面深化改革的进程。这次会议把改革创新精神贯彻到治国理政各个方面和各个环节，对全面深化改革从总体要求、基本原则、重大举措等方面进行了顶层设计、做出了重大战略部署，这是中国共产党在新的历史起点上和新的形势下做出的重大决策。

此次全面深化改革一是目标明确，就是要完善和发展中国特色社会主义制度，推进国家治理体系和治理能力现代化；二是重点突出，就是要发挥经济对其他领域改革的"火车头"牵引作用，使市场在资源配置中起决定性作用，厘清政府与市场的职能和作用，明确公有制经济和非公有制经济都是国民经济的重要组成部分；三是力度空前，全面深化改革涉及经济、政治、文化、社会、生态文明、党建等 15 个领域、55 个重大改革任务；四是行动扎实，成立了中央全面深化改革领导小组，负责改革总体设计、统筹协调、整体推进、督促落实。这些都充分体现了中国共产党继续深化改革的决心和勇气。

那么，中国现在为什么要积极推进深化改革？大家知道，当前全球经济格局深度调整，国际竞争更趋激烈。世界经济的全面复苏仍存在不稳定不确定因素。一些国家宏观政策调整带来变数，新兴经济体又面临新的困难和挑战。对中国来说，用以支撑发展的要素条件也在发生深刻变化，深层次矛盾凸显。不深化改革就不能适应和有效应对国际经济形势的变化。

从中国内部看，我们更感到发展面临一系列突出矛盾和挑战。比如：市场秩序不规范，阻碍优胜劣汰和结构调整。现行的财税体制也不完全适应合理划分中央和地方事权，不完全适应转变经济发展方式、促进经济社会持续健康发展的现实需要。地区和城乡发展不平衡不协调也是我国经济社会发展存在的突出矛盾。科技创新能力不强，产业结构不合理，发展方式依然粗放。一些社会矛盾，如教育、就业、医疗、住房、生态环境、食品安全等关系群众切身利益的问题亟待解决。这些都充分说明改革已进入攻坚期和深水区，解决这些问题，必须继续深化改革，停顿没有出路。

需要指出的是，全面深化改革是一个复杂的系统工程，单靠某一个或某几个部门难以奏效，需要建立更高层面的领导机制。因此，在 2013 年 12 月 30 日召开的中共中央政治局会议上，决定成立中央全面深化改革领导小组，由习近平主席任组长，主要负责改革总体设计、统筹协调、整体推进、督促落实。

其次，中国经济发展前景向好，人民生活水平不断改善的大势不会变。改革开放 35 年来，中国经济年均增长 9.8%，而同期世界经济年均增速为 2.8%。其中，中国经济以接近两位数的速度高增长达 30 多年，对世界经济发展起到了巨大的推动作用。特别是 2008 年国际金融危机爆发以来，中国成为带动世界经济复苏的重要引擎。据有关国际组织统计，中国对世界经济增长的年均贡献率超过 20%。

从具体数字来看，同 1978 年相比，中国 GDP 总量从世界的第 10 位上升至第 2 位，经济总量增长 142 倍，城镇居民收入增加 71 倍，农民人均纯收入增加 59 倍。2013 年，中国 GDP 达到 56.8845 万亿元，按照全年人民币对美元的平均汇率 6.19 来计算，约 9.189 万亿美元，比上年增长 7.7%。如果以 13.5 亿人口计算，中国人均 GDP 约 6788 美元。国家外汇储备达到 3.8213 万亿美元，居世界首位。2010 年，中国还超过了美国，成为全球制造业第一大国。2012 年，中国又成为全球最大货物贸易国。

目前，中国已进入了居民消费结构和产业结构快速升级的时期。2013 年，中国服务业比重首次超过工业制造业，未来中国的服务业比重和地位还要继续提高。高附加值和高技术产业比重也将不断上升，新的消费热点和经济增长点也将不断涌现。未来 5 年，中国预计将进口超过 10 万亿美元的商品，对外投资规模累计将超过 5000 亿美元，还将有超过 5 亿人次出境旅游。这些数字不仅将进一步提升中国经济的对外开放与发展，也必将为世界经济的发展注入新的动力。

大家可能注意到，近段时间以来，国际舆论对中国经济下行出现了一些不看好的报道，说中国经济可能要硬着陆，放出"唱衰"中国经济的声音。对于这个问题，中国在经过多年的改革实践后有自己的看法，中国经济速度有些放缓没错，但这是与经济结构调整、效益和质量提高同时进行的，并不意味着经济有问题，即不能简单的再以国内生产总值增长率论英雄。当前的经济发展更应注重以提高经济增长质量和效益为立足点，让市场在资源配置中发挥决定性作用。

今年中国把经济增长预期目标定在 7.5% 左右，是经过认真比较、反复权衡，兼顾了需要和可能而提出的。今年中国经济社会发展的主要预期目标是：国内生产总值增长 7.5% 左右，居民消费价格涨幅控制在 3.5% 左右，城镇新增就业 1000 万人以上，城镇登记失业率控制在 4.6% 以内，国际收支基本平衡，努力实现居民收入和经济发展同步。

第三，中国目前仍是世界上最大的发展中国家的基本现实没有变。尽管中国近年来取得了突飞猛进的发展，但我想在这里强调的是，中国仍然是一个发展中国家。大家一定会问为什么，其实原因很简单。对于中国来说，经济总量已经跃升到世界第二位，相当于俄罗斯的 4 倍还多，但俄罗斯人均 GDP（约 2.3 万美元）却约是中国人均 GDP（约 7000 美元）的 3 倍还多。这个例子生动地说明了，中国经济总量再大，但除以 13 多亿人口，平均水平还属于发展中国家。

目前，中国城乡低保人口有 7400 多万人，每年城镇新增劳动力有 1000 多万人，几亿农村劳动力需要转移就业和落户城镇，还有 8500 多万残疾人。根据世界银行的标准，中国还有 2 亿多人口生活在贫困线以下，这差不多相当于法国、德国、英国人口的总和。所以说，要让

13 亿多人都过上好日子，还需要付出长期的艰苦努力。

发展是解决中国所有问题的关键，所以我们必须始终牢牢抓住经济建设这个中心，保持合理的经济增长速度，解决就业和民生等问题。

第四，坚持走和平发展道路是中国对外政策一以贯之的方针。中国是一个实行中国特色社会主义的国家。这个人口相当于 4 个美国或 2 个欧洲的全球第二大经济体，正在努力实现着和平崛起的理想。尽管有一些旁观者仍然心怀疑虑，但中国威胁论的市场已经愈来愈小。中国早就向全世界郑重宣示：中国坚定不移走和平发展道路，既通过维护世界和平发展自己，又通过自身发展维护世界和平。走和平发展道路，是中国对国际社会关注中国发展走向的回应，更是中国人民对实现自身发展目标的自信和自觉。

有着 5000 多年文明史的中华民族是爱好和平的民族、勤劳勇敢的民族，对和平、和睦、和谐的追求深深植根于中华民族的精神世界之中。中国自古就提出了"国虽大，好战必亡"的箴言。"以和为贵""和而不同""睦邻友邦""天下太平"等理念世代相传。我们坚持走和平发展道路，是对几千年来中华民族热爱和平的文化传统的继承和发扬。观察和认识中国，要将她的历史和现实联系起来看，要将物质的东西和精神的东西放在一起看。脱离了中国的历史，脱离了中国的文化，脱离了中国人的精神世界，脱离了当代中国的深刻变革，是难以正确认识中国的。

中国在国际关系中大力弘扬平等互信、包容互鉴、合作共赢的精神，推行更加积极主动的开放战略，扩大同各方的利益汇合点。中国提出与邻为善、以邻为伴，坚持睦邻、安邻、富邻，突出体现亲、诚、惠、容的理念，中国和周边多个国家的关系得到极大提升。总的来说，我们的对外交往理念是建立在这样的认识基础之上的：全世界 70 多亿人共同生活在这个星球上，大家应该守望相助、同舟共济、携手并进、共同发展。

第五，中俄睦邻友好合作关系符合两国和两国人民的根本利益，也有利于世界的和平稳定。今年是新中国成立 65 周年，也是中俄建交 65 周年。65 年对于我们个人来说，应该是一坛陈酿的老酒，耐人寻味，而对于两个正在蒸蒸日上发展的大国来说，恰是早晨八九点钟的太阳，拥有美好的未来。我在前面谈到，中国正在为实现中华民族伟大复兴的中国梦奋力前行。其实，中国梦与俄罗斯的强国梦是高度契合的。我们两国都坚持选择符合本国国情的发展道路，都清晰确立了民族复兴的战略目标，两国又互为主要优先合作伙伴，互相提供重要的发展机遇。这些共同点恰是推进中俄政治互信、战略协作和务实合作的重要基础，是相互支持、共同繁荣、世代友好的有力保障。

在双方共同努力和经营下，中俄关系目前处于历史最好时期，呈现出以下特点：

一是双方高层交往空前频繁。习近平主席去年 3 月、9 月和今年 2 月，在不到一年的时间内 3 次访俄并出席了圣彼得堡 G20 峰会和索契冬奥会，这充分体现了中俄两国全面战略协作伙伴关系的高水平和特殊性，有力彰显了两国元首之间的良好工作关系和亲密个人友谊，再次证明了中俄双方在彼此关切的重大问题上相互支持的默契和力度。

二是务实合作不断提升。去年 3 月习近平主席访俄期间，中俄签署 30 多个协议，涉及务实合作各个领域。去年 10 月，两国总理在北京举行定期会晤，推动双方务实合作继续向前迈进。2013 年中俄贸易额达 892.1 亿美元，同比增长 1.1%。虽受国际大环境影响，但仍稳中有升，中国仍是俄罗斯第一大贸易伙伴。今年 1 至 2 月，双边贸易额达 144.6 亿美元，同比增长 3.2%。

三是国际合作日益密切。在叙利亚局势、伊朗核问题等国际和地区热点问题上，中俄始终保持了密切沟通，有效协作，为推动政治解决叙利亚和伊核问题做出了积极努力，为促进世界和地区和平稳定做出了自己的贡献。

四是人文交流蓬勃发展。中俄继互办"国家年""语言年""旅游年"之后，之后两年又开启了"中俄青年友好交流年"。习近平主席和普京总统向开幕式发来贺电。这些活动是两国从战略高度作出的重大举措，充分体现了中俄进一步加强两国人民世代友好的坚定决心。

青年人充满生机和活力，最具创新精神。经济全球化、社会信息化为青年人提供了更宽阔的舞台和更多样的选择。两国政府正在为他们提供更多的机会、搭建更广阔的平台。在"中俄青年交流年"期间，双方将积极开展"百校万人"大学生交流活动，扩大互派留学规模，使双方留学生总数到 2020 年达到 10 万人。积极促进两国青年艺术家联合展演，青年作家作品的相互翻译，青年科学家、工程师合作研发，青年政治家、运动员、医生、新闻工作者、企业家互访交流等上百项活动。

正如习近平主席所说，"青年是国家的未来，是世界的未来，也是中俄友好事业的未来"。在座各位同学是俄罗斯青年一代的精英，我在这里衷心祝愿各位莘莘学子学业有成，我也期待着越来越多的俄罗斯青年接过中俄友谊的接力棒，积极投身两国人民友好事业。衷心祝愿亚非学院在学术研究和培养高水平人才方面取得更大的成就，培养出更多的了解中国、热爱中国的专家，为中俄关系发展提供源源不断的人才和智力支撑。

　　谢谢大家！

# 中国京剧与星际飞船

## ——接受俄罗斯《明日报》主编普罗汉诺夫专访

### 2014 年 8 月 26 日

实现"中国梦",最重要的手段就是全面深化改革,完善和发展中国特色社会主义制度,推进国家治理体系和治理能力现代化。

**李辉**:亚历山大·安德列耶维奇,非常高兴认识您。我知道您是一位出色的作家和有影响力的政治家。

**普罗汉诺夫**:贵国贵党提出"中国梦"概念,指明多年发展方向,可预见未来。是什么让中国政策和中国领导人的认知如此超前?要知道"梦想"概念总是与世界观紧密相联。需要如何打造充满这一梦想的社会?受共产主义、儒家思想、孙中山民族主义及其他强大思想影响的"中国梦",是否会减少"中国特色社会主义"中的社会主义成分?

**李辉**:提出"中国梦"绝非偶然,我们正在为实现"中国梦"而奋斗。实现"中国梦"有两层含义,也就是中共十八大以来,以习近平同志为核心的党中央确定的中国未来发展的"两个一百年"目标:一是到 2021 年,即中国共产党成立 100 年时,国内生产总值和城乡居民人均收入在 2010 年的基础上翻一番，人均 GDP 预计将达到近 1 万美元（2010 年人均 GDP 为 4682 美元），全面建成惠及十几亿人口的小康社会；二是到本世纪中叶，即中华人民共和国成立 100 周年时，建成富强民主文明和谐的社会主义现代化国家。"中国梦"的本质就是国家富强、民族振兴、人民幸福。

"中国梦"并不意味着我们偏离了社会主义既定轨道，更不表明社会主义成分会减少。事实上，"中国梦"与毛泽东思想、邓小平理论、"三个代表"重要思想和科学发展观，都是一脉相承而又与时俱进的。毛泽东曾说过，从鸦片战争（1840 年）算起，要取得民主革命的胜利，到实现社会主义的繁荣富强，大约需要两个一百年。邓小平同志提出"三步走"的战略，其中第三步目标，就是到二十一世纪中叶基本实现现代化，人均国民生产总值达到中等发达国家水平。党的十八大提出建党 100 年、建国 100 年的目标，实际上是与毛泽东、邓小平提出的战略目标是总体一致，一以贯之。因此说，"中国梦"概念恰是对上述思想理论体系的不断继承与发展。

"中国梦"着眼未来数十年中国的发展进步，不是权宜之计。而实现"中国梦"，最重要的手段就是全面深化改革，完善和发展中国特色社会主义制度，推进国家治理体系和治理能力现代化，使市场在资源配置中起决定性作用。为实现上述目标，我们成立了中央全面深化改革领导小组，负责改革的总体设计、统筹协调、整体推进、督促落实，确定了经济、政治、文化、社会、生态文明、党建等全面深化改革的 15 个领域、55 个重大改革任务。这就是"中国梦"。

我想指出，中俄不仅互为最大邻国，而且在治国理念上也有着许多相似之处。普京总统曾提出"到 2020 年俄国国内生产总值跻身于世界五强"的计划。中方对"俄罗斯梦"给予高度评价。我相信，无论是"中国梦"，还是普京总统提出的俄罗斯发展计划，都旨在强国富民、推动世界和谐发展与共同进步。

**普罗汉诺夫：**当我在中国看京剧表演，被迷住了。我想我猜到了京剧魅力之谜：在戏剧中通常是玩偶扮演人物，而京剧中是人物扮演玩偶。俄罗斯圣像画是一种精神上的绘画形象，在中国京剧也是一种精神象征，视觉和语言的一种形象表达。我很惊叹在中国人的意识里中国戏曲和星际飞船的和谐存在。世界上绝无仅有的古老艺术和中国发展的太空探索等高科技是怎么联系起来的？你们如何将古老的东西、儒家思想和现代化相结合？

**李辉：**京剧的历史已经超过 200 年，这是我们非常传统的文化和艺术形式。目前，京剧正在经历一个非常时期，其观众数量不断减少。年轻一代对科技创新、现代化更加憧憬，甚至觉得西方文化更具有吸引力。目前，京剧普及复兴运动正在展开：成立研究古代艺术起源和特点的小组，爱好者甚至将喜爱的剧目搬上舞台。京剧反映了中国的历史，人民越来越关注自己国家的过去，所以对京剧的兴趣也在不断增长。同时，与步伐加快的现代生活相比，京剧动作很慢。年轻人生活节奏快，他们与中国传统文化渐行渐远。有的人由于长期使用电脑，汉字都写不好了。这引起了我们的关注，所以国家领导人要求在所有学校开设写字课，让孩子们体会汉字之美，传承本民族的文化与传统。中俄两国正在努力构建多极化国际体系，同时也在努力发展多元文化。

**普罗汉诺夫：**大约 1 年前，习近平主席提出了"一带一路"的概念。

俄专家认为，这一概念实际上是中国在21世纪提出的第一个外交倡议，在俄及全世界引起了不同评价。恰在不久前普京总统同习近平主席就这一倡议达成合作共识。您如何评价"一带一路"建设？

**李辉**："一带一路"是一个合作、发展的理念和倡议，它不是一体化机制，也不是实体组织，它将继承古丝绸之路的优良传统——开放包容，不会搞封闭、固定、排外的机制。同时，"一带一路"也不是从零开始，它将充分依托中国与有关国家，特别是周边邻国现有的双边、多边机制和区域合作平台，实现务实合作的进一步升级。有关各方可以将现有的、计划中的合作项目串接起来，如中国同有关国家间开展的一些合作项目，包括油气管道、"渝新欧"铁路、中国西部—欧洲西部公路等，都可以跟"丝绸之路经济带"建设结合起来，形成一揽子合作，从而产生"一加一大于二"的效应。

"一带一路"建设是中俄双方共同利益所在，与欧亚经济联盟进程并行不悖、相辅相成，它的建设不仅不会与上海合作组织、欧亚经济联盟等既有合作机制重叠或竞争，还会增加这些机制的内涵和活力，完全可以成为欧亚国家间扩大经贸合作的增长点。普京总统访华时表示，俄方高度重视中方提出建设"一带一路"的倡议，双方将寻找"一带一路"项目和将建立的欧亚经济联盟之间可行契合点。

**普罗汉诺夫**：粉碎法西斯70周年的伟大纪念日临近。俄中在这场战争中起到了重大作用，也付出了巨大代价和牺牲。我们该如何纪念这个日子，而不仅仅是举行隆重会议、音乐会等墨守成规、毫无新意的活动。为什么我们不举行联合太空飞行？为什么不让一千名俄罗斯和中国人一起畅游两国界河—阿穆尔河？

**李辉**：亚历山大·安德列耶维奇，您的这些建议很有意思。我们两国领导人对纪念二战胜利 70 周年活动给予高度重视，并就举行联合纪念活动达成共识，正在着手准备。

中国是第二次世界大战的主战场之一，中国军人同世界人民不怕牺牲，浴血奋战 8 年取得了胜利。如果从 1931 年日本侵占东北算起，战争更是打了 14 年，数以千万计同胞在同日本法西斯战斗中献出了宝贵的生命。中苏（俄）是二战盟友，苏联空军志愿者协助中国空军对日作战，出兵中国东北，苏军将士血洒疆场，捐躯中国，为中国的抗战胜利做出了重要贡献。对此，中国人民深怀感激之情。现在，中国东北等地数十座安葬着苏军官兵遗骸的烈士陵园得到很好的保护和修缮。

中国有句俗话，"前事不忘，后事之师"。我们纪念二战，目的是防止再战。遗憾的是，并非所有国家都认识到侵略战争给别国带来的伤痛，经常企图歪曲历史事实、为军国主义招魂、否认战后国际秩序的行径屡屡发生，不得不引起我们的高度警惕。中俄两国领导人在此问题上有共同立场。作为世界反法西斯战争战胜国和联合国安理会常任理事国，中俄有着维护国际正义和战后国际秩序的共同认识和责任。

**普罗汉诺夫**：过去，共产主义思想将我们联系在一起，但现在我们仍能够体会到两国人民相互理解的精神共性。当今世界已痛苦不堪。如果"伊兹博尔斯克俱乐部"和中国专家学者举行会晤，共同讨论新的世界观，研究"俄—中—全世界梦"的联合形式会怎样？"中国梦"和"俄罗斯梦"更像是一个梦——"公平、正义的梦"，全人类共同向往的公平与正义。我们真像是相遇在中国最高峰——珠穆朗玛峰山脚下，山顶是闪闪发光的皑皑白雪。这是对我们此次会面最形象的比喻。

**李辉**："伊兹博尔斯克俱乐部"和中国专家学者举行会晤不仅可行，而且令人期待，并对双方大有裨益。

**普罗汉诺夫**：大使同志，我对我们的这次交流非常入迷。这是同志之间的一次真正会晤。我要特别强调"同志"这个令人感到亲切的词。"中国梦"是全人类的梦想，您的国家给全世界树立了榜样。

**李辉**：亲爱的亚历山大·安德列耶维奇，您永远是我们国家和使馆所期待的客人。您随时可以寄希望于我们的帮助与支持。

# 香港：中国内政，不容指责

## ——接受俄罗斯国际文传电讯社采访

2014 年 9 月 3 日

> 依法治理国家，依法推进民主，实现香港社会繁荣发展、长治久安才是切实保障和维护广大香港居民利益的关键所在，也是香港基本法的核心意义。

目前，世界一些国家或地区罔顾事实，以推行"民主"之名，行干涉他国内政、颠覆他国政权之实，经常导致社会动荡，人民生活水平下降，甚至是内战不断，造成人道主义灾难。这样的鲜活例子，无论过去还是现在比比皆是，无需列举。这些教训告诉我们，若无稳定，不依法制，绝无民主。因此，中国绝对不允许以牺牲国家或地区的政局稳定和社会安宁为代价来推行所谓"民主"，更不允许一些别有用心的势力对中国内政指手画脚，说三道四。

中国是单一制国家，更是法治国家。香港特别行政区是直辖于中央人民政府的地方行政区域，其政治体制改变的主导权和决定权在中央政府。香港基本法和全国人大常委会对普选的法律程序和基本制度框架做出了明确规定，只要认真研究一下就会发现，基本法体现了中国政府对香港民主发展问题的原则立场。一是香港回归后依法建立民主制度；二是香港的民主制度必须符合香港的实际情况；三是循序渐进最终达至普选。这一原则立场是"一国两制"的应有之义，贯穿于香港基本法的制定和实施之中，建基于中国国情和香港实际情况。在香港回归20年时实现基本法规定的普选目标，符合民主发展规律，充分体现了中国政府在香港特区发展民主的决心和诚心。

任何普选制度都是建立在特定的宪制基础上，在香港实行普选也不例外。基本法是香港特区的宪制性法律文件，全面体现"一国两制"方针政策，是香港长期繁荣稳定的基石。因此，在处理香港普选问题时必须坚持两条基本原则，即符合基本法和全国人大常委会决定的规定，坚持行政长官必须由爱国爱港人士担任。当然，实现普选是香港政治体制的重大变革，也是香港民主发展史上前所未有的崭新课题，有意见、有分歧是难免的。从香港回归后的民主实践来看，依法表达意见建议、理性务实讨论、凝聚共识是推动香港民主发展的唯一选择。但那些不顾香港法治和市民福祉，采取非法对抗手段以达至一己之私的图谋，不可能得逞。

近日，香港"保普选反占中大联盟"发起"和平普选大游行"及签名活动，取得超过150万爱国爱港市民的支持，香港各界用行动表明支持按照基本法和全国人大常委会有关规定，希望进行和平普选。

依法治理国家，依法推进民主，实现香港社会繁荣发展、长治久安才是切实保障和维护广大香港居民利益的关键所在，也是香港基本法的核心意义。香港同胞和各界人士亲眼见证了香港回归祖国17年来所取得的伟大成就，亲身体会到与伟大祖国血脉相连、休戚与共的自信心和自豪感。

1997 年 7 月 1 日，中国政府对香港恢复行使主权，基本法开始实施，香港从此进入了"一国两制""港人治港"、高度自治的历史新纪元。作为祖国大家庭一员，香港同胞享有广泛的民主权利，成为国家的主人、香港的主人。1997 年至 2013 年，香港本地生产总值年均实质增长 3.4%，人均本地生产总值按美元累计增长 39.3%，外汇储备增长 2.35 倍，对外商品贸易总额增长 1.48 倍。根据国际货币基金组织 2013 年数据，按购买力平价（PPP）计算，香港本地生产总值位居全球第 35 位，人均本地生产总值位居全球第 7 位。香港成为全球第九大贸易经济体，第六大证券市场，与世界上几乎所有的国家和地区保持贸易联系。科、教、文、卫等各项社会事业在世界范围保持领先地位。更为重要的是，在基本法的框架下，香港居民的基本权利和自由得到充分保护，民主政治依法稳步推进。

当前，中国人民正满怀信心地为全面建成小康社会、实现"两个一百年"的伟大目标而奋斗。香港特区保持繁荣稳定、长治久安，是中华民族伟大复兴的"中国梦"重要组成部分。我们将同香港特区政府和广大香港同胞一道，全面践行"一国两制"方针和香港基本法，努力在香港特区发展出一种全面、健康、可持续的高质素民主形态，共同创造香港特区繁荣稳定、和谐发展的美好明天。

# 弘扬丝路精神　共建丝路伟业

## ——就"一带一路"构想在莫斯科交通大学发表演讲

2015 年 2 月 13 日

让"一带一路"构想为沿线国家的振兴与发展添砖加瓦，成为惠及沿途各国人民的和平之路、合作之路、共赢之路。

尊敬的莱温校长，

尊敬的各位老师和同学们：

新年伊始，非常高兴与贵校广大师生见面。首先，请允许我代表中国驻俄罗斯大使馆祝愿大家在新的一年里身体健康、学业进步、万事如意！借此机会，我想就中国领导人倡导共建的"丝绸之路经济带"和"21 世纪海上丝绸之路"与贵校师生朋友们进行交流，这两个倡议与俄罗斯有关，也与莫斯科交通大学有关，我的报告希望能够对大家了解这两个伟大倡议有所帮助。

2013 年 9 月和 10 月，中国国家主席习近平在访问哈萨克斯坦和印度尼西亚时，分别提出同周边国家共建"丝绸之路经济带"和"21 世纪海上丝绸之路"两大倡议，即"一带一路"。这是新形势下中国深化改革开放和推进周边外交的重大战略构想，不仅受到世界各国广泛关注，而且得到了周边许多国家的充分肯定和热情参与。作为推进"一带一路"的重要举措，中方倡议建立了亚洲基础设施投资银行、丝绸之路基金及中国—东盟海上合作基金。

## 一、"一带一路"构想的内涵与核心内容是什么

即中国在同周边国家传统友好合作关系的基础上，深挖现有合作资源，采用创新合作模式，沿着古代横贯欧亚的"丝绸之路"、连接东南沿海各国的"海上丝绸之路"，以点带面，从线到片，与沿线各国进一步加强务实合作，逐步形成区域大合作，将这些国家之间固有的政治关系优势、地缘毗邻优势、经济互补优势、文化相通优势转化为务实合作优势、经济持续增长优势，使欧亚各国经济联系更加紧密、相互合作更加深入、发展空间更加广阔，最终实现中国自身发展和沿线各国的共同发展与繁荣。

"一带一路"的核心内容是"五通"——政策沟通、设施联通、贸易畅通、资金融通、民心相通，以此全方位推进务实合作，促进政治互信、经济融合、文化包容。从地理范畴看，"一带一路"贯穿亚欧非大陆，东边是活跃的亚太经济圈，西边是发达的欧洲经济圈，中间广大腹地发展潜力巨大。对"一带一路"而言，重点要畅通三条线路：一是从中国经中亚、俄罗斯到欧洲；二是从中国到中亚和西亚；三是从中国到东南亚和南亚。

## 二、"一带一路"构想提出的有关背景和考虑

早在 2100 多年前，中国汉代的探险家、外交家张骞肩负和平友好使命，两次出使西域，即现在的中亚和南亚地区，开启了中国同西域各国友好交往的大门。这条商路历久弥新，逐步扩展，最终形成横贯欧亚、绵延万里的"丝绸之路"。唐朝中后期，中国经济重心转至南方，海路取代陆路成为中外贸易主通道，并随着宋元时期航海技术的突破和经济贸易空前繁荣，"海上丝绸之路"达到鼎盛时期。

千百年来，陆、海两条丝绸之路不仅给沿途各国人民带来了丝绸、瓷器、胡椒、香料等丰富的商品，同时也带来了和平与友谊。通过丝绸之路，实现了沿线各国互通互联、互学互鉴，实现了商品、技术、人员和思想的交流与交融，推动了沿线各国经济文化与社会进步，促进了不同种族、信仰、文化之间和谐相处，共享和平、共同发展，给沿途各国人民带来实实在在的利益和好处。丝绸之路留给我们的最重要精神财富和宝贵经验就是"和平合作、开放包容、互学互鉴、互利共赢"的理念。

中国改革开放取得了令世界瞩目的巨大成绩，但发展仍不平衡，特别是中国东部和中西部发展不平衡尤为突出。3 年前，中国政府决定扩大和加快内陆沿边开放，形成横贯东中西、联结南北方的对外经济走廊。同时，东部沿海地区也要发挥和扩大既有优势，进一步扩大开放，以周边为基础加快实施自由贸易区战略，与有关国家深化海洋经济合作。而中方提出的"一带一路"构想恰好涵盖了中国中西部和

沿海地区，紧扣中国区域发展战略、新型城镇化战略和对外开放战略，必将带动中国中西部发展，推动中国形成全方位的对外开放新格局。

区域一体化是经济全球化的必经阶段，亚洲区域合作方兴未艾，有力地促进了亚洲的和平发展。但要看到，亚洲区域合作与欧洲和北美相比还有不小的差距，特别是亚洲各个次区域之间发展不平衡、联系不紧密，对深化区域合作构成不小的阻碍。而"一带一路"构想恰好将中亚、南亚、东南亚、西亚等各次区域连接起来，有利于各区域间互通有无、优势互补，建立和健全亚洲供应链、产业链和价值链，使泛亚和亚欧区域合作迈上一个新台阶。"一带一路"构想既包含沿线国家间的基础设施建设，也包括该地区的体制机制创新，有利于改善区域内和各国的营商环境，有利于区域内要素有序自由流动和优化配置，有利于内陆国家和各国边远地区的开发利用，有利于各国之间削减贸易投资成本与壁垒，增强各国经济发展的动力。

所以，共建"一带一路"是跨越时空的宏伟构想，是一项造福于沿途各国人民的伟大事业，必将成为引领欧亚合作发展的重大机遇，为我们建设共同发展、共同繁荣的美好世界提供了新思路、新路径。

## 三、为什么邀请周边国家共建"一带一路"构想

首先是地缘毗邻优势。中亚、俄罗斯、南亚和东南亚国家既是古代丝绸之路上的重要国家，更是中国的友好邻邦。长期以来，大家毗邻而居，和睦相处，互通有无，形成了你中有我、我中有你的命运共同体。近年来，经过中国与周边国家的共同努力，已逐步建立起连接

亚洲各次区域以及亚欧非之间的交通运输网络，为共建"一带一路"奠定了坚实的基础。从长远看，与亚洲大陆接壤的欧洲、与俄罗斯密切相关的独联体、与阿拉伯世界相关的非洲部分国家也是"一带一路"重要的合作伙伴。

其次是政治互信优势。中国与世界关系的变化，首先体现在与邻居们关系的变化。中国长期以来坚持与邻为善、以邻为伴，坚持睦邻、安邻、富邻，积极地参与国际和周边事务，突出亲、诚、惠、容的理念，与邻居和睦相处、守望相助，一起渡过了许多难关，一起共商大事、共谋发展，博得了邻里的信任，赢得了珍贵的友谊。目前，中国已同包括俄罗斯在内的几乎所有周边国家及该地区的多边组织建立了战略伙伴关系或睦邻友好关系，以自己的方式构建起周边"伙伴关系网络"。

第三是经济互补优势。面对持续低迷的国际经济形势，中国经济不仅继续在全球独占鳌头，而且继续为世界发展提供"中国机遇"，2014年对世界经济的贡献率达到27.8%，对亚洲的贡献率更保持在50%以上。这也充分说明中国同周边国家经济的融合度之高。正因为沿线国家经济发达程度不同、经济结构各异，恰与快速发展的中国形成有益的相互补充，相互支持。此外，该地区先后建立的亚信、东盟地区论坛、亚欧会议、中日韩、中国—东盟10+1和10+3、上海合作组织、中俄印等多边机制也为本地区各国加强经济合作提供了难得的机遇和有效的平台。

第四是人文相通优势。亚欧大陆各国历史、文化、宗教均不同，但在长期友好的交往中，相互学习、相互借鉴、求同化异。作为世界上最早的文明古国之一，中国的哲学、绘画、书法、陶艺、茶艺、印染、建筑、雕刻、医学、武术、节日、饮食等均对周边国家产生了重要而深远的影响，而印度的佛教、俄罗斯的艺术、欧洲的哲学也流传到中国并深受中国人民的喜爱。近年来，中国同沿线国家先后成功举办"国家年""语言年""旅游年""友好年""文化节""电影节"等大型活动，进一步促进了各国文化交流，夯实了社会友好基础。

## 四、中俄如何在"一带一路"构想内加强合作

我在中俄关系第一线工作了40年，一直为推动中俄关系发展和深化两国务实合作而努力。我深切地感受到，共建"一带一路"是中俄双方共同利益的所在，是深化全面战略协作伙伴关系的倍增器。

历史上丝绸之路的一些路段经过俄罗斯，"万里茶道"与俄罗斯关系更深。俄罗斯是横跨欧亚大陆的世界大国，对欧亚大陆特别是中亚地区有重大和传统的影响，也是中国的好邻居、好朋友、好伙伴。同时，俄罗斯还是一个海洋强国，海底油气资源开发、海上航运、渔业产业、船舶工业等比较发达，极地和海洋科学研究处于世界领先地位，并且拥有强大的海上军事力量，可以有效保护海上航路安全，中俄两国海军在亚丁湾开展护航合作取得显著成效。毫无疑问，俄罗斯是共建"一带一路"构想最重要的国家之一。

去年年初，习近平主席出席索契冬奥会开幕式期间，中俄两国元首就讨论过这一问题。习近平主席明确表示，中方在推动"一带一路"时将重视听取俄方意见，使中方构想与俄方主导的欧亚一体化进程和

积极融入亚太政策相契合。普京总统表示，俄方对中方构想很感兴趣，希望能够找到一些合作模式，让中方项目能与俄方跨西伯利亚大铁路、贝阿大铁路等项目协同顺利运作。

时隔3个月，即2014年5月，普京总统成功访华并同习近平主席签署了《中华人民共和国与俄罗斯联邦关于全面战略协作伙伴关系新阶段的联合声明》，俄方认为中方提出的"一带一路"倡议非常重要，高度评价中方愿在制定和实施过程中考虑俄方利益。双方将寻找"一带一路"项目和将建立的欧亚经济联盟之间可行的契合点。为此，双方将继续深化两国主管部门的合作，包括在地区发展交通和基础设施方面实施共同项目。此外，两国元首还多次在多边场合会晤，就推动"一带一路"建设进行了积极而深入的探讨，我也有幸成为亲历者和见证者。

当前，中俄关系处于历史最好时期，两国政治互信不断深化，务实合作稳步前行，许多重大战略项目取得突破性进展，为双方在"一带一路"构想内展开合作打下了坚实的基础。我认为，中俄之间的一些合作项目，例如中俄油气管道、经过俄罗斯的"渝新欧"铁路、途经俄罗斯的中国西部—欧洲西部公路、中方参与俄远东和东西伯利亚开发、中俄跨界河桥梁建设和跨界河水资源利用等，都可以跟"一带一路"建设结合起来，不仅可实现自身发展，又可增添双边务实合作的亮点。从长远看，双方还可借助共建"一带一路"，进一步加强同沿线国家的经济融合，促进本国经济结构调整，提高抗击金融风险能力，增强经济发展后劲。只要中俄两国抓住共建"一带一路"的难得机遇，完成今年双边贸易额要达到1000亿美元、2020年前后达到2000亿美元的目标不是问题。

## 五、"一带一路"构想与欧亚经济联盟的关系

俄方倡议成立的欧亚经济联盟也是该地区多边合作的重要平台。联盟成员既是俄的友好邻邦和伙伴，也是中国的传统合作伙伴。所以，我认为共建"一带一路"和欧亚经济联盟不仅可以和平共处，而且可以相互协作，相得益彰，完全可以成为中俄全面战略协作伙伴关系的增长点，成为亚欧区域一体化的重要引擎。

首先，中方提出共建"一带一路"，是从国内发展和区域合作大局出发，最终实现同周边国家的共同发展。这种目标和任务决定了，共建"一带一路"不是要和欧亚经济联盟相竞争，相反，只有合作才能实现各自目标。其次，中俄是重要的战略协作伙伴，两国关系目前处于历史最好时期，政治互信水平达到了前所未有的高度。众所周知，双方已在上海合作组织内进行了有效合作，这种成功经验同样可以推动双方在共建"一带一路"、欧亚经济联盟中开展合作。第三，无论在政治、经济还是安全上，中亚地区的稳定和发展既符合中国的利益，也符合俄罗斯的利益。所以，无论是"一带一路"，还是欧亚经济联盟，都有利于带动中亚地区经济合作，促进地区稳定与发展。对中亚国家来说，不是一定要在"一带一路"构想和欧亚经济联盟之间做出非此即彼的选择。第四，欧亚经济联盟源于关税同盟，是更高一层的一体化形式，并且成员国在诸多领域已实现协调一致的政策和行动。而"一带一路"刚刚起步，显然不会对欧亚经济联盟构成威胁，更不可能替代它。

## 六、"一带一路"构想带给我们的几点深刻思考

"一带一路"构想不是简单地寻找历史遗存、重要历史故事，而是从发展经济、改善民生、应对金融危机、加快转型升级、加深文化交流的角度描绘出来的切实可行的美丽蓝图，对推进区域一体化、振兴亚洲乃至世界经济发展都具有重要的现实意义。它是一项长期的系统工程，不可能一蹴而就，需要循序渐进、由易到难、以点带面，逐步形成区域大合作，实现大家共同发展。中方欢迎相关国家献计献策，不断丰富和完善"一带一路"的构想与规划。

"一带一路"构想不是一个一体化机制，也不是什么国际或地区组织，而是一个互利合作与共同发展的倡议。如果非要做一个类比，我觉得它与过去我们常说的"南南合作"类似，它们都是一个框架性的合作倡议和理念，而非具体的合作项目。当然，这一构想的落实，最终还是要依赖千百个具体合作来充实。它开放、包容，不会画地为牢，欢迎世界各国和国际组织参与。它不刻意追求一致性，它高度灵活，富有弹性，是多元、开放的合作进程。

"一带一路"构想不是中国一家的事，而是包括俄罗斯在内各国共同的事业；不是中国一家的利益独享地带，而是包括俄罗斯在内各国的利益共享之路。绝非一些西方学者所称，中国试图通过重建"丝绸之路"来恢复历史上由中国主导建立的"朝贡制度"。中国将在"一带一路"构想中，与有关各方坚持相互尊重、多元包容的态度，通过平等协商和协作共同解决可能遇到的各种困难与问题，并循序渐进地逐步推进

和落实各项目标。

共建"一带一路"将为沿途国家创造一个共同利益最多、合作机遇最大的历史时期。我们应珍惜机遇、抓住机遇，各施所长、各尽所能，把各方面的潜能都挖掘出来，把各方面的优势都发挥出来，推动沿途各国的互利合作向更大范围、更宽领域、更高水平拓展，使建设成果更多、更公平地惠及沿途各国人民，让"一带一路"构想为沿线国家振兴与发展添砖加瓦，成为惠及沿途各国人民的和平之路、合作之路、共赢之路。

老师们，同学们！

青年人充满生机和活力，最具创新精神。经济全球化、社会信息化为青年人提供了更宽阔的舞台和更多样的选择。两国政府正在为他们提供更多的机会、搭建更广阔的平台。2015年是中俄青年友好交流年的收官之年，双方正在积极开展"百校万人"大学生交流活动，扩大互派留学生规模，使双方留学生总数到2020年达到10万人。积极促进两国青年艺术家联合展演，青年作家作品的相互翻译，青年科学家、工程师合作研发，青年政治家、运动员、医生、新闻工作者、企业家互访交流等上百项活动。

在座各位同学是俄罗斯青年一代的精英，未来将成为俄罗斯国家建设各行各业的中流砥柱，我希望你们能加强对中国的了解，加强与中国青年人的交流，加强对"一带一路"伟大构想的关注，为促进中俄世代友好，为推动中俄全面战略协作伙伴关系再上新台阶做出应有贡献。中国大使馆和我本人愿为大家认识中国、了解中国提供一切必要的支持与帮助。

谢谢大家！

# 开放自信的中国拥抱世界

## ——接受俄罗斯《劳动报》采访

### 2016 年 4 月 29 日

中国发生了翻天覆地的变化，通过自身发展改变了过去贫穷落后的面貌，越来越成为国际事务的重要参与者和积极推动者。

**记者：**中国"两会"上个月刚刚闭幕。大使先生，请您给我们读者介绍一下有关会议的精神和中国政府下一步工作的重点及您对此的理解？

**李辉：**正如你所说，第十二届全国人民代表大会第四次会议和全国政协第十二届全国委员会第四次会议刚刚胜利闭幕。会议审议通过"十三五"规划，相关内容受到国际社会广泛关注。作为全国人大代表，我有幸出席了相关会议。

2015 年中国发展面临多重困难与挑战。在以习近平同志为核心的党中央坚强领导下，中国经济社会发展稳中有进、稳中有好，完成全年主要目标。经济运行保持在合理区间，国内生产总值达到 67.7 万亿元人民币（约 10.5 万亿美元），增长 6.9%，城镇新增就业 1312 万人；

结构调整取得积极进展，服务业在国内生产总值中比重上升到 50.5%，消费对经济增长贡献率达到 66.4%，单位国内生产总值能耗下降 5.6%；发展新动能加快成长，全年新登记注册企业增长 21.6%，平均每天新增 1.2 万户；人民生活进一步改善，居民人均可支配收入实际增长 7.4%，农村贫困人口减少 1442 万人；科技创新取得新成果，第三代核电技术取得重大进展，国产 C919 大型客机总装下线，屠呦呦获得诺贝尔生理学或医学奖。这些成绩让全中国人民倍感振奋和自豪！

过去一年，中国加大改革开放力度，取消和下放 311 项行政审批事项，人民币加入国际货币基金组织特别提款权货币篮子，亚投行成立，丝路基金投入运营；推动产业创新升级，落实"互联网＋"行动计划，启动实施《中国制造 2025》，设立国家新兴产业创业投资引导基金，中小企业发展基金；促进区域协调发展和新型城镇化，推动东、中、西、东北"四大板块"协调发展，重点推进"一带一路"建设、京津冀协同发展、长江经济带发展"三大战略"；增进民生福祉，重点解决高校毕业生和就业困难群体的就业创业问题，解决城镇保障性住房 772 万套、棚户区住房改造 601 万套、农村危房改造 432 万户，全面推开县级公立医院综合改革；促进社会和谐稳定，推广电子政务和网上办事，建立重大政策落实督查问责机制，强化社会治安综合治理，依法打击各类违法犯罪活动，有力维护公共安全。

新的一年，中国将实现国内生产总值增长 6.5%—7%，居民消费价格涨幅 3% 左右，城镇新增就业 1000 万人以上，城镇登记失业率 4.5% 以内，进出口回稳向好，国际收支基本平衡，居民收入增长和经济增长基本同步。单位国内生产总值能耗下降 3.4% 以上，主要污染物排放继续减少，努力为实现"十三五"规划开好头，起好步。

未来五年，保持经济中高速增长，年均增长保持在 6.5% 以上，经济总量超过 90 万亿元人民币（约 14 万亿美元）；强化创新引领作用，加快建设质量强国、制造强国，科技进步对经济增长贡献率达到 60%；促进城乡区域协调发展，常住人口城镇化率达到 60%、户籍人口城镇化率达到 45%；高铁营业里程达到 3 万公里、覆盖 80 以上的大城市；加快改善生态环境，单位国内生产总值用水量、能耗、二氧化碳排放量分别下降 23%、15%、18%，森林覆盖率达到 23.04%，城市空气质量优良天数比率超过 80%；深化改革开放，"一带一路"建设取得重大进展，国际产能合作实现新突破，逐步构建高标准自由贸易区网络；持续增进民生福祉，贫困县全部摘帽，实现城镇新增就业 5000 万人以上，城镇棚户区住房改造 2000 万套，人均预期寿命提高 1 岁。

目标是前进的方向，行动的指南。中国人民将充满信心地走向夺取全面建成小康社会的伟大目标。同时，中国将坚定不移地走和平发展道路，愿与各国团结协作，共同促进世界的和平、稳定、发展与繁荣。

**记者：** 我们读者对中国越来越感兴趣，我们也在努力告知他们关于中国发生的大事。大使先生，您能否讲述一下中国近年来生活中哪些变化让您为自己的国家感到自豪？

**李辉：** 在过去 30 年尤其是进入 21 世纪以来，中国发生了翻天覆地的变化，通过自身发展改变了过去贫穷落后的面貌，逐渐成为国际事务的重要参与者和积极推动者。世界越来越关注中国，中国越来越融入世界。

首先，中华文明深刻地影响着世界。中华文明延续至今有5000多年历史，几千年前创造的文字至今仍在使用。2500多年前，中国就出现老子、孔子、墨子等伟大思想家，他们广泛探讨人与人、人与社会、人与自然关系的真谛，为充实人类思想宝库做出了卓越贡献。2000多年前源于中国的"丝绸之路"，连接起亚洲、非洲与欧洲，促进了沿线各国经济文化与社会发展。中国古代四大发明，即指南针、造纸术、印刷术和火药，大大推动了世界科技的进步。这些珍贵的文化遗产，让中国人充满民族自信心，也培育了以爱国主义为核心的"中国精神"。

其次，中国综合国力和影响力显著提升。中国现在是世界上发展速度最快的国家之一，也是国际舞台上最为活跃的国家之一，中国的发展与变化正对世界产生广泛而深刻的影响。作为世界第一大外汇储备国、第一大商品贸易国和第二大经济体，中国人民币被纳入国际货币基金组织特别提款权货币篮子，中国在国际金融体系中的话语权不断提高。历经30多年改革开放，中国将现代化规律和本国国情相结合，走出一条中国特色社会主义道路，并同国际社会建立起广泛联系，积极参与国际和地区事务，履行应尽的义务，为维护世界和平、稳定与发展发挥着"中国作用"。

第三，中国对世界经济增长贡献率与日俱增。中国应对全球金融危机所采取的措施，不仅对本国经济，而且对地区乃至世界经济都产生了积极影响。全球金融危机以来，中国及时调整宏观经济政策，形成了进一步扩大内需、促进经济增长的一揽子计划，取得显著成效，率先走出危机并带动世界经济逐步复苏。2007 年以来，中国对世界经济增长贡献率首次超过美国，跃居世界首位。中国倡导的共建"一带一路"伟大构想，为世界经济实现真正复苏、发展与繁荣提供了新思路、新平台。可以说，中国一直在向全世界传递着战胜金融危机的正能量与"中国信心"。

第四，中国人生活水平与幸福感大幅提升。2015 年中国人均 GDP 达到 8000 美元，较建国初期增长近 200 倍，说明中国人生活变得更加富裕，人均可支配收入大大增加。中国人口受教育程度已达 95% 以上，高等学历占到 10%，说明中国人认知世界、改变命运、提升自我的能力大大增强。广大群众关心的就业、住房、医疗、养老保险制度及公共文化服务逐步完善，使人民群众有了更多获得感。作为有着 13 亿多人口的国家，中国用几十年的时间走完发达国家几百年走过的发展历程，无疑是值得骄傲和自豪的。中国为当今多样化世界提供了真正可行的"中国模式"。

**记者**：中国政治体系的主要特点是什么？中国年轻人如何理解财富的意义？难道是周游世界？现代年轻人的思想是否会给传统的中国价值观带来冲击？

**李辉**：中国政治体系的最主要特点就是坚持中国共产党的领导、人民当家作主和依法治国，三者有机统一，相辅相成。这也是中国社会稳定、经济发展、人民权利得到保障和生活水平不断提高的根本保证。

随着中国经济快速发展，中国老百姓口袋里的钱确实越来越多了，出境旅游与购物已成为当代中国人休闲度假的一种生活方式。据中国有关部门统计，2015 年中国出境游人数达 1.2 亿，境外消费（购物加住宿旅费）1.5 万亿人民币（约 2300 亿美元），继续保持世界主要旅游消费群体称号，成为扩大世界消费供给的"经济新动力"。

中国人消费理念及生活习惯的变化是与中国传统文化紧密相连。春节是中国传统佳节，中国人喜欢在家人团聚和热闹气氛中度过。由于许多国家对中国公民签证放宽，且国际国内航班航线增加，这些都激发了中国人携家人、亲朋出境旅游和消费的热情，同时也带给世界各国节日的气氛。

**记者：放眼未来，中国社会将会怎样？未来世界又将会怎样？**

**李辉：**以习近平同志为核心的党中央已为中国未来规划出宏伟蓝图，那就是一个实现国家富强、民族振兴、人民幸福的中华民族伟大复兴梦想，即"中国梦"，具体地说就是"两个一百年"目标：一是到 2021 年，即中国共产党成立 100 年时，国内生产总值和城乡居民人均收入在 2010 年基础上翻一番，人均 GDP 预计将达到 1 万美元，全面建成惠及十几亿人口的小康社会；二是到本世纪中叶，即中华人民共和国成立 100 周年时，建成富强民主文明和谐的社会主义现代化国家。这既是中华民族奋斗的目标，也是每个中国人的梦想。我坚信，有中国共产党正确英明的领导，有中国人民自强不息的努力，"中国梦"一定会实现。

和平、合作与发展仍将是未来世界不变的主题，世界多极化、经济全球化仍将是未来世界的发展趋势。各国越来越成为你中有我、我中有你的命运共同体。中国愿同世界各国一起成为公正合理的世界新秩序参与者、建设者和捍卫者。为此，中国积极参与国际体系的重塑进程。政治上，倡导建立以合作共赢为核心的新型国际关系；安全上，秉持"共同、综合、合作和可持续"的新型安全观；经济上，提出共建"一带一路"倡议，实现沿线国家共同发展。时间会证明，中国必将为世界的和平、发展与繁荣做出贡献。

# 夯实中俄关系的社会和民意基础

## ——接受"今日俄罗斯"（RT）电视台专访

2017 年 7 月 26 日

在战争年代，中俄两国人民并肩战斗，用鲜血和生命凝成了战斗友谊，谱写了一曲曲感人的英雄赞歌，捍卫了世界和平。

**记者：** 今年将迎来十月社会主义革命 100 周年，这个纪念日对中国人来说有何重要意义？

**李辉：** 100 年前，在以列宁为首的布尔什维克党领导下，俄国人民取得了社会主义革命的伟大胜利，建立了社会主义制度，社会主义从理想变成了现实。可以说，十月革命改变了整个世界历史发展的方向，开辟了人类历史的新纪元。十月革命的胜利与第二次世界大战的胜利、中国革命的胜利一起，是二十世纪三个最伟大的历史性事件。

十月革命对中国的影响十分巨大。1840 年鸦片战争以后，中国的仁人志士经过千辛万苦，寻找救国救民的真理，多次奋斗都失败了。正当中华民族迷惘、彷徨的时候，俄国的十月社会主义革命一声炮响，给我们送来了马克思列宁主义，中国共产党从此诞生了。这是中国历史上的一件开天辟地的大事，深刻改变了中国近代以后的中华民族发展方向，深刻改变了中国人民和中华民族的前途和命运，也深刻改变了世界发展的趋势和格局。

光阴荏苒，转眼十月革命100年过去了。在中国共产党的正确领导下，中国人民既坚持科学社会主义的基本原则，又根据本国的国情和时代特点，走出了一条具有中国特色的社会主义道路。这条道路使中国人民的面貌、社会主义中国的面貌、中国共产党的面貌发生了历史性变化，给中国人民带来更多福祉，使中华民族大踏步赶上时代前进潮流、迎来今天中华民族伟大复兴的重要时刻。

当然，中国人民不会忘记，新中国成立之时，苏联是世界上第一个承认中华人民共和国的国家，也是第一个与中国建立外交关系的国家。在社会主义建设初期，苏联给我们提供了大量的设备、技术和专家。在战争年代，中俄两国人民并肩战斗，用鲜血和生命凝成了战斗友谊，谱写了一曲曲感人的英雄赞歌，共同粉碎了德意日法西斯的图谋，捍卫了世界和平，赢得了世界人民的尊重。

**记者**：听说，大使先生是中国全国人大代表，您可否给我们介绍一下今年"两会"有关精神和中国政府下一步工作重点？

**李辉**：众所周知，第十二届全国人民代表大会第五次会议和全国政协第十二届全国委员会第五次会议刚刚在上个月闭幕，会议通过的相关内容受到国际社会广泛关注。作为全国人大代表，我有幸出席了相关会议，愿与大家一起分享我的理解与感受。

2016年，在以习近平同志为核心的党中央坚强领导下，中国经济社会持续健康发展。全年经济社会发展主要目标任务圆满完成，中国经济运行缓中趋稳、稳中向好，国内生产总值达到 74.4 万亿元，增长 6.7%，对全球经济增长的贡献率超过 30%，城镇新增就业 1314 万人。重要领域和关键环节改革取得突破性进展，供给侧结构性改革初见成效，对外开放推出新举措，"一带一路"建设进展快速，一批重大工程和国际产能合作项目落地。经济结构加快调整，服务业增加值占国内生产总值比重上升到 51.6%。发展新动能不断增强，全年新登记企业增长 24.5%，平均每天新增 1.5 万户。人民生活继续改善，全国居民人均可支配收入实际增长 6.3%。农村贫困人口减少 1240 万。这些成绩让中国人民倍感振奋和自豪！

过去一年，中国大力推动产业创新升级，深入推进"互联网+"行动和国家大数据战略。深入实施"一带一路"建设、京津冀协同发展、长江经济带发展三大战略，编制西部大开发"十三五"规划，实施新一轮东北振兴战略。加强生态文明建设，强化大气污染治理，增进民生福祉，全面推进脱贫攻坚，促进社会和谐稳定，推进政务公开，强化社会治安综合治理，依法打击各类违法犯罪活动，有力维护公共安全。

2017 年，"逆全球化"思潮和保护主义倾向抬头，主要经济体政策走向及外溢效应变数较大，不稳定不确定因素明显增加。中国发展处在爬坡过坎的关键阶段。新的一年，中国国内生产总值预计增长 6.5% 左右，居民消费价格涨幅 3% 左右，城镇新增就业 1100 万人以上，城镇登记失业率 4.5% 以内。中国人民将充满信心地走向夺取全面建成小康社会的伟大目标。同时，中国将坚定不移地走和平发展道路，愿与各国团结协作，共同促进世界的和平、稳定、发展与繁荣。

**记者：**您认为中国社会主义体制的力量源泉在哪里？中国共产党成功领导中国走向 21 世纪的秘诀是什么？

**李辉：**邓小平同志曾说过："群众是我们力量的源泉，群众路线和群众观点是我们的传家宝。"中国共产党之所以能在旧中国各种政治力量的长期斗争和反复较量中胜出，从一个只有 50 多人的小组织成长为一个拥有 8800 多万党员的执政党，团结并带领 13 亿多中国人民取得经济、社会发展举世瞩目的巨大成就，最重要的原因就是我们党始终坚守人民立场，把人民放在心中最高位置，全心全意为人民服务，从广大人民群众中汲取力量。

中共十八大以来，习近平主席多次强调中国共产党人要站稳人民立场。他指出，人民立场是中国共产党的根本政治立场，是马克思主义政党区别于其他政党的显著标志。"得众则得国，失众则失国"，民心是最大的政治，中国共产党人始终把党同人民群众的关系放在关系党和国家前途命运的高度来认识。坚持群众是真正英雄的历史唯物主义观点，在任何时候任何情况下，始终与人民同呼吸共命运，全心全意为人民服务，这就是中国共产党的成功之道。

**记者：**"中国梦"这一概念虽已在俄罗斯家喻户晓，但如何正确理解这一个概念还是非常有难度的。请您详细介绍一下"中国梦"的具体含义和内容，对每个中国人来说有什么样的重要意义？

**李辉：**实现中华民族伟大复兴，是近代以来中国人民最伟大的梦想，我们称之为"中国梦"。核心含义可以概括为"两个一百年"的目标，即到 2021 年中国共产党成立 100 周年时，中国全面建成小康社会，到 2049 年中华人民共和国成立 100 周年时，最终顺利实现中华民族的伟大复兴，具体表现是国家富强、民族振兴、人民幸福。

"中国梦"的最大特点就是把国家、民族和个人作为一个命运的共同体，把国家利益、民族利益和每个人的具体利益都紧紧地联系在一起。"中国梦"首先是13亿中国人民的共同梦想。回顾历史，我们中国人深深地意识到，中国人的梦必须跟自己的国家强盛、民族强盛紧密联系起来，只有"中国梦"实现了，"个人梦"才会有坚实的土地，"个人梦"才有真正实现的可能。

与此同时，"中国梦"也要依靠每个中国人的不懈拼搏和艰苦努力去实现，只有每个中国人把个人的命运与国家民族的命运紧紧联系在一起，把个人梦想与中国梦想紧紧联系在一起，把个人利益融入国家利益、把个人梦想融入国家梦想，"中国梦"才会真正实现。

当然，"中国梦"的实现也离不开稳定和谐的周边环境，需要相互支持的睦邻伙伴，这决定了中国必须坚定不移地走和平发展的道路，奉行"与邻为善、以邻为伴"的睦邻友好政策，同周边国家一道，共同致力于构建和平安全、合作共赢、共同繁荣的和谐地区。

中俄互为最大邻国，是好邻居、好伙伴、好朋友，在治国理念上有着许多相似之处，均把国家繁荣强盛、人民幸福安康作为发展目标，均致力于多极化、国际关系民主化，反对各种形式的霸权主义，维护世界和地区的和平与稳定。我深信，中俄全面战略协作伙伴关系具有广阔的发展前景。

# 中国发展新时代和中俄关系新前景

## ——在"从中共十九大成果看中俄关系"研讨会上的演讲

### 2017年11月17日

习近平新时代中国特色社会主义思想是马克思主义中国化的最新理论成果，是中国特色社会主义理论体系的重要组成部分，也是推动实现中华民族伟大复兴中国梦的指导思想和行动指南。

尊敬的伊万诺夫主席，

尊敬的俄罗斯国际事务委员会各位成员，

女士们、先生们、朋友们：

感谢伊万诺夫主席倡议和委员会精心组织这次研讨会，让我和中方同事们有机会同俄方朋友就中国共产党第十九次全国代表大会成功举行及其影响、新时代中国发展和中俄关系新前景交换看法。

中共十九大是在中国发展关键时期召开的一次重要大会，对中国共产党、中国、中华民族都具有极其重大而深远的意义。习近平总书记所作报告是这次会议的最重要议程之一。他总结了过去五年中国发展建设取得的历史性成就和发生的历史性变革，就推进党和国家建设作出战略部署，开启了中国共产党带领中国人民全面建设社会主义现代化强国的新征程。作为大会的亲历者，我很高兴同大家分享我的体会。这次大会成果丰硕，令人振奋，代表们精神抖擞，围绕十九大报告深入务实研讨，就治国理政的方方面面碰撞出很多思想火花，体现出对党和国家未来发展充满信心，对立即投入下一阶段奋斗充满激情。

这次大会的重要成果和深远影响可以概括为四个"新"，即开启新时代，确立新思想，描绘新蓝图，体现新担当。

**第一，中国特色社会主义进入新时代。**

这是中共十九大作出的重大政治判断。这一判断明确了中国发展新的历史方位，也是中国共产党制定大政方针和行动纲领的根本依据。怎么理解这个"新时代"？新时代，就是要在新的历史条件下继续推进中国特色社会主义事业。2012年中共十八大以来的五年中，中国的改革开放和现代化建设事业取得辉煌成就，党和国家发生了巨大变革。站在新的历史起点上，中共十九大明确了党面临的新形势、新任务、新挑战，向中国和世界宣示了新时代所肩负的历史使命。

——在这个新时代，中国共产党将带领中国人民实现"两个一百年"奋斗目标，实现中华民族伟大复兴的中国梦。"两个一百年"目标，就是要在2020年中国共产党建党100年之际全面建成小康社会；到本世纪中叶中华人民共和国成立100周年之际全面建成社会主义现代化强国。从世界发展史来看，中国要在1949年至2050年用100年时间走完发达国家300年走过的现代化路程，这种转变在速度、规模和难度上都将是超乎寻常的。当然，这对我们也是艰巨的任务。

——在这个新时代，中国共产党将带领中国人民不断创造更美好的生活。当今中国社会的主要矛盾已经转变为人民日益增长的美好生活需要和不平衡不充分的发展之间的矛盾。这是中共十九大作出的重要结论。一方面，改革开放近40年来，过去长期存在的短缺经济和供给不足状况已经发生根本性转变，但发展不平衡不充分的问题仍十分突出。另一方面，随着人民生活水平不断提高，不仅对物质文化生活提出了更高要求，而且在民主、法治、公平、正义、安全、环境等方面的要求日益增长。社会主要矛盾变了，必然对发展提出许多新任务新要求。中国共产党将继续顺应人民新期待，不断增强人民获得感、幸福感、安全感，更好推动人的全面发展、社会全面进步。

——在这个新时代，中国从来没有像今天这样接近世界舞台的中央，从来没有像今天这样全面参与国际上的各种事务，也从来没有像今天这样承担着维护世界和平与发展的重要责任。实现中国梦离不开和平的国际环境和稳定的国际秩序。中国共产党领导下的中国将始终做世界和平的建设者、全球发展的贡献者、国际秩序的维护者，为世界和平与发展、人类繁荣与进步作出更大贡献。

第二，中国共产党确立了新的指导思想。

中国共产党坚持在实践中不断丰富和发展马克思主义，不断探索坚持和发展中国特色社会主义的新理念、新思想、新战略。中共十九大对习近平总书记治国理政新理念新思想新战略进行了全面概括和综合提炼，习近平新时代中国特色社会主义思想作为十八大以来党的理论创新成果写进党章。这是中国共产党指导思想的又一次与时俱进，也是中共十九大对本党发展的一个重大历史贡献。

　　习近平新时代中国特色社会主义思想内涵十分丰富，涵盖了坚持党的领导和全面从严治党，以及在经济、政治、文化、社会、生态文明建设、维护国家安全、国防和军队、对外战略等方方面面的目标和要求，成为进一步推进党和国家事业的行动纲领。

　　习近平新时代中国特色社会主义思想表现出完整系统的理论特征：一是强调继承性，即吸收中华民族传统文化精髓，并同改革开放以来形成的中国特色社会主义理论体系相衔接。二是强调创新性，即聚焦中国发展目标，直面困难和挑战，着力探索发展新理念新思想新战略。三是强调人民性，即不忘共产党人初心，始终把人民对美好生活的向往作为奋斗目标，把改善人民生活、增进人民福祉作为发展的出发点和落脚点。四是强调科学性，即坚持一切从实际出发，破除一切不合时宜的思想观念和体制机制弊端，探索共产党执政规律、社会主义建设规律、人类社会发展规律，按照客观规律谋划事业的发展。

　　习近平新时代中国特色社会主义思想是马克思主义中国化的最新理论成果，是中国特色社会主义理论体系的重要组成部分，也是推动实现中华民族伟大复兴中国梦的指导思想和行动指南。

　　第三，中国发展将展开新的宏伟蓝图。

　　首先，到 2020 年全面建成小康社会。实现这一目标有很多有利条件。中国经济保持平稳健康发展，2013 年至 2016 年国内生产总值年均增长 7.2%，对世界经济增长的贡献率超过 30%，居民收入年均增长 7.4%，农村贫困人口不断减少；随着改革的不断深化，中国经济结构更加合理，绿色发展理念更加深入人心；中国对外开放不断深入，2016 年货物贸易进出口总值达到 3.68 万亿美元，利用外资 1260 亿美元，对外直接投资 1701 亿美元，年末外汇储备达到 3 万亿美元，均居世界前列。与此同时，中国也面临一些短板弱项，包括发展质量和效益以及创新能力不足，金融风险有所积聚；中国目前仍有 4000 多万农村贫困人口，城乡区域发展和收入分配差距依然较大，群众在就业、教育、医疗、居住、养老等方面面临不少难题；生态环境保护任重道远，治理高能耗高污染行业、淘汰过剩落后产能需要长期艰苦努力。所以，全面建成小康社会不仅仅是经济上达到量化指标，用习近平总书记的话说，是要得到人民的认可，要经得起历史的检验。

之后，到 2035 年基本实现社会主义现代化。邓小平同志 20 世纪 80 年代提出，中国到 21 世纪中叶基本实现现代化。中共十九大将原定的奋斗目标提前了 15 年。根据新形势制定体现更高要求的奋斗目标是必要的，也是可行的。从发展条件看，2016 年中国国内生产总值约合 11.2 万亿美元，人均约合 8126 美元，达到中等偏上收入国家水平。按照到 2020 年国内生产总值年均增长 6.5%，从 2021 年到 2035 年年均增长 5%、价格指数 2%、假定汇率不变测算，到 2035 年中国国内生产总值将达 43.6 万亿美元，人均 3 万美元，达到中等发达国家水平。

再之后，到本世纪中叶把中国建成富强民主文明和谐美丽的社会主义现代化强国。这一目标，从物质文明、政治文明、精神文明、社会文明、生态文明等五个方面规划了发展方向，描绘了美好愿景。

值得一提的是，除了强调发展的质量和社会公平，党的十九大报告首次把"美丽中国"作为社会主义现代化的一个标准，把"人与自然和谐共生"作为发展的基本方略之一，充分表明中国将建设生态文明看作中华民族永续发展的千年大计，将大力发展绿色经济，着力解决突出环境问题，加大生态保护力度，改革生态环境监管体制，推动形成人与自然和谐发展的现代化建设新格局。

**第四，中国将向世界展现新的大国担当。**

中国始终不渝走和平发展道路，决不会以牺牲别国利益为代价来发展自己，也决不放弃自己的正当权益。无论发展到什么程度，永远不称霸，永远不搞扩张。中国始终恪守维护世界和平、促进共同发展的外交政策宗旨，以其外交政策原则性、稳定性对冲当今世界各种不确定性，成为世界和平的"压舱石"和国际形势演变中的"稳定器"。中国致力于建设相互尊重、公平正义、合作共赢的新型国际关系，倡导各国人民同心协力建设持久和平、普遍安全、共同繁荣、开放包容、清洁美丽的世界，努力实现构建人类命运共同体的共同梦想。

中国将为世界和平与发展作出的新贡献包括：

——积极发展全球伙伴关系。中国把建立伙伴关系确定为国家间交往的指导原则，迄今已同 100 个左右国家和国际组织建立不同形式的伙伴关系。中国将继续在相互尊重、平等协商原则基础上，走对话而不对抗、结伴而不结盟的国与国交往新路，同世界各国开展友好合作。

——大力推进"一带一路"国际合作。"一带一路"倡议提出 4 年来，取得 270 多项具体合作成果，成为推动国际合作的新平台和实现经济全球化再平衡的有效途径。今年 5 月，"一带一路"国际合作高峰论坛制定多项行动计划，把"一带一路"的宏伟蓝图转化为更为清晰的路线图。中方宣布向丝路基金增资等投融资举措，建设科技、环保等领域综合性服务平台，为"一带一路"建设长远发展提供了有力支撑。

高峰论坛开启了"一带一路"建设全面推进的新阶段。中方将以此为契机，同各方进一步加强政策协调和发展战略对接，推动各项行动计划和合作项目落地生根。包括加强同欧亚经济联盟等的深入对接，继续推进中蒙俄、新亚欧大陆桥等经济走廊和大项目建设，推进跨国互联互通。深入开展国际产能和装备制造合作，提高贸易投资合作水平，打造更多产业带、增长极和经济圈。在理论政策、经济金融、体制机制、安全保障等层面加大投入，构建"一带一路"建设全方位支撑体系，为实现各国共同发展增添新动力。

——积极参与全球治理体系改革和建设。中国将继续坚定维护联合国权威，支持联合国在国际事务中发挥更大作用；支持二十国集团、亚太经合组织、上海合作组织、金砖国家机制等发挥更大作用，推动亚信、东亚峰会、东盟地区论坛等加强机制建设；推动亚洲基础设施投资银行、丝路基金、金砖国家新开发银行等机制为完善全球治理作出更多贡献；切实履行联合国安理会常任理事国责任，积极参与国际和地区热点问题处理，积极推进联合国2030年可持续发展议程，合作应对恐怖主义、气候变化、传染性疾病等非传统安全问题，推动各国携手共建人类美好家园。

——推动经济全球化健康发展。世界经济增长动能依旧不足，世界范围内保守主义和孤立主义倾向抬头，逆全球化暗流涌动，国际社会对经济全球化走向和未来前景感到迷茫，希望听到中国声音，看到中国方向。

中国作为世界经济增长的主要引擎之一，将坚持对外开放的基本国策，以自身发展为世界各国可持续发展注入源源不断的强大动力。

未来 15 年，中国市场将进一步扩大，发展将更加全面。预计将进口 24 万亿美元商品，吸收 2 万亿美元境外直接投资，对外投资总额将达到 2 万亿美元，这将为世界各国提供更广阔市场、更充足资本、更丰富产品、更多合作契机。2018 年 11 月，中国将在上海举办首届中国国际进口博览会，这将为各方开辟中国市场搭建新平台。

中国将更加主动地参与和引导经济全球化，积极推动地区经济一体化和区域合作，推进亚太自由贸易区建设和区域全面经济伙伴关系协定谈判，构建面向全球的自贸区网络，维护多边贸易体制主渠道地位，促进国际贸易和投资便利化自由化，推动构建开放型世界经济，推动全球化朝着更加开放、包容、普惠、平衡、共赢的方向发展。

女士们、先生们，

中共十九大开启了中国的新时代、新征程，也为中俄关系发展带来了新前景、新机遇。

中俄全面战略协作伙伴关系是世界上最重要的一组双边关系，更是最好的一组大国关系。中俄坚定支持对方维护本国主权、安全、领土完整等核心利益的努力，坚定支持对方走符合本国国情的发展道路，坚定支持对方发展振兴，坚定将对方作为主要优先合作伙伴并互相提供重要发展机遇，坚定与对方共同推动国际秩序和国际体系朝公正合理方向发展。正如普京总统所说，中俄关系是当今世界大国关系的典范。

中共十九大将推动构建人类命运共同体确立为中国外交的新使命。中国视俄罗斯为构建人类命运共同体最主要、最重要战略协作伙伴。

——保持中俄关系高水平运行，是中国发展全球伙伴关系、推进大国协调和合作、贯彻周边外交方针的重要体现。俄罗斯在中国外交全局中始终占有举足轻重的地位。2013 年以来，中俄两国元首举行 20 余次会晤，互致信函 50 余次，普京总统成为习近平主席交往最密切的大国领导人，两国元首也成为推心置腹、相互信赖的朋友，共同设计和引领两国关系发展。中国在全球有 100 个左右各种形式的伙伴，但全面战略协作伙伴只有俄罗斯一家。中国与世界各国建有各种合作机制，但做到元首、政府、议会、军队、执政党、中共中央办公厅和俄总统办公厅、地方、人民团体等合作机制全覆盖的也只有俄罗斯一家。无论国际风云如何变幻，中方视俄方为外交优先方向的方针不会动摇，深化中俄关系的决心不会改变，坚持中俄世代友好的民意不会逆转，相互照顾彼此利益和关切的实践不会偏移。中俄关系的高水平和特殊性将体现在方方面面。

——深化中俄务实合作，是推进"一带一路"重大倡议的具体行动。俄罗斯是"一带一路"倡议的积极支持者、重要参与者和关键合作伙伴。在中俄双方共同努力下，双多边对接合作取得显著成果。一是贸易投资双增长。今年 1—10 月，中俄双边贸易额达到 680.5 亿美元，同比增长 21.3%，回升势头明显。双方农产品贸易、跨境电商、高新技术研发、中小企业合作不断推进，打造了务实合作新增长点。双方贸易结构不断优化，机电产品、高附加值产品贸易比重上升。前三季度，中国对俄直接投资增长 34.1%，在中国对主要经济体投资中名列前茅。两国政府确定了投资合作第四轮 73 个重点项目。两国政府和金融机构商定建立多个合作基金。俄央行在中国开设代表处，俄罗斯人民币清算中心在莫斯科启动。二是基础设施建设和大项目合作双推进。中俄东线天然气管道工程进展顺利。中方不仅增加了自俄进口能源规模，还将在此基础上扩大合作，中俄正在传统能源领域构建长期、全面的能源伙伴关系。连接中国东北地区和俄远东地区的跨境铁路、公路桥梁建设，"滨海1号""滨海2号"国际运输走廊建设稳步推进。中俄远程宽体客机合资公司注册成立。源源不断的大项目合作赋予了中俄务实合作战略内涵。三是贸易协定和伙伴关系双促进。不久前，中方与欧亚经济联盟实质性结束《中国和欧亚经济联盟经贸合作协议》谈判，朝贸易投资便利化自由化迈出一大步，朝自贸区建设迈出了第一步。中方高度重视并积极支持普京总统提出的"欧亚伙伴关系"倡议，中俄将在开放、透明和考虑彼此利益的基础上，为推动地区一体化进程，继续就构建"欧亚经济伙伴关系"制定相关措施。双方已启动《欧亚经济伙伴关系协定》的联合可研。中俄双方倡议的提出及其对接合作为整个欧亚地区乃至国际社会打造了合作新平台，增添了共同发展新动力。

——加强中俄战略协作，是构建相互尊重、公平正义、合作共赢新型国际关系的重要内容。中俄双方全球治理观相近，在国际事务中密切协作，成为维护世界和平稳定的"压舱石"。中俄共同倡导国际关系民主化，坚持国家之间一律平等，坚持联合国发挥积极作用，支持扩大发展中国家在国际事务中的代表性和发言权。中俄致力于维护国际和地区和平、安全与稳定，主张以对话解决争端、以协商化解分歧，摒弃集团政治、零和博弈的冷战思维。中俄在二十国集团、亚太经合组织、金砖国家、上海合作组织、东亚合作等系列重要多边机制中密切沟通，支持建设开放、包容、普惠、平衡、共赢的世界经济和多边贸易体制，参与完善全球治理，共同加强打击恐怖主义、应对网络安全、气候变化等全球性问题的国际协作，体现出负责任的大国担当。以合作共赢为核心的新型国际关系，适应了世界多极化发展的历史潮流，彰显了重大的世界意义和全球价值，赢得了世界广大国家的支持和认同。

——加强中俄人文交流，是保障世界文明多样性的重要力量。近年来，中俄联合举办了"国家年""语言年""旅游年""青年友好交流年""媒体交流年"大型国家级活动，巩固了两国关系发展的社会和民意基础。中国和俄罗斯彼此成为对方民众心目中最友好的国家之一。中俄人员往来每年超过 300 万人次，互派留学和交流人员每年超过 8 万人次，这一数字还将不断上升。中俄关系的成功发展，为国际社会提供了文明交流超越文明隔阂、文明互鉴超越文明冲突、文明共存超越文明优越的最好范例。

女士们、先生们、朋友们，

中俄关系站在新起点，面临新机遇。展望未来，在中俄元首战略引领下，中方将深入贯彻习近平新时代中国特色社会主义思想，秉持《中俄睦邻友好合作条约》的原则和精神，推动中俄全面战略协作伙伴关系以更加扎实、稳健、自信的步伐向更高水平迈进。中国大使馆将与俄方同事们保持密切联系，共同探讨在新的历史时期提升中俄关系水平的新增长点，我们愿意听取俄方同事们的各种建议和方案。

谢谢大家！

# 改革开放四十年　携手世贸再出发

2018 年 11 月 2 日

> 世界期待各国秉承开放、包容、合作、共赢的精神，进一步打开合作之门、开放之门、发展之门，让经济全球化的果实真正惠及全球。

2018 年是中国改革开放 40 周年，也是中国加入世界贸易组织（WTO）17 周年。习近平总书记指出："改革开放是中国和世界共同发展进步的伟大历程。"加入 WTO 以来，中国与世界的关系日益密切、不断加深，成为改革开放的生动实践。经过 17 年的不懈努力，中国已然成为全球经济体系中一颗耀眼的新星，不仅实现了自身经济和贸易体量的双增长，也成为全球经济稳定的"压舱石"，增进了全球福祉。可以说，中国入世的 17 年，是中国发展最快、最好的 17 年，也是与世界分享繁荣、实现共赢的 17 年。

## 一、言出必行，切实履行加入世贸的承诺

中国自加入 WTO 以来，积极按照入世承诺，履行在多边贸易体制框架下的义务，充分展示了负责任发展中大国的诚信、守信形象。在履行货物贸易领域开放承诺方面，中国大幅降低进口关税，显著削减非关税壁垒，全面放开外贸经营权。截至 2010 年，中国货物降税承诺全部履行完毕，关税总水平由 2001 年的 15.3% 降至 9.8%。民营企业和外商投资企业进出口占全国进出口总额的比重由 2001 年的 57.5% 上升到 2017 年的 83.7%。在履行服务贸易领域开放承诺方面，中国广泛开放服务市场并持续减少限制措施。中国服务业吸引外商直接投资额于 2010 年首次超过了制造业，2017 年吸引外商直接投资额占比达到 73%。在履行知识产权保护承诺方面，中国构建了符合世贸组织规则和中国国情的知识产权法律体系，持续加强知识产权保护执法力度。2017 年，中国对外支付知识产权费达 286 亿美元；中国发明专利申请量达 138.2 万件，连续 7 年居世界首位；中国通过《专利合作条约》提交的专利申请受理量达 5.1 万件，仅次于美国，居全球第二位。在履行透明度义务方面，全面履行世贸组织通报义务，提交的通报已达上千份，涉及诸多领域。此外，中国自入世后始终坚持社会主义市场经济体制改革方向，加快产业结构调整和技术创新，汽车产业在阵痛中进行调整，农业也为履行入世承诺付出了巨大努力。

## 二、紧跟潮流，坚定支持多边贸易体制

以世贸组织为核心的多边贸易体制是当今国际贸易的基石，为推动全球贸易发展、建设开放型世界经济发挥了中流砥柱作用。加入世贸组织以来，中国始终坚定支持多边贸易体制，全面参与世贸组织各项工作，推动世贸组织更加重视发展中成员的关切，反对单边主义和贸易保护主义，维护多边贸易体制的权威性和有效性，与各成员共同推动世贸组织在经济全球化进程中发挥更大作用。一是积极推进贸易投资自由化便利化。全面参与多哈回合各项议题谈判，积极推动诸边贸易自由化进程，有力促进世贸组织新议题讨论，切实履行《贸易便利化协定》。二是积极维护争端解决机制有效运转，妥善处理与其他成员的贸易纠纷。截至 2018 年 4 月，中国在世贸组织起诉案件 17 项，已结案 8 项；被诉案件 27 项，已结案 23 项。三是高度重视并深度参与贸易政策审议，不仅认真接受成员的贸易政策监督，还敦促其他成员遵守多边贸易协定。中国接受世贸组织 7 次审议，参与世贸组织对其他成员审议近 300 次。四是作为世界最大的发展中国家，全力支持发展中国家融入多边贸易体制。2011 年，中国设立"最不发达国家及加入世贸组织中国项目"，已帮助 6 个最不发达国家加入世贸组织。截至 2018 年 3 月，已对 36 个建交且已完成换文手续的最不发达国家 97% 税目产品实施零关税。五是旗帜鲜明地反对单边主义和贸易保护主义，倡导通过加强合作、平等对话、协商谈判来解决国际贸易中出现的各类纠纷和问题。

### 三、把握机遇，与世界实现互利共赢

17 年来，中国深度拥抱世界，融入全球经济。得益于入世红利，中国已成为世界第二大经济体、第一贸易大国、第二大对外投资国。世界也因中国而精彩，中国入世后的贡献国际社会有目共睹。自 2002 年以来，中国对世界经济增长的平均贡献率接近 30%，成为拉动世界经济复苏和增长的重要引擎。中国对外贸易的持续发展，不仅惠及了 13 亿多中国人民，也给世界各国人民带来了实实在在的利益。中国是 120 多个国家和地区的主要贸易伙伴，货物贸易出口为全球企业和民众提供了物美价优的商品，货物贸易进口额年均增长 13.5%，已成为全球第二大进口国。中国积极吸引外国机构和个人来华投资兴业，外商直接投资规模从 1992 年起连续 26 年居发展中国家首位。中国对外投资合作持续健康规范发展，对外直接投资年度流量全球排名从加入世贸组织之初的第 26 位上升至 2017 年的第 3 位。中方提出的"一带一路"倡议正成为当今世界规模最大的国际合作平台和最受欢迎的国际公共产品，80 多个国家和国际组织同中国签署了合作协议。截至 2017 年底，中国企业在有关国家建设 75 个境外经贸合作区，上缴东道国税费超过 16 亿美元，为当地创造了 22 万个就业岗位。今年起，中国还将在 3 年内向参与"一带一路"建设的发展中国家和国际组织提供 600 亿元人民币援助，建设更多民生项目。

## 四、敞开胸襟，推动更高水平对外开放

改革开放是中国根据自身国情作出的战略选择，翻开了中国历史新篇章。加入 WTO 是中国改革开放进程中的重要事件，标志着中国对外开放进入到一个新的阶段。中国在各个方面都充分履行了入世承诺，但中国的对外开放不会止步于此。从党的十八大提出的"加快形成更高水平对外开放新格局"到十九大之"推动形成全面开放新格局"，中国给自己设定了提高开放水平、拓宽开放领域、扩大开放规模、提高开放质量等一系列目标任务。2018 年政府工作报告指出，"中国将进一步拓展开放范围和层次，完善开放结构布局和体制机制，以高水平开放推动高质量发展。"习近平主席在博鳌亚洲论坛 2018 年年会开幕式上强调，"开放带来进步，封闭必然落后；中国开放的大门不会关闭，只会越开越大！"站在改革开放 40 周年的新起点上，中国将进一步顺应时代发展潮流和世界发展大势，促进贸易平衡发展，提高贸易便利化水平，大幅放宽外商投资准入，营造更有吸引力的投资环境，规范引导企业对外投资，以更广范围、更大力度、更高水平的对外开放促进全球共同发展，与各国构建利益高度融合、彼此相互依存的命运共同体。

当前，世界经济复苏的基础并不牢固，霸权主义、单边主义和贸易保护主义抬头，不安定不确定不稳定因素依然突出，世界期待各国秉承开放、包容、合作、共赢的精神，进一步打开合作之门、开放之门、发展之门，推动自由贸易和多边贸易体制，让经济全球化的果实

真正惠及全球。作为当今世界第二大经济体，中国将进一步顺应时代发展潮流和世界发展大势，继续发挥负责任的大国作用，为世界和平稳定和人类繁荣幸福作出积极贡献。

本文 2018 年 11 月 2 日刊登在俄罗斯塔斯社

# 我们都有一个家，名字叫中国

2019 年 1 月 18 日

> 两岸同胞血脉相连、手足情深，命运相连、荣辱与共。"中国梦"的本质就是中国人的"家国"情怀，一个都不能少。

在今年 1 月 2 日纪念《告台湾同胞书》发表 40 周年大会上，中共中央总书记、国家主席、中央军委主席习近平发表重要讲话，开创性提出"携手推动民族复兴，实现和平统一目标；探索'两制'台湾方案，丰富和平统一实践；坚持一个中国原则，维护和平统一前景；深化两岸融合发展，夯实和平统一基础；实现同胞心灵契合，增进和平统一认同"的五项主张，发出了"祖国必须统一，也必然统一"的时代最强音。习近平总书记的讲话掷地有声、振奋人心，富有战略性、前瞻性、指导性，展现出完成祖国和平统一大业的坚强决心，释放了对台湾同胞更大的信心、更真挚的诚意、更明确的承诺以及更有力的号召。40 年前，全国人民代表大会常务委员会发表《告台湾同胞书》，郑重宣示在新的历史条件下争取祖国和平统一的大政方针及一系列政策主张。这是对台工作和两岸关系进程中具有里程碑意义的大事，揭开了两岸关系发展新篇章。40 年来，中国共产党和中国政府采取了一系列积极举措，推动两岸人员往来和各领域的交流与合作。两岸同胞隔绝状态被打破，两岸全面、直接、双向"三通"迈出了历史性步伐。1988 年至 2018 年，两岸人员往来总计达 1.34 亿人次，两岸贸易总额累计约 2.6 万亿美元，大陆累计批准台商投资项目 10.5 万个，大陆长期以来是台湾最大出口市场、最大贸易顺差来源地和最大岛外投资目的地。所以说，中国共产党代表了中国最广大人民的利益，从实际出发，从民族大义出发，从两岸同胞福祉出发，以实际行动促进两岸各领域多方位交流，为祖国和平统一创造条件。

70 年前，中国共产党带领全国各族人民前赴后继，顽强拼搏，建立了新中国。作为中华民族的炎黄子孙，台湾同胞始终是中华民族实现从贫到富、从弱到强的一支不可或缺的重要力量。《告台湾同胞书》发表 40 周年，也是中国大陆改革开放的 40 周年。改革开放的伟大成就离不开包括台湾同胞在内的海峡两岸中国人民的艰苦奋斗。如今，我们两岸同胞一起共享改革开放的胜利成果，台湾同胞在大陆学习、创业、就业、生活得到稳定保障，拥有更多"获得感"。同样，实现中华民族伟大复兴的"中国梦"也需要海峡两岸中华儿女的共同推动。两岸同胞血脉相连、手足情深，命运相连、荣辱与共。"中国梦"的本质就是中国人的"家国"情怀，一个都不能少。

党的十八大以来，以习近平同志为核心的党中央统筹国际国内大局，准确把握两岸关系发展大势，提出了许多富有创见的新理念新举措。习近平总书记在党的十八大报告中指出，"在新的征程上，我们的责任更大、担子更重，必须以更加坚定的信念、更加顽强的努力，继续实现推进现代化建设、完成祖国统一、维护世界和平与促进共同发展这三大历史任务。"习近平总书记在党的十九大报告中指出，"解决台湾问题、实现祖国完全统一，是全体中华儿女共同愿望，是中华民族根本利益所在。"因此，巩固和深化两岸关系和平发展，为实现祖国统一创造积极条件，是实现"两个一百年"奋斗目标的重要组成部分。

当今世界，和平与发展是时代主题。中国奉行独立自主的和平外交政策，与各国共同推动构建新型国际关系和人类命运共同体。作为大国和睦共处的典范，中俄在涉及彼此核心利益的重大问题上相互坚定支持。俄方对台湾问题的一贯立场已写入《中俄睦邻友好合作条约》。俄方承认，世界上只有一个中国，中华人民共和国政府是代表全中国的唯一合法政府，台湾是中国不可分割的一部分，俄方反对任何形式的台湾独立。国际社会也普遍承认和接受一个中国原则。我们坚信，只要全体中华儿女抓住前所未有的时代机遇、顺应大势，积极主动融入国家发展大局，共担民族复兴的历史责任，将命运牢牢掌握在自己手中，一定能共创中华民族伟大复兴的美好未来。

本文 2019 年 1 月 18 日刊登在俄罗斯《劳动报》

# 以更加开放的心态拥抱世界

## 2019 年 1 月 29 日

中国的发展是全球化进程中的成功故事，中国参与经济全球化不仅造福了 13 亿多中国人民，也推动着世界经济实现繁荣稳定和可持续发展。

中国特色社会主义进入新时代是中国共产党第十九次代表大会作出的重大政治判断，对于中国共产党和国家事业发展都具有重大而深远的意义。在贯彻落实党的十九大精神的开局之年，在中国改革开放 40 周年之际，中国向世界发出了进一步推进改革开放的时代最强音，世界也因此迎来了更多的"中国机遇"。

当前，世界经济复苏的基础并不牢固，霸权主义、单边主义和贸易保护主义抬头，不安定不确定不稳定因素依然突出，世界期待各国秉承开放、包容、合作、共赢的精神，进一步打开合作之门、开放之门、发展之门，推动自由贸易和多边贸易体制，让经济全球化的果实真正惠及全球。作为当今世界第二大经济体，中国将进一步顺应时代发展潮流和世界发展大势，继续发挥负责任的大国作用，为世界和平稳定和人类繁荣幸福作出积极贡献。

## 一、改革开放是实现"中国梦"的必由之路

20世纪70年代，新科技革命推动世界经济快速向前发展，而中国经济、科技实力明显落后于国际先进水平。面对严重的国内困难和巨大的外部压力，中国共产党在此时召开了十一届三中全会，作出了实行改革开放的重大决策，启动了决定中国命运的关键一招和重要法宝，中国从此翻开了历史的新篇章。改革开放的实质就是要解放和发展社会生产力，提高综合国力，进一步解放思想，建设有中国特色的社会主义。从农村到城市、从试点到推广，从经济体制改革到社会生活的各个领域，全面改革的进程坚定实施；从沿海到沿江沿边，从东部到中西部，中国对外开放的大门毅然全面打开。这场历史上从未有过的大改革、大开放，极大调动了亿万中国人民的积极性，使中国成功实现了从高度集中的计划经济体制到充满生机和活力的社会主义市场经济体制、从封闭半封闭社会到全方位开放社会、人民生活从温饱到全面小康进而迈向中等发达国家的伟大历史转折。40年众志成城，40年砥砺奋进，40年春风化雨，中国人民用双手书写了国家和民族发展的壮丽史诗。今天，中国人民完全有理由说，一个国家和民族的振兴，必须在历史前进的逻辑中前进、在时代发展的潮流中发展。

中国的改革开放没有现成经验可循，中国几代领导人带领全国人民迎难而上，开拓进取，在探索中前进、在创新中发展。在改革初期

设立了经济特区，实行家庭联产承包责任制，启动全民所有制企业改革，提出有计划的商品经济、"一个中心、两个基本点""科技是第一生产力"。在改革发展期明确了社会主义市场经济体制改革目标，提出科教兴国战略、西部大开发战略，推动中国加入世界贸易组织。在深化改革期确定了全面建成小康社会的奋斗目标，颁布推进资本市场发展的"国九条"，提出建设社会主义新农村的重大历史任务，实施中部崛起战略，举办第29届夏季奥运会、上海世博会。在全面深化改革期，习近平主席提出以共商、共建、共享为原则的"一带一路"倡议，先后设立上海、广东、天津、重庆、海南等12个自由贸易试验区和雄安新区，启动"沪港通""深港通"股票市场交易互联互通机制，推动人民币正式加入SDR，举办G20杭州峰会、首届"一带一路"国际合作高峰论坛、厦门金砖峰会、上海合作组织青岛峰会和首届中国国际进口博览会。今天，中国人民完全可以自豪地说，改革开放是中国基于发展需要作出的战略抉择，同时也是在以实际行动推动经济全球化造福世界各国人民。

40年间，中国发生了翻天覆地的变化，从过去那个现代化的"迟到国"变为现代化的"实践中心"，从"欠发展国家"成长为"最具竞争力的新兴经济体"，从"解决温饱问题"到"建设小康社会"，再到"全面建成小康社会"，中华民族复兴迎来了光明前景。中国经济总量从1978年仅占全球的1.8%，增长到2017年占比15.3%，成为世界第二大经济体、第一大工业国、第一大货物贸易国、第一大外汇储备国。人均GDP从40年前的155美元跃升至今天的8800美元，跨入中等收入国家行列。40年来，按照可比价格计算，中国国内生产总值年均增长约 9.5%；以美元计算，中国对外贸易额年均增长 14.5%。中国人民生活从短缺走向充裕、从贫困走向小康，现行联合国标准下的 7 亿多贫困人口成功脱贫，占同期全球减贫人口总数的 70% 以上。40 年前，中国没有一家私营企业，也没有一家世界五百强的企业，2018 年世界五百强企业中 120 家是"中国制造"，涌现出华为、阿里巴巴、海尔等一大批世界级的国际知名公司。20 世纪七八十年代，中国人用的是 14 寸黑白电视机、拨盘电话、算盘，如今手机近乎人人拥有，微信短语传递天下大事，沟通亲情友情。高铁、网购、移动支付、共享单车被称为当代中国"新四大发明"，世界见证了中国智慧与中国速度。今天，中国人民完全有信心地说，改革开放这场中国的第二次革命，不仅深刻改变了中国，也深刻影响了世界。


## 二、经济全球化是世界经济发展的大趋势

作为当今世界经济和科技发展的产物，经济全球化在一定程度上适应了生产力进一步发展的要求，为世界经济增长提供了强劲动力，在促进国际分工、优化经济结构、创新发展模式，密切国际关系、融合国际利益，推动人类文明进步和各国人民交往方面发挥了重要作用。虽然在其发展过程中遭遇逆风，但纵观历史，经济全球化是不可逆转的时代潮流和客观现实。一方面，当今世界各国各地区之间的经济相互依存度在不断加深。科技的进步有力地促成了经济的深度融合，有利于形成全球统一的大市场，而资本趋利的内在动力也必然驱使企业不断提高在全球优化资源配置的能力，以寻求成本最低、利润最大化。

另一方面，世界范围内已形成规范经济行为和竞争行为的全球规则，并以此为基础建立了全球经济治理体系，应对危机的国际协调机制不断加强，这为经济全球化向前发展提供了物质和制度条件。所以说，当今世界已经成为你中有我、我中有你的地球村，只有开放才能带来进步，封闭必然落后。

顺应经济全球化的大潮，中国逐渐成长为世界经济良性环流的重要枢纽，一方面吸纳了大量原材料、能源、资金和技术的进入，另一方面将大量优质产品输向全球市场。与此同时，中国企业也在不断向价值链两端发展。雄厚的制造业基础、巨大的内需市场，为中国加快优化产业结构和创新步伐提供了坚实支撑。1990 年中国制造业占全球的比重为 2.7%，居世界第九位；2010 年则上升到 19.8%，跃居世界第一，中国的发展成为拉动世界经济增长的重要引擎。今天的中国是全世界唯一拥有联合国产业分类中全部工业门类的国家。作为全球化的最大受益者之一，中国正以自己的能力和方案反哺全球化和世界。中国外贸发展对全球经济和贸易复苏做出重要贡献。据世界贸易组织数据显示，2017 年中国在全球货物贸易进口和出口总额中所占比重分别达 10.2% 和 12.8%，是 130 多个国家和地区的主要贸易伙伴。中国仍为发展中国家最大的吸收外资国和对外投资国。所以说，中国的发展是全球化进程中的成功故事，中国参与经济全球化不仅造福了 13 亿多中国人民，也推动着世界经济实现繁荣稳定和可持续发展。

在经济全球化背景下，贸易摩擦在所难免。中美两国是当今世界前两大经济体和有着世界影响力的大国，其经贸关系不仅对各自经济发展具有重要意义，也对全球经济稳定有着举足轻重的影响。中美贸易关系自从两国建立贸易关系以来就在摩擦和曲折中发展。近年来，随着中美经贸关系的快速发展，双边贸易摩擦也呈现日益加剧的趋势。2018 年 3 月以来，中美贸易摩擦不断升级。随着时间的拉长以及中美贸易冲突的蔓延深化，其负面影响日益明显，不仅对中美双方整体的市场经济造成巨大冲击，严重威胁两国经济，也给世界经济笼罩上浓重阴影，阻碍世界经济的复苏与增长。中美经贸关系尽可能稳定下来，符合中美两国的共同利益，也是全世界的普遍期待。所以说，谈判磋商是最好的出路，贸易战有百害而无一利。只有坚持和平发展与合作，才能真正实现互利共赢。

## 三、中国扩大对外开放的决心坚定不移

40 年来，对外开放是中国的一项长期基本国策。在与世界的交融互动中，中国始终保持着自身发展道路和文化传统的独立性。中国人民立足国情，放眼世界，既从悠久灿烂的中华文明中汲取智慧，又博采东西方各国之所长，不断走向世界、融入世界。中国对外开放的进程并非一帆风顺，走过了漫长、曲折而复杂的道路。尽管有地区形势剧变和"9·11"两大事件的震撼，以及亚洲金融危机和国际金融危机两次大危机的考验，中国始终坚持"和平与发展仍然是时代主题"的重大判断，始终坚持独立自主的和平外交政策，始终坚持走改革开放这条"必由之路"。如今，我国的综合国力和国际地位已大幅提升，对外开放已走到一个新的关键阶段。如果说，过去开放注重的是"引进来"，那么今天的中国更多的是"走出去"，积极参与全球经济治理，

共同搭建国际合作舞台。站在新的历史起点，面对错综复杂的国际政治经济环境，需要我们放宽历史视野、保持定力，准确把握外部环境的"变"与"不变"，坚定不移扩大开放，实施更加积极主动的开放战略，进一步拓展开放范围和层次，完善开放结构布局和体制机制，以高水平开放推动高质量发展。要知道，中国具有坚定的道路自信、理论自信、制度自信和文化自信，勇于走向更大的开放。

近年来，中国扩大对外开放的新举措不断出台，对外开放的步伐越来越快。习近平主席在党的十九大报告中指出，"中国开放的大门不会关闭，只会越开越大。中国将实行高水平的贸易和投资自由化便利化政策，大幅度放宽市场准入，扩大服务业开放，推动形成全面开放的新格局"。习近平主席在博鳌亚洲论坛 2018 年年会开幕式上表示，"过去 40 年中国经济发展是在开放条件下取得的，未来中国经济实现高质量发展也必须在更加开放条件下进行。中国将采取大幅度放宽市场准入、创造更有吸引力的投资环境、加强知识产权保护、主动扩大进口等一系列重大举措"。李克强总理在 2018 年全国"两会"的《政府工作报告》中强调，"要进一步拓展开放范围和层次，完善开放结构布局和体制机制，以高水平开放推动高质量发展"。在刚刚结束不久的布宜诺斯艾利斯二十国集团领导人峰会第一阶段会议上，习近平主席强调，"中国得益于改革开放，中国将坚定不移沿着这条路走下去"，彰显了中国坚定不移推进改革开放的决心。要知道，中国人民始终求同存异、开放包容，中国人民始终与时俱进、一往无前，中国人民始终敞开胸襟、拥抱世界。

改革开放是中国和世界共同发展进步的伟大历程，中国的每次对外开放都引领了更深层次、更广范围、更强影响的全球化。打开国门搞建设，中国在对外开放中展现出大国责任、大国担当、大国胸怀，成为世界经济增长的主要稳定器和动力源，为世界和平发展作出了"中国贡献"、提供了"中国方案"。我国坚持共商共建共享的全球治理观，积极支持联合国等国际组织发挥全球经济治理主要平台作用，维护世界贸易组织在全球贸易投资自由化中的主渠道地位，努力改善多边贸易体制，不断深化区域经济合作，加快实施自由贸易区战略，已成为全球经济治理的重要参与者、建设者和贡献者。我们发起并推进共建"一带一路"的合作倡议，就是与世界共同分享发展机遇，做大做好合作"蛋糕"。迄今为止，中国已与有关国家和国际组织签署了140多份"一带一路"的合作协议，与"一带一路"沿线国家贸易总额超过6万亿美元，对沿线国家投资超过800多亿美元，上缴东道国税费累计20多亿美元，为当地创造了24万个就业岗位，有力促进了当地经济社会发展，改善民生。我们秉承传统"和合"思想，致力于构建人类命运共同体，建设一个持久和平、普遍安全、共同繁荣、清洁美丽的世界。这一饱含中国智慧和世界情怀的理念具有强大的感召力，得到国际社会普遍认同，已被多次写入联合国文件，成为中国引领时代潮流和人类文明进步方向的鲜明旗帜。要知道，中国的改革开放，顺应了中国人民要发展、要创新、要美好生活的历史要求；中国的创新发展，契合了世界各国人民要发展、要合作、要和平生活的时代潮流。

　　和平是主旋律，发展是硬道理。面对复杂变化的世界，没有哪个国家能够独自应对人类面临的各种挑战，也没有哪个国家能够退回到自我封闭的孤岛。中国人民将继续与世界同行、为人类作出更大贡献，坚定不移走和平发展道路，积极发展全球伙伴关系，坚定支持多边主义，积极参与推动全球治理体系变革，构建新型国际关系，推动构建人类命运共同体。

本文 2019 年 1 月刊登在俄罗斯外交部《国际生活》杂志

# 让人类命运共同体的阳光普照世界

2019 年 3 月 1 日

构建人类命运共同体的重大倡议是习近平主席对当今世界性质和时代主题的重要思考，是马克思主义唯物史观的理论创新和实践创新。

人类进入 21 世纪以来，国际形势发生了深刻复杂的变化，世界格局开始了新一轮演变。经济全球化推动了世界范围内的资源重新配置，世界多极化使国际关系深刻调整，社会信息化把整个世界连为一体，文化多样化又促进多种文化思潮交流交融，全球治理体系和国际秩序变革加速推进。所以，各国之间的相互联系和依存日益加深，国际力量对比更趋平衡，和平发展大势不可逆转。这些变化代表了历史前进的方向，关系到各国人民的福祉，需要我们共同来维护。同时，世界面临的不稳定性不确定性突出，世界经济增长动能不足，贫富分化日益严重，地区热点问题此起彼伏，恐怖主义、网络安全、重大传染性疾病、气候变化等非传统安全威胁持续蔓延，人类面临许多共同挑战。

"人类生活在同一个地球村里，生活在历史和现实交汇的同一个时空里，越来越成为你中有我、我中有你的命运共同体。和平、发展、合作、共赢成为时代潮流。面对国际形势的深刻变化和世界各国同舟共济的客观要求，各国应该共同推动建立以合作共赢为核心的新型国际关系，各国人民应该一起来维护世界和平、促进共同发展。"2013年3月，习近平主席在莫斯科国际关系学院演讲中提出了影响深远的两个重要概念——"命运共同体"和"新型国际关系"，为解决当前国际社会面临的诸多问题和挑战给出了"中国方案""中国智慧"。此后，习近平主席在国内和国际多个重要场合深入阐述了这两个重要概念，并不断从双边、地区和全球层面丰富其内涵。

伴随着中国同世界各国的友好合作不断拓展，人类命运共同体理念越来越得到国际社会的广泛支持和赞同。2017年，人类命运共同体理念先后被写入联合国社会发展委员会、联合国安理会和联合国人权理事会决议。中共十九大将构建人类命运共同体写入《中国共产党宣言》，十三届全国人大一次会议经表决通过，将"推动构建人类命运共同体"写入宪法，表达了中国将携手世界各国"为人类进步事业而奋斗"的坚定意志和庄严承诺。


## 一、构建人类命运共同体的主要内涵

习近平主席在中共十九大报告中指出，"我们呼吁，各国人民同心协力，构建人类命运共同体，建设持久和平、普遍安全、共同繁荣、开放包容、清洁美丽的世界。要相互尊重、平等协商，坚决摒弃冷战思维和强权政治，走对话而不对抗、结伴而不结盟的国与国交往新路。

要坚持以对话解决争端、以协商化解分歧，统筹应对传统和非传统安全威胁，反对一切形式的恐怖主义。要同舟共济，促进贸易和投资自由化便利化，推动经济全球化朝着更加开放、包容、普惠、平衡、共赢的方向发展。要尊重世界文明多样性，以文明交流超越文明隔阂、文明互鉴超越文明冲突、文明共存超越文明优越。要坚持环境友好，合作应对气候变化，保护好人类赖以生存的地球家园。"将"构建人类命运共同体"作为新时代坚持和发展中国特色社会主义的一个基本方略，旨在弘扬以和平、发展、合作、共赢的理念来超越不同国家、不同民族和不同宗教之间的隔阂、纷争和冲突，强调彼此之间要守望相助、弘义融利、风雨同舟、命运共担，尊重世界范围内的多元文明和多彩文化，共同建设一个持久和平、普遍安全、共同繁荣、开放包容、清洁美丽的世界。这与联合国所倡导的和平、发展、公平、正义、民主、自由的崇高目标相一致，且更贴近当代国际关系的现实。

构建人类命运共同体的重要思想蕴含着全新的世界发展观念，这是一种全球价值观，包含着平等互信的国际权力观、义利相兼的共同义利观、包容互鉴的新型文明观、结伴不结盟的新型安全观、生态健康的可持续发展观、推动国际秩序和国际体系朝着公正合理方向发展的全球治理观，其着眼的是世界人民的共同利益、整体利益和长远利益。也就是说，这里的人类命运共同体表达的是一种"既立足国内，也要放眼世界"的战略含义，既是国家利益的延伸，也是国际利益的延伸，在追求本国利益时兼顾他国合理关切，在谋求本国发展中促进各国共同发展。

总之，构建人类命运共同体的重大倡议是习近平主席对当今世界性质和时代主题的重要思考，是马克思主义唯物史观的理论创新和实践创新，对于指导中国特色社会主义的发展具有重大而深远的意义。同时，这一重大倡议也深化了中国共产党对人类社会发展规律的认识，为推动实现共商共建共享的全球治理提供了思想资源。恰是在这一重大倡议的引领下，中国提出了共建"一带一路"，受到世界各国普遍欢迎，充分显示了这一重大倡议作为全球治理理念的强大的生命力和广阔的发展空间。

## 二、构建人类命运共同体的时代背景

20 世纪发生了两次血腥的世界大战，还发生了残酷的"冷战"，人类社会经历了空前灾难与浩劫。新世纪以来，世界格局开始新一轮深刻演变，我们面临更多选择，但我们对和平与发展的追求坚决不能动摇。

首先，这基于全球化时代的国际大势。当今世界正处于大发展、大变革、大调整时期，国际体系和秩序正在发生深刻变化。随着世界多极化、经济全球化、社会信息化、文化多样化深入发展，一大批新兴市场国家和发展中国家走上发展的快车道，多个发展中心在世界各地区逐渐形成，和平发展大势不可逆转。各国之间相互联系和依存日益加深，一个国家想要孤立发展的可能性越来越小，而合作共赢、共同发展的趋势愈加明显。同时，许多困难也成为所有国家无法逃避、需要共同面对的问题，如环境污染、粮食危机、资源短缺、气候变化、网络安全、疾病流行、恐怖主义、跨国犯罪等等。没有哪个国家能够置身事外、独善其身，理所应当和谐共处、抱团取暖。

其次，这源于开放与包容的中华文明。中国传统文化强调求同存异、和而不同、天下一家，追求的是不同国家、地区、文明之间平等合作、互进共荣。中国传统文化中只有"亲仁善邻""和而不同"的传统，从没有侵略他人、称霸世界的历史。中国从不谋求一家独大，也不接受"国强必霸"的逻辑。中国有句古话说得好，"一花独放不是春，百花齐放春满园"。这是中国发展理念，也是中国对世界的希望。构建人类命运共同体的重大倡议，以"道并行而不相悖"的中国智慧去处理世界不同文明之间的关系，有助于从根本上解决当今世界愈演愈烈的文明冲突和对立，在保证文化多样性的基础上促进文明交流互鉴。

第三，这出于责任与担当的中国作用。随着中国综合实力不断增长，国际地位逐步提升，中国需要向世界明确表明自己的态度，世界也期待着中国发挥大国的作用。中国虽是最大的发展中国家，人均GDP全球排名仅第70位。但作为联合国安理会常任理事国和世界第二大经济体，中国愿意承担与自己国家地位相符的国际责任，愿意为国际社会和谐和平发展作出应有贡献。正是在上述基础上，习近平主席提出了构建人类命运共同体的重大倡议，建议从政治、安全、经济、文化、生态5个方面推动建设持久和平、普遍安全、共同繁荣、开放包容、清洁美丽的世界。这既是顺应历史潮流、回应时代要求的重大倡议，也是中国经过深思熟虑为世界发展提出的中国方案。

## 三、构建人类命运共同体的时代意义

习近平主席在党的十九大报告中指出："中国将继续发挥负责任大

国作用，积极参与全球治理体系改革和建设，不断贡献中国智慧和力量。"也就是说，中国人民不仅希望自己过得好，也希望各国人民过得好。

第一，构建人类命运共同体为全球生态和谐发展贡献了中国方案和中国智慧。"人类命运共同体"首先是生命共同体，生态共同体。日益严重的气候变暖和环境污染等问题警示我们，生态一旦崩溃任何国家都不能幸免。尽管中国承载着巨大的发展压力，但是仍主动承担责任，将"绿色"列为"五大发展理念"的基本内容，作为经济社会发展的根本指南；同时推动经济结构转型升级、创新绿色科技，积极落实《巴黎协定》等国际合作项目。

第二，构建人类命运共同体为国际和平事业发展贡献了中国方案和中国智慧。作为世界人口最多的发展中国家，中国保持长期团结稳定、繁荣发展、社会进步，这本身就是中国对国际和平事业的最大贡献。同时，与奉行强权政治、霸权主义、单边主义的国家不同，中国坚持走和平发展道路，在相互尊重、平等互利、合作共赢原则的基础上，妥善处理周边关系，广泛参与区域合作和全球事务，成为维护世界和平稳定的"压舱石"。

第三，构建人类命运共同体为变革全球治理体系贡献了中国方案和中国智慧。中国发展离不开世界，世界繁荣也需要中国。因此，中国积极推动"一带一路"倡议、派出维和部队、支持非洲建设，将共商、共建、共享的理念贯彻到实践中去，让全世界分享中国的发展成果。建设新型国际关系，变革全球治理体系，大国是关键。大国要尊重彼此核心利益和重大关切，管控矛盾分歧，努力构建不冲突不对抗、相互尊重、合作共赢的新型关系。

第四，构建人类命运共同体为构建公平正义新秩序贡献了中国方案和中国智慧。在经济方面，要引导经济全球化健康发展，反对逆全球化的保守主义倾向，避免不公正的贸易战争，推动建设一个开放、包容、普惠、平衡、共赢的经济全球化。在政治方面，要着力解决恐怖主义、难民、武装冲突等迫切问题，积极劝和促谈，尊重联合国发挥斡旋主渠道作用。在文化方面，主张海纳百川，有容乃大，不同文明要平等交流、共同进步。

## 四、构建人类命运共同体的主要方向

理念引领行动，方向决定出路。习近平主席在中共十九大报告中明确指出，构建人类命运共同体就是要建设一个持久和平、普遍安全、共同繁荣、开放包容、清洁美丽的世界，这就是我们要奋斗的目标。

一是建设一个持久和平的世界。和平是人类文明进步最为重要的标志之一，是千百年来世界各国人民的不懈追求。失去和平的土壤，发展、合作、繁荣都无从谈起。要建设一个持久和平的世界，根本在于国家之间要构建平等相待、互商互谅的伙伴关系。在遇到分歧时，各国要以平等为原则，寻求挖掘潜在的共同利益；以相互尊重、求同存异为基本方针，采取沟通协商的方法弥合分歧和矛盾；以合作共赢为目标，将冲突性关系转化为友好伙伴关系，共同维护地区和世界的和平、稳定与发展。

二是建设一个普遍安全的世界。传统与非传统安全相互交织，联动性、跨国性、多样性突出，给世界带来越来越多的共同挑战。没有一个国家能凭一己之力谋求自身绝对安全，没有一个国家可以从别国的动荡中收获稳定。中国始终强调国际关系民主化，反对霸权主义和强权政治，反对把本国的安全建立在威胁和损害别国安全的基础之上，实现持久安全；坚持改革创新，实现共同治理；坚持法治精神，实现公平正义；坚持互利共赢，实现平衡普惠。

三是建设一个共同繁荣的世界。近年来，尽管逆全球化思潮抬头，但中国依然坚持改革开放的道路，努力扮演负责任的大国角色。共建"一带一路"正是中国基于对构建人类命运共同体的探索而为世界提供的重要公共产品。5 年来，中国合作的"朋友圈"不断扩大，已与有关国家和国际组织签署了 140 多份"一带一路"方面的合作协议。迄今为止，中国与沿线国家贸易总额超过 6 万亿美元，对沿线国家投资超过 800 多亿美元，上缴东道国税费累计 20 多亿美元，为当地创造了 24 万个就业岗位，有力促进了当地经济社会发展，改善民生。

四是建设一个开放包容的世界。中国古话叫"三人行，必有我师"，中国的多民族特点使中国文化素有"海纳百川、有容乃大、和而不同、兼收并蓄"的思想精华。中国正是采取学习借鉴的态度，在充分尊重世界文化多样性的同时，积极吸收世界文明的精华，求同存异、取长补短，才能走出一条中国特色社会主义的和平发展之路。我们要构建的"人类命运共同体"就是要树立平等、互鉴、对话、包容的文明观，以文明交流超越文明隔阂，以文明互鉴超越文明冲突，以文明共存超越文明优越。

五是建设一个清洁美丽的世界。中国高度重视国内生态文明治理的同时，积极参与气候变化国际合作：严格遵守《联合国气候变化框架公约》的各项原则，坚定落实《巴黎气候变化协定》，认真执行《联合国2030年可持续发展议程》，设立200亿元人民币的中国气候变化南南合作基金，出台《关于推进绿色"一带一路"建设的指导意见》。国际社会当携手同行，只有坚持走绿色、低碳、循环、可持续发展之路，才能真正迈向清洁美丽的世界；只有在清洁美丽的世界，人类文明才能愈加精彩。

## 五、构建人类命运共同体的中俄作用

中俄全面战略协作伙伴关系在中国特色大国外交中占有特殊地位，是一组最重要、最主要的大国关系，并已成为维护当今世界和平与稳定的重要力量。近6年来，习近平主席7次访俄，同普京总统举行了近30次会晤，创下两国元首会晤纪录。恰是在两国元首的战略引领下，中俄全面、平等、互信的战略协作伙伴关系不断迈上新台阶。

中俄之间高度的政治互信、紧密的经济联系、丰富的人文交流，相似的国际立场，都说明俄罗斯是中国推动构建人类命运共同体的重要伙伴。在国际事务中，两国倡导建立以合作共赢为核心的新型国际关系，坚决维护联合国核心地位，呼吁各方通过和平方式解决叙利亚危机、朝鲜半岛核问题等国际和地区热点问题。双方在二十国集团、亚太经合组织、金砖国家、上海合作组织、亚信、中俄印等机制内广泛开展合作，包括推进全球经济治理，提高新兴市场和发展中国家发言权、代表性，推进区域经济一体化，促进经济创新发展，打击三股势力、不扩散大规模杀伤性武器，打击国际恐怖主义等。双方密切沟通，有效协作，为维护世界和地区和平、稳定与发展做出了重要贡献。

值得一提的是，近年来中国举办的主场外交活动，得到俄方大力支持，普京总统均出席并明确表示赞同中方提出的方案与理念。2014年亚太经合组织峰会推动《北京反腐败宣言》的诞生，2016年二十国集团杭州峰会制定了《二十国集团落实2030年可持续发展议程行动计划》《二十国集团全球贸易增长战略》和《二十国集团全球投资指导原则》，2017年金砖国家厦门峰会通过了《厦门宣言》，这些都彰显了中国有能力联合其他国家参与全球治理，推动重大全球和区域性现实问题的解决。

同样，中国也对在俄境举办的大型活动给予了坚定支持。2018年9月，习近平主席首次来俄出席了第四届东方经济论坛，同普京总统共同引领新时代中俄关系发展，同东北亚各方共商区域和平与发展大计。双方还就重大国际和地区问题对表，继续同国际社会一道，推动各种热点问题的政治解决进程，共同反对单边主义和贸易保护主义，秉持人类命运共同体理念，推进构建新型国际关系。这一系列共识充分表明，中俄密切关系是双方的战略决断和长远选择，树立了大国、邻国关系典范。

## 六、构建人类命运共同体的美好未来

构建人类命运共同体的重大倡议源于中国、为了世界。既立足于时代发展潮流，也是中国承担大国责任的目标所向，反映了民众求和平、谋发展的共同愿望。习近平主席不仅提出了构建人类命运共同体的重大倡议，还努力将其从愿景变为现实。在此背景下，习近平主席提出了共建"一带一路"的伟大倡议，这恰是中国基于对构建人类命运共同体而为世界提供的重要公共产品。

5年多来，中国已与有关国家和国际组织签署了140多份共建"一带一路"的合作文件。雅万高铁、瓜达尔港、中俄原油管道等一批重大项目取得早期收获，中欧班列累计开行已突破了8000列，通达了欧洲14个国家和42个城市。迄今为止，中国与沿线国家贸易总额超过6万亿美元，对沿线国家投资超过800多亿美元，上缴东道国税费累计20多亿美元，为当地创造了24万个就业岗位，有力推动了区域经济的共同繁荣。

推动构建人类命运共同体，不是朝夕之事，也不可能一帆风顺，需要一步一步做出扎实努力。正如习近平主席所指出，"我们不能因现实复杂而放弃梦想，不能因理想遥远而放弃追求。"在当今贸易保护主义、民粹主义思潮发展，现行的国际秩序受到质疑和挑战，世界发展不确定性增强的背景下，需要国际社会共同努力，各国政府相向而动，以持之以恒的共同意志，深化共同利益，促进良性互动，形成命运共同体，共创人类社会的美好未来。

本文2019年3月刊登在俄罗斯科学院《远东研究》杂志

# 万众一心建设美丽家园

## 2019 年 3 月 14 日

> 在党中央的高度重视、全国人民的大力支持和西藏各族人民的艰苦奋斗下，西藏必将奔向更加美好的未来，与中华各民族一同实现"中国梦"。

西藏自古以来是中国领土不可分割的一部分，是中国五个少数民族自治区之一，以其悠久的宗教文化和独特的自然风光受到人们关注。1959 年，中央人民政府在西藏实行民主改革，废除了极端腐朽、黑暗的封建农奴制度，完成了西藏历史上划时代的伟大变革。1965 年 9 月 9 日，西藏自治区正式宣告成立，西藏人民走上了社会主义现代化建设之路，走上了建设美丽家园之路。

半个多世纪以来，中央在西藏推行符合中国特色的民族区域自治制度，实现了西藏社会制度的历史性跨越，为西藏经济社会发展进步提供了坚实保障，使西藏踏上"短短几十年，跨越上千年"的发展快车道，社会面貌发生了翻天覆地的巨大变化。2018 年，西藏经济各项增速和控制指标均走在全国前列，一系列数据尤为亮眼。地区生产总值首次突破 1400 亿元人民币，增长 10%，而且连续 26 年保持两位数增长。一般公共预算收入达到 230.4 亿元人民币。农村居民人均可支配收入增长 13%，达 11600 元人民币左右，连续 16 年保持两位数增长。居民消费价格指数控制在 2%。各类财政涉农资金 167.3 亿元人民币，25 个县（区）达到脱贫摘帽的标准。高原生物、旅游文化、清洁能源、绿色工业、现代服务、高新数字、边贸物流七大产业日益显现出活力。西藏人民幸福获得感不断提高，社会大局持续保持长期全面稳定。

改革开放以来，中央连续召开六次西藏工作座谈会，对西藏工作进行研究和谋划，充分体现了对西藏工作的高度重视和对西藏人民的特殊关怀。回顾党的治藏历史，党的治藏方略逐渐发展、丰富，集理论性、实践性、科学性、创新性于一体，具有强大的生命力。特别是党的十八大以来，以习近平同志为核心的党中央创造性地继承和完善党的治藏方略，进一步明确了西藏在党和国家全局中的重要地位，从国内国际两个大局出发，提出"治国必治边、治边先稳藏""依法治藏、富民兴藏、长期建藏、凝聚人心、夯实基础""加强民族团结、建设美丽西藏"等一系列重要思想和论述，为西藏自治区的长足发展和长治久安提供了科学理论指导和行动指南。今天的西藏，正呈现出科学发展、和谐稳定、民生改善、民族团结、宗教和睦、文化繁荣、生态良好、边防巩固的良好局面。

藏族是中华民族大家庭中的重要成员。多年来，十四世达赖集团出于"西藏独立"的政治目的，不断鼓吹"中间道路"，大肆兜售"大藏区""高度自治"，否定民族区域自治制度，否定在民族区域自治制度下西藏的发展进步，既与中国的历史和现实相悖，也不符合包括藏族人民在内的全国各族人民的意志和要求，注定逃脱不了失败的命运。中国政府在西藏问题上的立场是一贯的、明确的、坚定的，西藏事务纯属中国内政，中方坚决反对任何国家、任何人利用达赖问题干涉中国内政。一些西方反华势力阴谋不断、屡屡干涉西藏事务，严重违背了当代国际法基本原则，他们的阴谋不可能得逞。作为中国的全面战略协作伙伴，俄罗斯始终承认西藏是中国领土不可分割的一部分，坚决反对分裂中国的政治活动，用实际行动表达对一个中国原则的坚定支持。

"度过寒冬的人，最懂得阳光的温暖"。在现代文明高度发展的今天，任何企图把西藏拉回到黑暗的农奴制度时代的阴谋注定要失败，任何企图把西藏从祖国大家庭分裂出去的黄粱美梦绝对不会得逞。不管十四世达赖集团如何变换手法，也不管有多少势力试图介入其中，都无法改变西藏自古以来就是中国不可分割一部分的事实，无法抹杀西藏在中国共产党领导下所取得的伟大成就，无法动摇包括西藏人民在内的全体中国人民维护祖国统一的坚强决心。我们坚信，在党中央的高度重视、全国人民的大力支持和西藏各族人民的艰苦奋斗下，西藏必将奔向更加美好的未来，与中华各民族一同实现"中国梦"。

本文 2019 年 3 月 14 日刊登在俄罗斯《劳动报》

# 新时代的中国新疆发展大有可为

2019 年 7 月 11 日

中国新疆各民族与全国人民构成了你中有我、我中有你的命运共同体，携手为实现中华民族伟大复兴而奋斗。

中国新疆维吾尔自治区地处中国西北，位于亚欧大陆腹地，在中国统一的多民族国家格局下发展，形成了多民族聚居、多文化交汇、多宗教并存的特点，是东西方文明交流的重要通道，著名的"丝绸之路"在此将古代中国与世界联系起来。在悠久的历史进程中，各民族交往、交流、交融，共居、共学、共事、共乐，和睦相处、和衷共济、和谐发展。

一段时间以来，中国新疆地区深受民族分裂势力、宗教极端势力、暴力恐怖势力的叠加影响，恐怖袭击事件频繁发生，普通民众受到疯狂残害，宗教人士被残忍杀害，公共安全受到严重危害，政府机构被公然袭击。面对这些现实威胁，中国新疆在中央政府的大力支持下，积极借鉴国际反恐和去极端化经验，并结合本地区实际采取了果断有效措施，全面开展了反恐怖主义斗争和去极端化工作，大大遏制了恐怖活动多发频发势头，最大限度保障了各族人民群众的生存权、发展权等基本权利，为国际反恐斗争作出了重要贡献。

当前，中国新疆反恐斗争和去极端化工作取得重大阶段性成果，但其长期性、复杂性、尖锐性依然突出。在中国新疆南部地区，部分群众使用国家通用语言文字能力较弱，法治意识淡薄，法律知识贫乏，职业技能不强，就业困难，导致该地区生产生活的物质基础薄弱，容易受到恐怖主义和极端主义的教唆和胁迫。正是基于此情况，在借鉴吸收国际社会反恐经验的基础上，中国新疆依法设立了职业技能教育培训中心，主要开展职业技能教育培训工作。其核心内容是"三学一去"，即学国家通用语言、学法律、学职业技能，去极端化。中心学员们通过学习职业技能知识，参加实训操作，最终顺利实现就业。

实践证明，依法开展反恐怖主义、去极端化斗争，弘扬了打击恐怖主义的正义性，满足了中国新疆各族人民对安全的殷切期待，维护了社会和谐稳定。目前，中国新疆社会稳定，经济发展稳中有进，改革开放成效显著，人民生活安宁祥和，高质量发展势头良好。2018年，中国新疆旅游业呈现"井喷式"增长，共接待境内外游客超过1.5亿人次，同比增长40%。中国新疆生产总值同比增长6.1%，城镇、农村居民人均可支配收入分别增长6.5%和8.5%。2016年至2018年，中国新疆累计实现城镇新增就业140.08万人次，农村富余劳动力转移就业830.5万人次。大力普及九年义务教育，落实全民免费健康体检，大病保险集中救治和慢性病签约服务全覆盖。

作为亚欧大陆桥的重要枢纽，中国新疆正积极借助"一带一路"倡议建设区域性交通枢纽中心、商贸物流中心、金融服务中心、文化科教中心和医疗服务中心，全面深化与丝绸之路经济带沿线各国交流合作。2018 年，中国新疆口岸对"一带一路"沿线的蒙古国、俄罗斯、哈萨克斯坦、吉尔吉斯斯坦等 36 个国家进出口总额为 2915.4 亿元人民币，同比增长 13.5%。依托新丝绸之路上的"钢铁驼队"——中欧班列，"丝绸之路经济带"核心区的中国新疆正在重塑经济版图，贸易伙伴不断扩大。另外，每年在乌鲁木齐举办的中国—亚欧博览会已成为中国与亚欧国家开展经济外交的重要平台、是中国政府重点支持在中国新疆举办的国家级、国际性综合博览会，进一步扩大了中国沿边开放和向西开放的步伐，加快将中国新疆建设成为向西开放的桥头堡，确保中国新疆实现跨越式发展和长治久安。

中国各个民族都是中华民族大家庭的成员，共同为实现中华民族伟大复兴而奋斗。中国新疆各民族与全国人民构成了你中有我、我中有你的命运共同体。党的十八大以来，以习近平同志为核心的中共中央高度重视新疆工作，坚定维护中国新疆稳定与民族大团结，充分尊重和保护各族群众宗教信仰自由，推动中国新疆实现高质量发展，大力改善民生。站在新的历史起点上，新疆正把握新机遇，搭建新时代的合作平台，将全面落实中共中央治疆方略，努力建设团结和谐、繁荣富裕、文明进步、安居乐业的中国特色社会主义新疆。

本文 2019 年 7 月 11 日刊登在俄罗斯《劳动报》

# 绝不允许他人对中国内政指手画脚

2019 年 7 月 17 日

> 任何妄想在香港制造混乱、破坏香港繁荣稳定的图谋，都必然遭到包括广大香港同胞在内的全体中国人民的坚决反对，既不得人心，也不会得逞。

最近一段时间，《逃犯条例》及《刑事事宜相互法律协助条例》修订在香港闹得沸沸扬扬。这一再正常不过的特区立法活动，却被别有用心的反对派势力和国际上支持他们的力量进行了严重的政治化炒作。所谓"香港修订《逃犯条例》将对美国国家安全和在港经济利益带来严重风险""这不但影响大量居港的英国及加拿大公民，也可能波及香港的营商信心和国际声誉，更对《中英联合声明》保障港人权利和自由造成负面影响""支持香港居民捍卫英方为其争取来的自由"等等，纯属无稽之谈。我想强调的是，这些对他国内政指手画脚的人在自欺欺人、自以为是的同时，好像忘记了关键的事实，即香港是中华人民共和国的特别行政区，香港事务纯属中国内政，任何外国政府、组织和个人都不得以任何方式干预。我们希望这些国家和这些自不量力的人，切勿不思悔改、继续信口雌黄，切勿继续粗暴干涉中国香港内部事务，这些都注定是徒劳的。

香港回归祖国后，被重新纳入国家治理体系，走上了同祖国共同发展、永不分离的光明大道。"一国两制"实践取得了举世公认的成功，"港人治港"、高度自治方针得到切实贯彻落实，香港居民享有的各项权利和自由依法得到了充分保障，事实有目共睹。此外，香港抵御了亚洲金融危机、非典疫情、国际金融危机的冲击，巩固了国际金融、航运、贸易中心地位，被众多国际机构评选为全球最自由经济体和最具竞争力的地区之一。2018 年，香港 GDP 增长 3%，高于过往十年平均增速。香港对外交往日益活跃，各项事业取得全面进步，同祖国内地的联系越来越紧密。各界人士积极投身国家改革开放和现代化事业，作出了独特而重要的贡献。香港同胞对国家发展和民族复兴的信心不断增强，对国家的认同感和向心力不断加强。

一些外部势力不愿正视香港已回归中国的现实，明里暗里插手香港事务。个别国家不时发表"香港问题报告"，对特区事务说三道四，有的还打着"民主""人权""自由"等旗号勾结和扶持香港反对派，暗中支持旨在搞"港独"等违法行为，严重损害了中国国家主权安全和发展利益，是赤裸裸的政治阴谋和损人不利己的行为。中国中央多个部门同时发声，体现出中央对推动修例工作的高度认可，对特区管治团队的充分信任，对维护香港繁荣稳定的坚定信心，对外部势力干预香港事务的强烈谴责。

"一国两制"中"一国"是根，根深才能叶茂；"一国"是本，本固才能枝繁。香港是中国的特别行政区，香港事务纯属中国内政。我们支持香港在"一国两制"和基本法框架下开展对外交往与合作，同时坚决反对任何国家、机构或个人以任何形式干预香港事务。习近平主席强调："任何危害国家主权安全、挑战中央权力和香港特别行政区基本法权威、利用香港对内地进行渗透破坏的活动，都是对底线的触碰，都是绝不能允许的。"中方维护国家主权、安全和发展利益的决心和意志坚定不移，不惧怕任何威胁和恫吓。任何妄想在香港制造混乱、破坏香港繁荣稳定的图谋，都必然遭到包括广大香港同胞在内的全体中国人民的坚决反对，既不得人心，也不会得逞。

香港是世界上重要的贸易与金融中心，把香港搞乱，对香港居民没有好处，对中国内地没有好处，对包括英美在内的整个西方国家民众也不会有什么好处，与香港有联系的外国商人都将受到一些负面影响。我们敦促有关国家和个人遵守国际法和国际关系基本准则，尊重中国主权，尊重特区政府依法施政，摒弃傲慢与偏见，收回企图干预香港事务的黑手，立即停止以所谓的"司法独立"来妨碍"司法公正"的错误行为，以及其他赤裸裸的破坏香港繁荣稳定的言行，多做有利于互信与合作的事。

本文 2019 年 7 月 17 日刊登在俄罗斯《消息报》

责任编辑：汪　逸

封面设计：王欢欢

**图书在版编目（CIP）数据**

中俄关系　历久弥坚 / 李辉 著 . — 北京：人民出版社，2021.12

ISBN 978 - 7 - 01 - 023722 - 0

I. ①中…　II. ①李…　III. ①中俄关系 – 国际关系史 – 文集

　IV. ① D829.512 – 53

中国版本图书馆 CIP 数据核字（2021）第 177846 号

中俄关系　历久弥坚

ZHONG 'E GUANXI LIJIU MIJIAN

李　辉 著

人民出版社 出版发行

（100706　北京市东城区隆福寺街 99 号）

北京建宏印刷有限公司印刷　新华书店经销

2021 年 12 月第 1 版　2021 年 12 月北京第 1 次印刷

开本：710 毫米 × 1000 毫米 1/16　印张：31.75　插页：2 页

字数：366 千字

ISBN 978 - 7 - 01 - 023722 - 0　定价：99.00 元

邮购地址 100706　北京市东城区隆福寺街 99 号

人民东方图书销售中心　电话（010）65250042　65289539